本书为国家社科基金重大项目"中国特色对外话语体系在英语世界的译介与传播研究（1949−2019）（19ZDA338）"的成果之一

讲好中国故事：选择、译介与传播

张薇 著

人民出版社

目　录

前　言

讲好中国故事、传播好中国声音，展现可信、可爱、可敬的中国形象。这实际是对中国话语建构的根本要求。目前我国国家话语的国际传播仍存在"他塑"多、"自塑"少，"说理"多、"陈情"少，"体量"多、"音量"少等不足，因此，国家话语能力的建设亟待推进。

能够打动人心的是故事，而不是只言片语，不是零碎的画面。没有故事的激活，没有深层叙述的力量，话语便不会深入人心。受众是以故事、隐喻、谚语这种思维构块而进行真实推理的（Lakoff，2008）。国家话语若想深入人心、广为国际受众认可，需按照真实推理的方式进行建构、翻译和传播。

鉴前此，本书重在围绕讲好中国故事，探索国家话语能力的建设，并试图完成以下研究目标。

宏观层面，本书旨在梳理"讲好中国故事"的背景下构成国家话语能力的元素和影响国家话语能力的因素，及元素因素之间的互动，构建"讲好中国故事"的国家话语能力分析模型，并以此模型分析国家话语能力存在的不足及产生的原因。

中观层面，本书旨在从国家话语能力提升的要素出发，针对元素因素互动产生的不同动态情境，提炼"讲好中国故事"的国家话语能力提升的基本策略和具体路径，为讲好中国故事提供对策。

微观层面，本书旨在以国家话语能力体系中的某一核心环节为重点，选取近年来我国在环境、民生等方面的国内国际重大及热点事件的案例话语进行批评架构分析，系统阐释话语建构特征、话语翻译方法和话语传播策略，通过国家话语讲好中国故事，提升国际话语主动权。

为了完成上述目标，本书采取以下研究方法。

理论上，此项研究构建了国家话语能力分析模型和叙事分析框架。针对国家话语能力，首先提出构成国家话语能力的四个元素与影响国家话语能力的两个因素，构建国家话语能力分析模型（钻石模型）；然后，针对不同的语境状态，从四个保障要素出发，提出国家话语能力提升模型（魔方模型）。针对"讲好中国故事"的国家话语分析，融合架构理论与批评话语分析，提出叙事的批评架构分析框架。

实践上，此项研究采取了定性分析和量化分析相结合的方法，在讲好中国故事的大背景下，选取"经济高质量发展""一带一路""生态文明"三个重要议题作为案例，在 lexisnexis 等数据库中收集语料（*China Daily*、白皮书、领导人讲话等），并自建语料库（总语料库 3 个，阶段性子语料库 12 个，每类案例总计千万词以上），使用 Wmatrix，同时结合 Wordless软件对语料进行标注和统计，梳理出话语表达的历时趋势和特征。研究以国家话语能力体系中的执行环节为重点，系统分析对外话语选择所建构的社会现实，对外话语翻译所实现的认知等效，对外话语传播所采用的表征策略等。

本书的主要观点为：

宏观上，从治理的角度，首先，构成国家话语能力的元素应主要包含规划、执行、监测、纠偏。四元素间相互依存，形成一个"行动方向——实现路径——检查效果——反馈修正"的良性循环。国家话语旨在实现国内外的引导力和传播力，这主要通过国家话语的建构、翻译和传播来进行，并需要监测话语、预警舆情、调节负面度，从而应对监测所发现的问题，纠偏官方表达、民间表达和国际表达。其次，影响国家话语能力的两个因素为话题和语境。两因素间相互牵制，存在"社会知识——意义建构"的互动。国家话语涉及国家、社会、个人三个层面的话题和政府、民间、海外三类语境。最后，元素因素产生交互，尤其是政府、社会、个人层面的话题和官方、民间、海外的语境对国家话语能力体系的规划、执行、监测、纠偏能力均存在一定的影响和制约。

中观上，在"讲好中国故事"的大背景下，针对不同语境，如：国内官方与国外主流媒体表达不一致（此为重点）、国内官方与民间表达不一致等，提升国家话语能力的路径应主要从话语资源、话语队伍、话语技术、话语制度四个保障要素出发。首先，用数据库结合可视化的方法去构建话语资源库；跨语种、跨区域和跨领域地分类分层建语料库；分类别分主题建标准化术语库并统一翻译；建正向和负向话语资源库。其次，建设"外语＋专业""技能＋专业"队伍、"官方＋民间"等话语队伍。再次，广泛吸收目前的大数据技术、类脑智能技术，借此形成集成平台，为话语建设提供必备的技术服务。最后，内部建设主流媒体、外部规范管理自媒体、实时监测国外媒体。在这些保障要素下，国家话语能力提升的具体路径主要为：把握多样性与平衡性统一、主导性与对话性协调、精准性与广泛性兼容的原则，叙事围绕"价值引领——意义建构——关系管理——模态协同"等策略来展开。国家话语能力提升的基本策略有：在规划能力方面，重点从话语资源和话语队伍层面，规划数据库建设和人才队伍培养。在执行能力方面，重点从话语资源层面，通过多样化的话语认知策略，跨学科协作构建话语体系；通过多种类话语组合拳，多群体合力提升话语建构能力；坚持外译的及时性和认知等效性去提升翻译能力；通过主动设置外宣议题、积极回应国际议题、多模态协同提升传播能力。在监测能力方面，重点从话语技术层面提高监测的智能化、精准化和互动化。在纠偏能力方面，从话语资源和话语制度层面提升舆论纠偏、话语纠偏和传播纠偏能力。

微观上，以国家话语能力体系中的执行环节为重点进行分析，发现讲述中国故事，如"经济高质量发展""生态文明"等热点话题的话语建构、翻译和传播有着一定的语境特色和策略共性。首先，分别通过选择自然类、建筑类、旅程类、家庭类、金融类等隐喻性表层架构和合作、机遇、友谊、平等、帮助等非隐喻性表层架构，及其激活的天人合一、集体主义、命运共同、绿色发展等深层架构建构了我国的和平崛起大国形象、合作共赢大国形象、美丽大国形象、负责任大国形象。其次，白皮书、领导人讲话等官方对外话语的翻译分别采用归化、异化策略，运用意译、直译等方法，结合增减译、分合译、范畴对应、替换、转换等技巧，在跨文化再叙事中实现了概念、隐喻寓意、深层架构、感情色彩等方面的认知等效。最后，传播生态上，使用了"柔性把关"的方式；传播语态上，体现了"对话传播"的机制；传播模态上，采用了"创新媒介"的形式，强化了系统表述，实现了多倍传播效果。如：图文关系呈现出高情态特征、多种社会距离特征和视角特征。

本研究具有一定的理论意义和实践意义。

就理论而言，一是拓展特色分析路径。融合语言学、传播学、管理学理论，能够拓展"讲好中国故事"话语研究的分析路径，提升"大语言学"意识，促进学科创新，助力新文科建设。二是构建特色分析模型。以"讲好中国故事"背景下的话语能力提升为契机，设计整合的、具有中国特色的国家话语能力"钻石分析模型"，有助于深入细致地分析中国对外传播话语，形成特色话语体系，打造人类命运共同体。三是整合特色分析框架。基于批评认知语言学理论，从语言、社会、认知三个层面，分析国家话语的深层意义建构和能力提升，尤其是整合了批评架构分析框架，一方面从社会认知层面阐释受众理解话语中概念隐喻和概念整合的认知机制，另一方面从社会文化视角解释这种话语结构与社会结构、意识形态之间的关系。这能够丰富现有的话语分析理论，对相关的话语研究进行系统的推进和深化。

就实践而言，一是指导国家话语实践。探索"讲好中国故事"的国家话语在规划、执行、监测、纠偏方面的能力提升，对其话语治理具有指导意义，能够提升国家对外媒体等主体的话语水平，促进国家参与全球治理。二是分享话语资源库。以三个重要议题为案例，建立的语料库、案例库，梳理的国家话语建构、翻译、传播策略能够为政府和官方媒体讲好中国故事提供智库服务和咨政方案，有助于促进国家语言政策与规划研究，提升国家软实力。也可应用于外交谈判、文化传播，扩大我国在国际舆论场中的影响力。

本书旨在抛砖引玉，期待各位专家学者不吝赐教。

张薇

2024 年 2 月 14 日

于江苏南京

序

昨天收到张薇博士的书稿《讲好中国故事：选择、译介与传播》，十分欣喜。洋洋洒洒几十万字的专著，我一鼓作气读了一遍，深深地为张薇博士感到骄傲！

表面上看，讲故事并不难，似乎人人都会。其实人本身就是一种叙事动物，讲故事是人的一种基本能力。但是讲好故事确非易事。"讲故事就是讲事实、讲形象、讲情感、讲道理，讲事实才能说服人，讲形象才能打动人，讲情感才能感染人，讲道理才能影响人。"讲好一个人的故事需要充分考虑受众的感受和接受度、语言的形象性、情节的真实性和故事的感染力。

讲好一个国家的故事，那就更是难上加难。像中国这样一个人口众多、幅员辽阔、历史悠久的国家，尤其在复杂多变的国际形势下，哪些故事可以讲？哪些故事值得讲？如何才能讲得更好？这些问题是目前国际政治学、外交学、传播学、翻译学领域研究的重点和热点。张薇博士的这本专著对这些问题作了很好的探索。这本专著主要围绕"为什么要讲好中国故事？""要讲哪些中国故事？""怎样讲好中国故事？"这三个问题展开。

一、为什么要讲好中国故事？

讲好中国故事意义重大，十分必要。不论是树立全面良好的中国形象，还是构建合作共赢的国际关系，均离不开讲好中国故事。"讲故事，是国际传播的最佳方式。"与目前同类研究不同的是，张薇博士将讲好中国故事提升到国家话语能力的战略高度，指出叙事中的批评架构分析框架，设计具有中国特色的国家话语能力"钻石分析模型"，阐释国家话语中隐含的价值观和意识形态，引导国际受众愿意听、听得懂、听得进中国故事。

二、"要讲哪些中国故事？

故事的内容十分重要。"要讲好中国特色社会主义的故事，讲好中国梦的故事，讲好中国人的故事，讲好中华优秀文化的故事，讲好中国和平发展的故事。"在国家层面，究竟哪些故事更易于国际受众接受？哪些故事可为中国形象建构增添光彩？张薇博士选择了"经济高质量发展""一带一路""生态文明"三个重要议题作为中国故事的主要素材。

中国经济高质量发展故事是"讲事实"的故事；"一带一路"是"讲形象"的故事；"生态文明"是"讲道理"的故事。中国经济高质量发展故事描述的是中国经济飞速发展的"事实"；"一带一路"故事描述的是中国援助"一带一路"国家共同发展的"形象"；"生态文明"故事讲述的是中国生态效益与经济效益并重的"道理"。

三、怎样讲好中国故事？

"要组织各种精彩、精练的故事载体，把中国道路、中国理论、中国制度、中国精神、中国力量寓于其中，使人想听爱听，听有所思，听有所得。"张薇博士提出，平衡性和多样性、主体间性和对话性、分众性和分类性为提高国家话语传播力的叙事原则。"价值引领——意义建构——

关系管理——模态协同"为提高国家话语传播力的叙事策略,并从话语资源、话语队伍、话语技术、话语制度四个保障要素,提出话语规划、话语执行、话语监测、话语纠偏能力在不同情境中的具体提升策略。尤其是舆论纠偏、话语纠偏和传播纠偏等话语纠偏能力,颇具新意和建设性。

与同类著作相比,本专著具有以下六个主要特点。

一、认知阐释与语料分析结合

本专著将认知语言学中的架构理论用于语料的分析。著者自建语料库(总语料库 3 个,阶段性子语料库 12 个),运用 Wmatrix,同时结合 Word-less 软件对语料进行标注和统计,归纳话语表达的历时趋势和特征。

二、理论探究与话语实践一致

本专著既"仰望天空"又"脚踏实地"。认知语言学理论和国家话语理论有些深奥,可谓"天空";具体的话语策略操作性强,可谓"实地"。比如:专著中提出,提升讲好中国故事的话语能力,要从物的提升、人的发展、制度完善、技术进步四个方面来探索。具体而言,即话语资源、话语队伍、话语制度和话语技术。此类策略对传播学、语言学、管理学均有借鉴意义。

三、图文并茂相得益彰模态全

专著中既有大量的文字描述,也有精彩的视频和图像的分析。著作着重分析了多个图像体现的三种意义:表征意义、互动意义和构图意义。多模态架构的分析和图文整合构建意义过程的阐释为该部分的创新之处。

四、既有理论深度又通俗易懂

专著中涉及国家话语能力、国家话语能力分析模型、叙事的批评架构分析框架、话语治理等理论，著者旁征博引，涉猎甚广，具有一定理论深度和广度。但是著作一改语言学著作惯常的晦涩之风，其语言表达流畅，明白如话。

五、学科融通理论和方法创新

专著中提出"大语言学"的设想，即整合语言学、翻译学、传播学、管理学等学科构建新的国家话语分析模式、建构策略、翻译策略和传播策略。这种跨学科的研究范式符合当下"大文科"的理念，也是一种创新，难能可贵。

六、建构翻译传播一体易操作

专著中首先从认知的视角阐释国家话语的建构方式，然后选择典型的例子对比分析不同译本的利弊，最后从"传播生态、传播语态、传播模态"三个方面提升国家话语的传播力。著作语料翔实，例证充分，易于理解，极具操作性。

以上是我阅读该著的一点感想，是为序。

汪少华

2024 年 2 月 24 日

于南京师范大学随园校区

第一章
绪　论

增强中华文明传播力影响力，坚守中华文化立场，讲好中国故事、传播好中国声音，展现可信、可爱、可敬的中国形象，推动中华文化更好走向世界。[1] 这就需要继续加强国际传播能力建设，展示真实、立体、全面的中国，促进全球治理。

语言并不都是反映客观的现实，而是通过从纷繁复杂、扑朔迷离的世界中抽象出来的、有意义的感知组构而成。[2] 这种意义，显然需要符合自己的价值判断。每个国家有自己的价值体系，并通过国家话语去宣传重大政策理念，引导舆论。

例如：在有关"一带一路"的话语中，我们经常会读到：

"We are at a fresh *starting point*, ready to embark on a *new journey* together", Xi said, "so long as we press ahead with a common vision without *backpedaling* or *standing still*, we will achieve greater connectivity and benefit from each other's development". (*China Daily*, May 15, 2017)

这仅仅是起点（starting point）、旅程（journey）、后退（backpedaling）、停滞不前（standing still）等一些词语吗？不，这实际上是在讲述一个故

---

[1]　习近平：《高举中国特色社会主义伟大旗帜　为全面建设社会主义现代化国家而团结奋斗——在中国共产党第二十次全国代表大会上的报告》，人民出版社 2022 年版。

[2]　Edelman, M. (1971). *Politics as symbolic action: Mass arousal and quiescence*. New York: Academic Press.

事。过去我们有一个美好难忘的旅程，现在在新的起点，会开始一个新的征程，我们要继续一起向前、共同进步，寻找更好的生活，打造命运共同体。通过回忆丝绸之路，亚欧国家共同的历史记忆和积极情感会被激活，传承古丝绸之路精神的"一带一路"新征程会比较容易被国际受众所接受。

又如，2020 年新冠病毒肆虐的那个冬季，新华社发布了"中国之诺"重磅微视频，一帧帧画面展示了十几个场景①：

> 全国各地 4 万名志愿者在驰援湖北……
>
> 病房里医务人员以生命赴使命奋斗在一线……
>
> 社区不漏一户，城市交界处不漏一人在查测……
>
> 火神山雷神山医院十天十夜昼夜不息地在拔地而起……
>
> 快递物流加班加点加足马力在运送物资……
>
> 志愿者、警察、建筑工人、快递员等战士在向险而行……
>
> 160 多个国家领导人、30 多个国际组织负责人致电致函，表达对中国的坚定支持!

这一帧帧画面仅仅是场景吗？不，这些场景激活了一个个战"疫"的感人故事。面对新冠病毒这个人类共同的敌人，中国作为主战场，与时间赛跑，用中国速度为世界防疫争取了宝贵时间，在危难时托起了生命的诺亚方舟，得到了国际高度认可! 该短视频讲述着人类同在一个蓝色星球，命运与共是道德取向。病毒无国界、人间有真情，希望各国携手前行，共渡难关。

能够打动人心的正是故事，而不是只言片语，不是零碎的画面。没有故事的激活，没有深层叙述的力量，话语便不会深入人心。受众是以故

---

① 《重磅微视频：中国之诺》，http://www.xinhuanet.com/world/2020-02/22/c_1210486025.htm。

事、隐喻、谚语这种思维构块而进行真实推理的。① 国家话语若想深入人心，广为国际受众认可，需按照真实推理的方式进行建构。

20 世纪 90 年代以来，认知语言学家乔治·莱考夫（George Lakoff）进一步拓展了概念隐喻理论，并将查尔斯·菲尔墨（Charles J.Fillmore）的架构语义学②、欧文·戈夫曼（Erving Goffman）社会学中的架构③ 相融合，创立了架构理论（Framing Theory）④。架构是人们用来理解现实，并建构我们以为是现实的心理结构。⑤ 架构又分为表层架构和深层架构。由词语所激活的架构是表层架构⑥，包括隐喻性和非隐喻性的。两个表层架构之间的映射形成概念隐喻，两个以上的表层架构之间的映射形成概念整合，由表层架构所激活的道德观是深层架构。⑦ 在外宣领域，架构即是选择运用含有一定国家立场的语言去影响国际受众的思想。当外宣主体在话语中使用的架构和受众大脑中的架构契合时，其观点比较容易"入脑入心"。⑧

话语通过叙事来引导受众。叙事指运用包含语义角色、角色属性、角

---

① Lakoff, G. (2008). *The political mind: Why you can't understand 21st century politics with an 18th century brain*. New York: Viking.

② Fillmore, C. J. (1982). Frame semantics. In Linguistic Society of Korea (ed.), *Linguistics in the morning calm* (pp. 111-137). Seoul: Hanshin.

③ Goffman, E. (1974). *Frame analysis: An essay on the organization of experience*. Boston: Northeastern University Press.

④ 英文"frame"一词曾译为"框架"，由于其既可以用作名词，又可以用作动词，故译成"架构"。

⑤ Lakoff, G. (2006). *Whose freedom: The battle over American's most important idea*. New York: Farrar, Straus and Giroux.

⑥ Lakoff, G. (2006). *Whose freedom: The battle over American's most important idea*. New York: Farrar, Straus and Giroux.

⑦ Lakoff, G. (2006). *Whose freedom: The battle over American's most important idea*. New York: Farrar, Straus and Giroux.

⑧ 汪少华、张薇：《论中国政治话语体系的认知建构——以习近平 2017 年瑞士两场演讲为例》，《南京师范大学报（社会科学版）》2017 年第 5 期。

色关系和场景的架构去讲述故事①。国家领导人或对外媒体往往会将公共话语与概念架构背后的价值观相联，选择使用契合受众价值观的话语表达。②这种运用深层架构的叙述为深层叙事，能够使受众深入人心。受众接触深层叙事时，大脑中的神经元会改变并变得牢固，以理解话语③。人类命运共同体就是一个典型的深层叙事，其中蕴含的"亲仁善邻"价值观能够激活受众的情感判断，进而感染受众。

讲好中国故事、传播好中国声音，向世界展现真实、立体、全面的中国，有助于提高国家文化软实力和中华文化影响力。针对国际上存在的有关中国的信息不对称和认知不对称现象，我国一直在努力地采取多层多样的传播策略，减少认知差异，提高认知共性，以创造良好的国际舆论环境。讲好中国故事，提升令人信服的对外话语能力具有重大意义。这迫切需要通过讲好中国故事展示中国的物质文化优势、制度文化优势和精神文化优势，塑造可信、可爱、可敬的中国形象，构建相互尊重、公平正义、合作共赢的新型国际关系。

鉴于此，本研究旨在关注向不同受众讲述有温度的中国故事。围绕讲好中国故事，首先，从宏观层面，阐述构成国家话语能力的四个元素和影响国家话语能力的两个因素，构建讲好中国故事的国家话语能力分析模型，分析目前话语建构、翻译与传播中存在的不足及产生原因。然后，从中观层面，阐述讲好中国故事的国家话语能力建设的基本要素，提炼拓展国家话语能力提升的基本策略，以及针对不同动态情境的具体路径。最后，从微观层面，选取"经济高质量发展""一带一路""生态文明"三个

---

① Lakoff, G. (2008). *The political mind: Why you can't understand 21st century politics with an 18th century brain*. New York: Viking.

② Lakoff, G. (2008). *The political mind: Why you can't understand 21st century politics with an 18th century brain*. New York: Viking.

③ Lakoff, G. (2008). *The political mind: Why you can't understand 21st century politics with an 18th century brain*. New York: Viking.

重要议题为案例①，基于自建语料库（总语料库 3 个，子语料库 12 个，国内外官方或主流媒体等语料总计千万词以上）梳理话语表达的历时趋势和特征，以国家话语能力体系中的执行环节为重点，系统地阐释话语建构特征、话语翻译方法和话语传播策略，以构建具有中国特色的对外传播话语体系，提升国际话语主动权，巧妙地使中国价值"走出去"。

按照上述，本研究确定以下研究目标。

宏观上，旨在梳理讲好中国故事的背景下构成国家话语能力的四元素（规划、执行、监测、纠偏）和影响国家话语能力的两因素（话题、语境），及其之间的互动，构建讲好中国故事的国家话语能力分析模型，并以此模型分析国家话语能力提升存在的不足及产生的原因。

中观上，旨在从国家话语能力提升的四个要素（物、人、制度、技术）出发，针对元素因素互动产生的不同动态情境，提炼讲好中国故事的国家话语能力提升的基本策略（叙事原则、叙事策略）和具体路径（纠偏能力中的舆论、话语、传播纠偏），为讲好中国故事提供对策。

微观上，旨在以国家话语能力体系中的执行环节为重点，通过对"经济高质量发展""一带一路""生态文明"三个案例的对外话语进行批评架构分析，梳理对外话语的选择所建构的社会现实和国际关系，对外话语的翻译所实现的概念、架构、情感等方面的认知等效，对外话语的传播所采用的多模态表征策略。上述案例与习近平总书记提出的讲好中国特色社会主义故事、中国梦故事、中国人故事、中华优秀文化故事、中国和平发展故事核心相关，能够为讲好此类故事提供理论支撑和实践经验。

本研究具有一定的理论意义和实践意义。

就理论而言，一是拓展特色分析路径。融合语言学、传播学、管理学

---

① 选取"经济高质量发展""一带一路""生态文明"三个重要议题为案例的原因是：这些议题分别代表近年来我国在国内、国际、环境、民生等方面的重大及热点事件。

理论，拓展讲好中国故事话语研究的分析路径，提升"大语言学"意识，促进学科创新，助力新文科建设。二是构建特色分析模型。以讲好中国故事背景下的话语能力提升为契机，设计整合的、具有中国特色的国家话语能力"钻石分析模型"（四元素与两因素互动形成八面体结构），有助于深入细致地分析中国对外传播话语，形成特色话语体系，构建人类命运共同体。三是整合特色分析框架。基于批评认知语言学理论，从语言、社会、认知三个层面，分析国家话语的深层意义建构和能力提升，尤其是整合了批评架构分析框架，一方面在社会认知视角下阐释受众理解话语的认知机制，另一方面在社会文化视角下解释话语结构与社会结构、意识形态之间的关系，以期丰富现有的话语分析理论，对相关的话语研究进行系统的推进和深化。

就实践而言，一是指导国家话语实践。探索讲好中国故事的国家话语在规划、执行、监测、纠偏方面的能力提升，对其话语治理具有指导意义，能够提升国家对外媒体等传播主体的话语水平，促进国家参与全球治理。二是分享话语资源库。以三个重要议题为案例，建立的语料库、案例库，提出的国家话语建构、翻译、传播策略能够为政府和官方媒体讲好中国故事提供智库服务和咨政方案，有助于促进国家语言政策与规划研究，提升国家软实力；也可应用于外交谈判、文化传播，扩大我国在国际舆论场中的影响力。

在理论、思想、实践、方法等方面，本研究具有一定的创新。

理论上，从社会文化、认知心理、语用传播层面分析话语互动的内在机制。不仅从传播主体层面关注话语隐含的权力关系，以及话语的舆论引导机制，还从传播客体层面上关注话语理解的认知机制，以及受众的关系管理模式；不仅关注文本，还关注图片、视频等多模态话语中体现的中国特色文化、话语互动规律。

思想上，从话语治理和国家治理交叉界面研究话语能力提升问题，体现了新的研究趋势。重视从话语治理视角归纳国家话语能力相互影响、促进、制约的四个元素，强调话题和语境两个影响国家话语能力的外部因素，较之以往对国家话语能力的剖析更加深入细致。

实践上，对提升话语传播力的策略库，尤其是叙事策略有更为细化的探索。自上而下地提炼我国对外媒体价值引领的话语模式；分话语主体、语域类别，分受众心理情感、关系管理类别，梳理叙事传播策略，助力话语互动从回应型转向竞争型。

方法上，对话语传播效果的科学评估，尤其是实证方法有综合性运用。运用大数据技术量化统计语料，提高智能语义分析的效率，为话语分析提供客观语言数据；通过智能监测外媒舆情等，结合受众调查，助力传播效果评估更具有效性。

语料上，在 lexisnexis 数据库中收集 *China Daily* 有关"经济高质量发展""一带一路""生态文明"的报道总计千万词以上，自建了 3 个总语料库和 12 个子语料库，使用 Wmatrix 软件对语料进行标注和统计，体量大、范围广，系统地梳理了这些相关议题话语的历时特征，为以后的相关话语分析提供了扎实的数据基础。

本书在结构上分为八章。

第一章是绪论。主要介绍了研究背景、研究目标、研究意义和创新性，提出了向不同受众讲述有温度的中国故事、提升国际话语权、塑造良好国家形象的必要性。

第二章阐述了讲好中国故事的重大意义。主要是论述讲好中国故事对于提升令人信服的话语能力、展示全面良好的中国形象、建构合作共赢的国际关系，以服务于全球治理的重要作用。

第三章是讲好中国故事的理论研究概述与探索。主要是基于 CiteSpace 的文献可视化分析，梳理有关讲好中国故事现有研究的总体特征、历时特征和研究热点，研判讲好中国故事的理论研究新趋向，以及探索讲好中国故事的叙事架构，并提出本研究的理论基础：批评认知语言学视角下的批评架构分析框架。

第四章是讲好中国故事的国家话语能力分析模型。主要是从宏观层面阐述国家话语能力的四个内涵元素：规划能力、执行能力、监测能力、纠偏能力；厘清国家话语能力的两个影响因素：话题因素和语境因素，并基于上述元素和因素构建国家话语能力的分析模型（钻石分析模型），分析目前话语建构、翻译与传播中存在的问题及产生原因。

第五章论述了讲好中国故事的国家话语能力的提升路径。主要是从中观层面阐述国家话语能力建设的基本要素：话语资源、话语队伍、话语技术、话语制度；梳理拓展国家话语能力提升的基本策略：叙事原则和叙事策略；提炼在讲好中国故事的背景下，针对不同语境，拓展国家话语能力提升的具体路径（魔方提升路径）。在规划能力方面，重点从话语资源和话语队伍层面，规划数据库建设和人才队伍培养。在执行能力方面，重点从话语资源层面，通过多样化的话语认知策略、跨学科协作构建话语体系，通过多种类话语组合拳，多群体合力提升话语建构能力；坚持外译的及时性和认知等效性去提升翻译能力；通过主动设置外宣议题、积极回应国际议题、多模态协同提升传播能力。在监测能力方面，重点从话语技术层面提高监测的智能化、精准化和互动化。在纠偏能力方面，从话语资源和话语制度层面提升舆论纠偏、话语纠偏和传播纠偏能力。

第六、七、八章为案例分析，以国家话语能力体系中的执行环节为重点，阐述热点议题的话语选择、话语翻译与传播策略如何应用于讲好中国故事，具体如下。

第六章是讲好中国故事之"经济高质量发展"国家话语建构、翻译与传播。主要在于微观分析，以 *China Daily* 报道为例，基于自建语料库，梳理"经济高质量发展"自提出以来，中国对外媒体相关报道四个阶段的历时趋势，阐释 *China Daily* 这类国家话语在讲述"经济高质量发展"故事时，如何通过表层架构和深层架构的选择去建构我国的和平崛起形象；并分析在白皮书、领导人讲话等官方话语中如何采用一定的翻译方法、技巧去实现认知等效，面向国际受众做好对外翻译；同时，梳理外媒对我国经济高质量发展的评价，为考察对外传播效果提供一定的依据。

第七章是讲好中国故事之"一带一路"国家话语建构、翻译与传播。主要在于微观分析，以 *China Daily* 报道等语料为例，基于自建语料库，梳理共建"一带一路"自提出以来，中国对外媒体相关报道五个阶段的历时趋势，阐释 *China Daily* 这类国家话语在讲述"一带一路"故事时，如何通过表层架构和深层架构的选择去建构我国的合作共赢大国形象，并分析在白皮书、领导人讲话等官方话语中如何在对外翻译中实现认知等效，外宣媒体如何通过多模态协同去传播"一带一路"理念，讲好丝路故事。

第八章是讲好中国故事之"生态文明"国家话语建构、翻译与传播。主要在于微观分析，以 *China Daily* 报道等语料为例，基于自建语料库，梳理党的十九大以来，"生态文明"建设方面中国对外媒体相关报道五个阶段的历时趋势，阐释 *China Daily* 这类国家媒体在讲述"生态文明"故事时，如何通过表层架构和深层架构的选择去建构我国的美丽大国形象，并分析白皮书、领导人讲话等官方话语如何运用直译、意译、分译、合译等方法面向国际受众进行对外翻译，外宣媒体如何通过多模态协同去传播中国的生态智慧。

第二章
讲好中国故事的重大意义

第一节　提升令人信服的话语能力

　　案例1[①]：官方媒体在传递权威信息、凝聚各方共识等方面发挥着重要作用。在"一带一路"的对外传播工作中，中国官方媒体借此重要契机建立了具有中国特色的话语体系。比如：*China Daily* 等中国官方对外媒体的报道在架构的优选和整合上有成功之处，使用了一些隐喻、整合、谚语、故事等表层架构，其激活的深层架构与受众的价值观、情感、道德系统相吻合，能够赢得受众国家支持共建"一带一路"；且表层架构及其激活的深层架构不仅在一篇报道内，而且在多篇报道间实现了意义连贯，能够提升话语效果。这种话语能力有助于消解部分西方话语的负面影响，巧妙地传播中国精神、中国价值、中国智慧，以提升我国在国际舆论场中的影响力。在对外传播中，能够使国际受众愿意听、听得懂、愿意接受的上述话语能力是参与全球治理的关键。

---

① 张薇、汪少华：《"一带一路"话语建构策略的架构理论透视》，《外语研究》2019 年第4 期。

一、令人信服的话语能力是参与全球治理的关键

（一）提升话语能力的总体目标

随着国际形势的瞬息万变，各国为赢得全球治理的话语权，其话语博弈也日益增强。提升令人信服的话语能力尤为重要，总体目标是提升对外话语的公信力、创造力和感召力。

公信力指"使所传达的信息和思想具有公正的价值理念和一定的逻辑说服力，能够为不同制度和文明下的人们所信服、接受和共享，有可能转化为一种世界话语"[①]，能够塑造可信的国家形象。

创造力指从全球治理的视角而言，在"政治性意蕴、学理性支撑、哲学性思维、通识性表述、有效性传播方面，实现一个由内容到形式的逻辑进程"[②]。这均需要一套话语体系来呈现，且并非一味说教，而是用具体、形象、生动的故事实现话语生产者和接收者的情感连接。讲述国际受众喜爱的小故事，提升中华文化海外传播的亲和力，塑造可爱的国家形象。

感召力指话语能够塑造受众思考和行动的方式，促进受众实现价值认同。这需要"缩小中国特色话语体系与国际话语体系之间的差异"[③]。一方面客观讲述中国的道路、理论、制度和文化故事；另一方面使用容易被国际受众接受的话语，使中国声音被更多的人认同，塑造可敬的国家形象。

（二）提升话语能力存在的问题

李宇明提出，语言在全球治理中发挥着重要的作用，须"推进语言资

---

① 孙吉胜：《中国国际话语权的塑造与提升路径——以党的十八大以来的中国外交实践为例》，《世界经济与政治》2019 年第 3 期。
② 韩庆祥：《话语体系建构的核心要义与内在逻辑》，《学习时报》2016 年 10 月 31 日。
③ 《如何强化我国的国际话语力》，https://theory.gmw.cn/2021-08/05/content_35055067.htm。

源的全球共建共享，加强话语研究，制定科学的国家语言规划"①。目前，国家话语在一定程度上存在竞争力不足的问题，在表述力、传播力、影响力上仍需提升。

一是表述力。就全球治理而言，同一问题，不同的架构方式会产生不同的话语效果，影响受众的理解和接受。建构一套能被世界理解和接受的话语体系，是提升国际话语权的关键所在。目前话语表述力仍存在"浅层描述多、深层建构少"的问题，即"有理说不出"。

二是传播力。话语体系中的理念是否传播速度快，是个重要指标。如："'人类命运共同体'理念被多次写入联合国的相关决议，表明这一理念在国际上传播较快，逐渐由中国话语向世界话语转变"②。目前，话语传播力仍存在"国内说得多、国际传得少"的问题，即"说了传不开"。

三是影响力。向国际社会传递中国精神时，其本质内涵是否具有说服力是瓶颈。一个国家话语国际影响力的大小并非最终由经济因素决定，而更多的是由这个国家的内在国家精神是否被，以及多大程度被国际社会接受或认同所决定。③目前，国际舆论场上的斗争形势因国际关系走势而变得更加复杂，中国话语的国际影响力迫切需要开辟创新路径，改善"报道体量大、发声音量小"的局面，即"传开叫不响"。

（三）提升话语能力存在问题的原因

针对上述问题，究其原因，主要在于宏观、中观、微观层面上有以下不足。

宏观上，战略规划和实施不足。服务于全球治理的话语属于国家话语

---

① 李宇明：《语言在全球治理中的重要作用》，《外语界》2018 年第 5 期。
② 孙吉胜：《当前全球治理与中国全球治理话语权提升》，《外交评论》2020 年第 3 期。
③ 《提升中国话语国际影响力，这个根基至关重要》，https://export.shobserver.com/baijia-hao/ html/393018.html。

范畴。"国家话语表达的是国家意志、民族精神和文化精髓，是国家话语体系的具体体现。"①应洞察各国国家话语体系的规律和特点，提高我国的国家话语能力，使其更有效地服务国家战略②。目前，该领域的研究仍在探索中，在理论和实践上，需继续推进，做好国家话语能力在"话语本体、话语地位、话语教育、话语声誉、话语翻译和话语技术"③等方面的战略规划。通过话语的建构、翻译和传播讲述最真实的故事，让世界理解中国的发展，让中国故事融入世界故事。

中观上，中国话语和中国叙事体系建构不足。目前，国内的话语研究一是多见于政治学、新闻传播学等方面的宏观研究，相比较而言，语言学方面的微观话语分析偏少。二是引介西方理论，基于现有理论框架做话语分析的研究偏多，相比而言，针对中国话语的本土化研究，尤其是提出中国特色的话语分析理论框架，并建构中国叙事体系的研究偏少。

微观上，本土化的话语策略和路径探索不足。需结合文化特色，探究中国政治话语体系的认知机制、话语策略和传播路径，如：运用再架构消解负面话语的消极影响，改变国际受众看待某个事件的态度和观点；运用新架构创建中国特色的话语，推介蕴含中国精神的概念体系；整合架构建构融通中外的话语体系，梳理系列概念和话语表达等。

二、令人信服的话语能力需要中国故事培育

Lakoff（2008）将 17—18 世纪的理性主义推理称为"虚假推理"，以

---

① 文秋芳：《国家话语能力的内涵——对国家语言能力的新认识》，《新疆师范大学学报（哲学社会科学版）》2017 年第 3 期。

② 文秋芳：《国家话语研究——服务国家战略的新领域》，《中国外语》2016 年第 6 期。

③ 沈骑：《语言规划视域下的国家话语能力建设》，《云南师范大学学报（哲学社会科学版）》2021 年第 4 期。

笛卡尔和康德为代表的哲学家认为这种推理是有意识的，具有离身性、逻辑性和客观性，无情感性，且与道德无关；实际上，推理是在大脑回路中进行的无意识的行为，具有具身性和情感性，且与道德有关。受众是以故事、隐喻、谚语这种思维构块而进行真实推理的①。能够打动人心的正是故事，而不是只言片语，没有故事的激活，话语便不会深入人心。因此，国家话语若想深入人心，广为国际受众认可，需按照真实推理的方式进行建构。令人信服的话语能力需要中国故事培育。

（一）讲事实以说服人

有效的故事需要以丰富的事实为依托，实践经验加上概念宣传才能打动人。通过讲述事实、描述场景、展示数据、传递概念等让国际社会信服中国智慧和中国贡献。如：关于全球疫情防控，截至 2020 年 5 月 31 日，据 3.7 万字的白皮书记录的 61 条相关数据显示，中国"采取积极、科学、灵活的救治策略，慎终如始、全力以赴救治每一位患者，从出生仅 30 个小时的婴儿至 100 多岁的老人，不计代价抢救每一位患者的生命……疫情发生以来，湖北省成功治愈 3000 余位 80 岁以上、7 位百岁以上新冠肺炎患者，多位重症老年患者是从死亡线上抢救回来的。一位 70 岁老人身患新冠肺炎，10 多名医护人员精心救护几十天，终于挽回了老人生命，治疗费用近 150 万元全部由国家承担。"②

（二）讲形象以打动人

精彩的故事需要以生动的形象为内容，具象描述加上抽象概念才能吸

---

① Lakoff, G. (2008). *The political mind: Why you can't understand 21st century politics with an 18th century brain*. New York: Viking.

② 《最新：3.7 万字的抗疫白皮书发布、这 61 组数据让所有中国人泪目》，https://www.cn-healthcare.com/articlewm/20200611/content-1120837.html。

引人。抽象的描述通过具体化形象呈现，容易引起共鸣和感动，获得人们认同。比如，在讲好中国优秀传统文化故事时，并非仅仅宣传中国传统木工手艺，而是通过呈现"阿木爷爷通过锯、刨、凿、磨等中国传统木工手艺，不用一根钉子、一滴胶水，制作出了各种精致木器"①，及其被建构的"当代鲁班"的形象，去吸引国外受众。虽然阿木爷爷的视频没有用一个单词，却生动地向世界展现出了中国优秀传统文化的智慧。

（三）讲情感以感染人

动人的故事需要以丰富的情感为核心，情感渲染加上事实陈述才能感染人。故事可以通过能够激活受众积极情感的文字、图片、色彩、声音、视频表达出来，加强情感认同。情绪在判断和决策的过程中起到十分重要的作用。例如：政务微博在讲述应对"台风利奇马"的故事时，使用图片与文字相辅相成地呈现消防员们救援的实景，使事发地的受众和事发地外的受众均通过图片感受到了救援队的努力。系列图片中，"九宫图正中心位置是消防员抱着一个盆，盆里有一名婴儿在安然入睡。婴儿是旅程的起点，承载着生命的希望，是民族的未来，因此在其他位置的图中，消防员在齐腰的水中紧急救援的场景能够激活积极的情感，加之消防警力的服装和救援艇是橘红色这种暖色调与冰冷残酷的洪水这种冷色调形成了鲜明的对比，整个画面能够给人以振奋人心、温暖的力量。上述图文故事能够激发受众积极的情感，使其在自然灾害中对国家和救援队充满信心和信任，做出理解和支持政府的行为。"②

---

① 《〈2020—2021年度中华文化国际传播十大案例〉发布》，https://cn.chinadaily.com.cn/a/202109/16/WS6143084da310f4935fbee1c4.html。

② 张薇、张肖梦：《政务新媒体应对突发公共事件的话语策略分析——以"台风利奇马"事件为例》，《南京晓庄学院学报》2020年第3期。

（四）讲道理以影响人

成功的故事要以深刻的道理为精髓，发人深思的道理加上系统表述才能说服受众。道理可以是思想、价值观等，蕴含在故事之中，通过话语表达出来。即形和神的关系，既采用多样化的表达，又保持统一的道理。因此，要把中国道路、中国精神、中国智慧及其蕴含的正确义利观、命运共同体、共商共建共享等重大理念寓于故事之中。

三、提升话语能力的努力方向

（一）提升话语能力的基本目标

探究国际传播理论，精准把握国际传播的内在规律，精心打造独具魅力的对外话语体系，需要不断提升传播的艺术性，以增强我国在国际舞台上的话语权和影响力。融媒体时代的国际传播需要增强公信力、创造力和感召力，这就需要话语在建构、翻译和传播能力方面让国际受众愿意听、听得懂、乐于接受。

（二）提升话语能力的核心诉求

首先，在话语建构能力方面，应在挖掘新概念、新范畴、新表述的基础上，构建对外传播话语体系。第一，融通中外的新概念、新范畴、新表述是提升话语能力的核心内容。"每一种范畴都是人为创造出来并加以组织化而形成的相对比较稳定"①的认知结构，即架构。因此，应建立架构，对特定的概念和范畴进行生产与再生产，赢得话语权、定义权和解释权。第二，在挖掘新概念、新范畴、新表述，发展和构建自己的理论体系和知识体系的基础上构建话语体系。话语体系的建构并非一朝一夕之事，需要

---

① 刘涛：《元框架：话语实践中的修辞发明与争议宣认》，《新闻大学》2017年第2期。

整合各类媒体，经过坚持不懈的努力，才能成功。求同存异，强调世界共同价值，中国特色话语体系与世界话语体系融通，中国故事与世界故事融通，实现共情。针对不同类型的受众选择相应的话语风格，如：对官员使用表明立场的话语，对精英使用蕴含学理的话语，对大众使用较为通俗的话语。

其次，在话语翻译能力方面，需要研究国际受众的认知心理及认知差异，确定外译策略，消减由话语受众的背景知识、文化传统及认知基础不同而产生的话语偏差和话语鸿沟。对外翻译是一种再生产的过程，既要坚持中国立场，又要充分考虑中外认知习惯差异，"更要重视汉语与外语在哲学基础、句子结构以及语言使用者的思维逻辑和用语习惯等层面的差异。"① 需收集外译话语素材，建双语平行语料库，梳理现有译文在归化、异化方面的翻译策略，在意译、直译方面的翻译方法，在增减译、分合译、范畴对应、替换、转换等方面的翻译技巧，提炼实现认知趋同或认知等效的翻译策略，结合传播效果去评估翻译质量和效果，促进中国故事的传播和国家形象的塑造。

最后，在话语传播能力方面，从传播议题、传播主体、传播平台视角出发，一是对外话语的议题设置主动化，特别是要注重跨文化思维。"相关调查发现，发达国家和发展中国家对最能代表中国文化的元素有不同认知，前类受访者大都认为是中餐，而后类受访者多数认为是中医药和武术。"② 鉴于国际受众对中国文化精神了解有限，应基于国家对外传播战略和国外受众接受心理，选择能代表中国特色文化的议题。二是对外话语的传播主体多元化。不仅是国家层面的官方叙事者，个体层面的民间叙事者也要参与话语的生产、传播和塑造。传播主体不限于中国对外媒体，比

---

① 张法连：《提高国际传播能力离不开翻译质量提升》，《光明日报》2021 年 9 月 13 日。
② 孙吉胜：《加强中国对外话语体系建设：挑战与方向》，《外交评论（外交学院学报）》2022 年第 3 期。

如新华社、中国国际广播电台、中国新闻社、《中国日报》（英文版）、《人民日报》等，还应包括在中国的海外留学生、在海外的中国留学生、国外的华人、外媒等。三是对外话语的传播平台多样化。可挖掘社交媒体、自媒体等传播资源，与官方主流媒体形成协同，运用大数据、云计算、区块链等促进传播的智能化和高效化。同时，要多利用国际论坛和对话机制等增加发声体量和音量，给国外媒体提供一手资讯。

（三）提升话语能力的具体策略

一是要建立我方的特色架构。从受众的视角看，话语激活的"首先是基于道德的架构、隐喻、故事，然后才是政策、事实和逻辑"[①]。因此，应从概念入手，为所述议题选择和建立正确的架构，比如，讲述内置了一定的架构的故事。[②] 此外，还有隐喻、整合、谚语等。这些表层架构能够激活深层架构，即道德价值观。如：习近平主席在瑞士达沃斯论坛演讲中，使用了"全球经济'蛋糕'不容易做大"这种表达。"蛋糕"这个词重新架构了全球的经济环境和效益。在从"蛋糕架构"到"经济架构"映射所形成的"经济即蛋糕"这个概念隐喻中，做蛋糕、分蛋糕、吃蛋糕等元素及其元素之间的关系有助于受众理性地重新思考经济化全球的现状。当经济萧条，"蛋糕"不够充裕的时候，资源分配就比较容易产生矛盾，难免会凸显经济全球化的不足。那么解决措施之一是把"蛋糕"做大，即实现经济增长，以更好地分配资源。"蛋糕做大"需要合作，"经济效益增加，合作富裕"比"经济效益下降，孤立贫穷"易激活受众积极情感。不难理解，在经济全球化趋势下，坚持合作共赢、包容与和谐，实现经济效益加法递增是上乘之策。

[①]　汪少华：《美国政府赖以生存的架构与隐喻》，《山东外语教学》2014 年第 4 期。

[②]　Lakoff, G. (2004). *Don't think of an elephant! Know your values and frame the debate*. Hartford: Chelsea Green Publishing.

二是要不断重复我方的积极架构。保障架构效果最有效的方式就是重复。在话语建构过程中，"架构是第一位的，语言是第二位的，架构比语言表达更为重要。需要不断重复中国话语的关键概念和重要表达。通过不断重复，使表层架构与深层架构相连，并激活深层架构。受众的大脑中可能同时存在两种不同的，甚至是不一致的深层架构，但在接受某一话语时只能激活二者中的一种架构。因此，在话语表达过程中，要让受众运用我方的架构去思考；阻止受众运用与我方的架构相冲突的架构去思考。如果我方的话语符合受众大脑中已有的高层次架构，我方的话语就更有效；如果我方的话语与受众大脑中已有的高层次架构冲突，我方的话语效果就会很有限。"① 鉴于此，我国话语不仅有必要彰显中国优秀传统文化，而且需要体现中国文化元素与世界文明的相近相通，这要求话语蕴含的价值观为全人类共同价值。

三是避免重复对方的负面架构。避免过多地使用对方的话语架构；避免简单地否定对方的架构，因为这样只会强化对方的架构。② 如：针对"一带一路"，不少媒体经常使用"文明冲突论""修昔底德陷阱""中国威胁论""历史终结论"等西方学者的理论和词语；有的媒体或学者简单地否定对方的架构，比如，共建"一带一路"不是"马歇尔计划"，如此反驳只会落入对方的圈套。因为否定对方的话语恰恰是激活并强化了对方所使用的架构，不利于我方的观点被认同和接受。正确的方式是：我国媒体应选择主动出击，设置议题，从自己的观点出发，尝试改变架构或重塑架构。坚持向其他国家解释共建"一带一路"的开放包容、合作共赢理念，逐步引导其他各国受众形成"命运共同体"意识。

---

① Lakoff, G. (2006). *Whose freedom: The battle over American's most important idea*. New York: Farrar, Straus and Giroux.

② Lakoff, G. (2006). *Whose freedom: The battle over American's most important idea*. New York: Farrar, Straus and Giroux.

第二节　展示全面良好的中国形象

案例2：10月11日《生物多样性公约》第十五次缔约方大会在昆明召开，纪录片"《"象"往云南》（英文版）作为开幕式的第一个环节，向出席开幕式的中国国家领导人和参会全体国内外嘉宾播放，这也是COP15开幕式播放的唯一一个短片。该片记录了16头野生亚洲象走出栖息地——云南西双版纳，历经17个月1300公里，跨越大半个云南，北渡南归的全过程。"① 全片通过画面、文字、音乐等多种模态，呈现了亚洲象北上南归最温暖的瞬间。"象群所到之处，迎接它们的是充满爱心、追求人与自然和谐相处的普通民众、专业高效的应急处理团队和负责任的各地政府。"② 该主题片"生动还原了这段象群的科学之旅、探索之旅、保护之旅，记录了数万人的一路守护，诠释了求解人与自然和谐共生的云南智慧和云南方案"③，在讲好中国生态文明故事时，塑造了可信、可爱、可敬的中国形象。

一、全面良好的中国形象是参与全球治理的前提

（一）展示全面良好中国形象的总体目标

展示全面良好的中国形象，就是要推进国际传播能力建设，讲好中国故事、传播好中国声音，向世界展现真实、立体、全面的中国。我们应

---

① 《"象"往云南》，http://www.zgjx.cn/2022-11/01/c_1310668381.htm。

② 《〈2021—2022年度中华文化国际传播十大案例〉发布》，https://cn.chinadaily.com.cn/a/202205/ 31/WS62958e8ca3101c3ee7ad8156.html。

③ 《COP15开幕！〈"象"往云南〉全球首发》，https://cn.chinadaily.com.cn/a/202110/14/ WS6167 d914a3107be4979f27b5.html。

深刻认识新形势下加强国际传播工作的重要性，加强国际传播能力建设，形成同我国综合国力和国际地位相匹配的国际影响力，营造良好的外部舆论环境。国际传播能力建设的重要任务就是要讲好中国故事，传播好中国声音，向世界展现真实、立体、全面的中国，这是参与全球治理的前提。

（二）展示全面良好中国形象产生问题的原因

由于国际话语权长期为西方社会掌握，中国话语在国际舆论场曾经经历了"失声""失语"等困境，中国形象遭受了西方媒体的不公正的扭曲和扁平塑造。由于我们在议题设置力、传播影响力和公信力方面仍有不足，中国形象的跨文化传播仍有诸多困难需要克服，相应地展示真实、立体、全面的中国形象效果也受限。

一是目前我国在国际传播中"他塑"多，"自塑"少。"中国主题'他议'和中国形象'他塑'的现象依然普遍。中国仍需提供充足的一手信息和资料，提高发声质量，拓宽多元化发声渠道，提升话语影响力，减少'资讯赤字'情况。"[1] 面对西方主导的话语权结构，我国仍需继续提升议程设置能力、规则制定水平，以及舆论引导策略。

二是目前我国在国际传播中"说理"多，"陈情"少。仍需将信息传递与情感感染结合，图片、声音、动画、视频等各种感性符号与理论化的、抽象化的、深刻的、系统性的理性话语相结合，实现理性传播与感性传播交融，讲述有温度、有亲和力的中国故事。[2] 既有理有据，又入脑入心，更容易引起受众的价值和情感认同。把"陈情"和"说理"结合起来，即"组织各种精彩、精练的故事载体，把中国道路、中国理论、

---

① 　孙吉胜：《加强中国对外话语体系建设：挑战与方向》，《外交评论（外交学院学报）》2022 年第 3 期。

② 　吴琼：《创新主流意识形态传播的话语表达方式》，《红旗文稿》2017 年第 10 期。

中国制度、中国精神、中国力量寓于其中，使人想听爱听，听有所思，听有所得"①。

三是目前我国在国际传播中"体量"大，"音量"小。"中国的发展优势和综合实力还没有完全转化为舆论话语权和制度话语权优势，'中国音量'与'中国体量'还不相称"②，需打造融通中外、蕴含世界共通价值的话语体系。提升国际传播中的"中国音量"，需把握主动权、解释权、定义权，主动设置议题，设置国际性议题，创新话语表达方式。如：《疫苗大战病毒》（*Virus Fighter 2: Game On!*）作为一款融媒产品，"以脑洞大开的创意、怀旧风的视效和幽默的对话，向世界展示中国通过积极号召注射疫苗抗击新冠疫情的经验，再度征服海外网友，视频在海外社交媒体的浏览量超 300 万"③，热度持续攀升，有效地传播了中国声音。

二、全面良好的中国形象需要中国故事建构

建构全面良好的中国形象需坚定文化自信，提高中华文化的影响力。讲好中国故事能够为文化自信树立创设良好的舆论环境。文化包括三个层面，即表层的物质文化、中层的制度文化、深层的精神文化④。鉴于此，通过讲好中国故事，能够展示中国的物质文化优势、制度文化优势和精神文化优势。

---

① 《习近平：让全世界都能听到并听清中国声音》，http://cpc.people.com.cn/xuexi/n1/2019/0110/c385474-30514168.html。

② 曾祥敏、汤璇、白晓晴：《从战略高度加强中国对外话语体系建设》，《光明日报》2021年 11 月 19 日。

③ 《新华社〈病毒往事〉原班人马又出手，〈疫苗大战病毒〉征服海外》，http://xby.52hrtt.com/cn/n/w/info/G1626082035149。

④ 顾明远：《教育大辞典》，上海教育出版社 1998 年版。

（一）通过讲好中国故事展示中国的物质文化优势

讲好中国故事可以向世界传递中国物质文化中的方案和智慧，如中国制造、中国建设、非物质文化遗产等。在基建方面代表性的有：中国设计了巴拿马运河第3桥，又成功中标了巴拿马运河第4桥建造项目。中国因基建效率和基建能力被称为"基建狂魔"。在新冠疫情期间，各方统筹，火速动员，集结资源，10天建成火神山医院，11天建成雷神山医院。此外，类似青藏铁路、港珠澳大桥、大柱山隧道等超级工程还有许多，中国在桥梁、港口、矿井、铁路、公路、农田水利、大型电站等领域的建设经常夺冠①，这些基建成果是中华民族智慧的结晶，也因此赢得了世界的信任。

（二）通过讲好中国故事展示中国的制度文化优势

我们要"充分阐释中国特色社会主义制度的显著优势，扩大中国制度的影响力和感召力，增进国际社会对我国制度的认识和认同，把我们的制度优势转化为话语优势"②。讲好中国制度故事，既要消解部分国家的污名化，引导国际客观认识中国的制度文化，又要向世界传达以下两个方面的制度优势。首先，讲好中国故事能够凸显"人民利益至上"的制度优势。新冠疫情证实了中国特色社会主义制度在成功应对重大风险挑战中所彰显的优势。疫情期间，"确诊患者人均医疗费用约2.3万元。其中，重症患者人均治疗费用超过15万元，一些危重症患者治疗费用几十万元甚至上百万元，全部由国家承担。"③人民利益至上，体现出国家坚持"一切为了人民、为了人民的一切"，以及"守望相助、同舟共济"，致力于全球公共卫生事业。其次，讲好中国故事能够凸显公有制为主体的制度

① 《中国为什么被称为基建狂魔？都有哪些代表作品？》，http://nblhzx.cn/news/694553.html。
② 柴尚金：《讲好中国制度故事》，《理论导报》2019年第12期。
③ 崔玉娟、刘昶荣：《传染病医学史上的中国抗疫奇迹》，《中国青年报》2021年6月23日。

优势。公有制为主体的制度优势是多领域、多维度的，包括中国独有的"集中力量办大事""始终以使用价值为核心，以最大程度实现人民需要为目的定位生产"①，体现了中国特色社会主义始终以人民的切身利益为核心，人民利益至上。

（三）通过讲好中国故事展示中国的精神文化优势

优秀传统文化、红色文化和中国特色社会主义文化是中国文化的三大构成要素，体现了生命力、先进性和现代性，讲好这三类文化故事能够"以异质文化理解的方式传达中国形象"②。首先，讲好中国故事能够凸显中国的优秀传统文化。中国优秀传统文化中的"家国一体"情怀、"天下大同"智慧、"天人合一"思想等能够传递全人类共同价值，助力于解决全球普遍问题。其次，讲好中国故事能够凸显中国的红色文化。若想使红色文化中严肃厚重的历史观念和大道理入脑入心，需用情感塑造革命领袖、英模人物等，礼赞信仰、讴歌真理、推动叙事，体现故事的情感逻辑和亲和性，实现价值引领。如：电影"《1921》里李达和王会悟新婚燕尔的场景，为严酷环境下的革命者增添了温暖和浪漫。当何叔衡被问及为何参加革命时，他说：'我参加革命的理由很简单，就是希望有一天能抬起头、挺直腰杆。我希望能自由地看见我想看的世界'"③。类似的红色故事中人性与信仰之间建立起情感关联，增强了故事的感染力。最后，讲好中国故事能够凸显中国特色社会主义文化。

---

① 钱智勇、刘思远：《疫情下中国特色社会主义基本经济制度的优越性透析》，《当代经济管理》2020 年第 6 期。
② 刘洋风：《中国形象跨文化传播的实践策略》，《中国社会科学报》2022 年 4 月 19 日。
③ 《红色故事里的情感力量》，https://m.gmw.cn/baijia/2022-07-01/35852587.html。

三、展示中国形象的努力方向

（一）塑造可信、可爱、可敬的形象

增强中华文明传播力、影响力，应讲好中国故事、传播好中国声音，塑造可信、可爱、可敬的中国形象，推动中华文化更好走向世界。

"可信"的核心是实。实具体体现在：讲述真实、准确、全面、立体的中国景象，体现大国的诚信、责任和担当，赢得国际受众的信任和信赖，提升可信度。如：讲述疫情防控故事不仅呈现成绩，而且呈现问题与反思，用真实的报道、客观的数据来展现中国为抗击疫情所贡献的大国智慧。中国一直践行亲、诚、惠、容的外交理念，积极参与联合国维和行动、南南合作、全球减贫等，与世界各国建立互信合作的多边主义关系，展现有信用、负责任的大国形象。

"可爱"的核心是情。情具体体现在：通过软叙事和小叙事，讲述普通、可爱、生动、有趣的故事，体现充满魅力和温度的中华文化，赢得国际受众的共鸣和共情。如：中国网友发布的疫情故事短视频，以及海外社交媒体上中国抗疫日常生活体验的分享，跨越了不同语言与文化的界限，较容易激活国际受众的积极情感。

"可敬"的核心是理。理具体体现在：讲述以人为本的，富含原则、公理、正义的故事，体现中国的威望、责任和担当。如：讲述中国践行人类命运共同体的价值理念，积极参与联合国事务决策，维护世界和平和国际秩序，致力于为全人类的共同发展作出更多贡献的故事，从而获得国际受众的尊重、认同与敬意。

（二）采取多层多样的传播策略

塑造可信、可爱、可敬的中国形象，展示我国的文明大国形象、东方大国形象、负责任大国形象和社会主义大国形象需要采取多层多样的传播

策略。

一是从受众视角出发，提升国际传播的实效性。传播是双向的，需要用目标受众的语言、认知习惯去传播，以激活对方的情感和认知，使受众易于理解，乐于接受。而且需区分对象，实现中国故事的全球化表达、区域化表达和分众化表达。需调查了解不同地域、不同阶层受众的心理诉求、媒介使用习惯和生活方式，建立受众画像数据库，收集受众反馈[①]，进而确立传播策略。

二是从通用价值出发，提升国际传播的影响力。用世界共同的审美观、价值观[②]去讲述和呈现中国故事。外宣和内宣不同，前者既需要考虑目标受众国家的感受，又需要关注所有国际受众的感受，而且需要充分考虑不同国家间的差异，选取不同话语内容和传播方式。

三是从传播平台出发，提升国际传播的社交化能力。尝试运用新兴媒体，打造对外宣传旗舰媒体。近年来中国媒体努力搭建传播平台，各大主流媒体也纷纷在多个外国社交平台开通账户，逐渐形成了广播、电视、报纸、互联网等全方位、多角度对外传播矩阵。[③] 此外，应注意"Z世代"青年受众群体的话语方式和阅读偏好，官方渠道与社交媒体互补。"推动从中国故事到中国态度、从放眼全球到一国一策、从实践先行到理论创新等方面的转变"。[④]

[①] 罗自文：《讲好中国故事的四大支柱：对象、内容、主体和策略——基于对美文化交流的分析》，《青年记者》2021年第24期。

[②] 钟新、尹倩芸：《可信、可爱、可敬：北京冬奥会中国体育形象的多维建构》，《对外传播》2021年第11期。

[③] 《中国主流媒体"走出去"之路》，https://www.sohu.com/a/436101840_488119。

[④] 沈斌、张睿、陆为：《推进中国发展优势向传播优势转化——新时代国际传播能力建设再思考》，《对外传播》2020年第12期。

第三节 建构合作共赢的国际关系

案例 3：中国文化元素贯穿北京冬奥会始末，彰显了中华文化的独有魅力，为推动构建人类命运共同体贡献了文化力量。"场馆建设彰显中国风。首钢滑雪大跳台融入了敦煌壁画的飞天元素；国家跳台滑雪中心外观如同中国的传统吉祥物'如意'；国家速滑馆'冰丝带'将体育竞技与'谁持彩练当空舞'的浪漫之意美妙融合；'雪游龙'国家雪车雪橇中心采用中国文化图腾龙的创意；'雪飞燕'国家高山滑雪中心的 7 条赛道让人们领略'疑是银河落九天'的壮丽景象。非竞赛场馆如北京冬奥村和冬残奥村，采用了四合院的设计理念，体现了中国人对家庭的重视，重视家庭和睦的文化内核，与奥林匹克追求和平、团结友爱的精神高度契合。"①"冬奥会会徽'冬梦'将中国书法与冰雪运动巧妙结合，火炬'飞扬'取自'道法自然，天人合一'的哲学理念，国宝大熊猫与传统红灯笼变身为海内外大众追捧的吉祥物'冰墩墩''雪容融'，开闭幕式更是以充满诗意与创意的中国式表达传递了'世界大同，天下一家'的和平主题……"② 传播中国优秀传统文化，建构合作共赢的国际关系是中国参与全球治理的根本保障。

一、合作共赢的国际关系是参与全球治理的根本

（一）建构国际关系存在的问题

目前，由于价值分歧、零和博弈和文化冲突等，建构国际关系面临着

---

① 《北京冬奥会万事俱备只待大幕拉开》，《中国体育报》2022 年 2 月 2 日。
② 《〈2021—2022 年度中华文化国际传播十大案例〉发布》，https://cn.chinadaily.com.cn/a/202205/ 31/。

地缘政治、逆全球化和贫富差距等问题。地缘政治方面，仍需进一步实现国家间的主体平等、价值互鉴与发展包容。逆全球化方面，"全球化'显潮'与逆全球化'暗潮'的交织博弈推动世界进入动荡变革期。当前全球疫情大流行和国际时局大调整同频共振，逆全球化思潮呈现'合法化'、国家化、极端化新动向，如：凸显以国家安全名义实施贸易保护主义。"① 贫富差距方面，数字技术带来了新的社会分化，由于数字鸿沟逐步显现而导致的贫富差距在逐步扩大。此外，气候变化等全球环境问题也不可忽略。

（二）建构国际关系存在问题的原因分析

存在上述问题的原因主要在于经济利益博弈、意识形态冲突、价值观差异等。首先，不同的国家关注不同的经济利益，而且不同国家之间的利益交汇点不同。需着眼于双方的共同利益，扩大共识，缩小分歧，才能促进合作共赢，正如寻求合作最大公约数。其次，不同国家由于历史背景和社会文化差异，存在不同的意识形态。"冷战后，国际政治中凸显的国家利益观，经济全球化中国家相互依存度的增强，从表面上弱化了意识形态的冲突与斗争。但事实上，意识形态的冲突并未终结。"② 最后，不同国家的社会价值观存在较大的差异。如：在思维模式上，中国偏向"和而不同"的多元共生思维。中国文化强调整体观，即"身、心、意、知、物与家、国、天下之间密不可分，层层推延、一体递进"③。西方侧重"非此即彼"的二元对立分析思维。在国际关系上，中国强调国与国之间的合作与互动关系网络。西方强调国家因不同属性而产生的独立实体之间的对立与

---

① 张龙林、刘美佳：《当前西方逆全球化思潮：动向、根源及纠治》，《思想教育研究》2022 年第 5 期。

② 张云莲：《冷战后国际社会的意识形态冲突》，《马克思主义理论学科研究》2015 年第 1 期。

③ 张丰乾：《〈管子〉中"家国天下"：兼与〈大学〉的比较研究》，《大众日报》2016 年 9 月 19 日。

竞争。从社会认知看，"中国文化不仅有对个体的认知，还有对家、国家、天下的认知，话语是基于'天下——国家——家庭——个体'四个层面而展开。西方文化主要包括个体认知和社会认知，话语是基于'国家——个体'两个层面展开。"①

二、建构国际关系的努力方向

（一）建构国际关系的核心诉求

新型国际关系的内容为相互尊重、公平正义和合作共赢②。相互尊重，作为一种关系性规范、行为体行为和关系状态③，是构建新型国际关系的重要前提。公平正义是建设新型国际关系的基本标准，合作共赢是建设新型国际关系的最终目的。合作是方法，共赢是结果。建设新型国际关系，离不开国际社会所有成员的共同努力和全球治理的实施。④

（二）建构国际关系的具体策略

通过讲好中国故事促进国家交往、人民友好和文化融通，建构新型国际关系。首先，在国家交往方面，践行多边主义，维持国际新秩序，建构新型国际关系。应通过讲好中国故事去强调开放包容、合作共赢的价值观。中国在经济高质量发展、抗击疫情和解决后疫情时代的全球性问题、

---

① 汪少华：《Lakoff 架构理论的本土化与中国话语架构体系的创建》，《中国外语》2022 年第 1 期。
② 《决胜全面建成小康社会　夺取新时代中国特色社会主义伟大胜利——在中国共产党第十九次全国代表大会上的报告》，《人民日报》2017 年 10 月 28 日。
③ 赵婧、李伟建：《相互尊重与新型国际关系——基于中国中东外交的话语与实践分析》，《国际关系研究》2022 年第 1 期。
④ 刘晓红：《建设相互尊重、公平正义、合作共赢的新型国际关系》，https://www.chinalaw.org.cn/portal/article/index/id/20211/cid/194.html。

贯彻绿色发展理念、"一带一路"方面有很多精彩故事，在打造全球伙伴关系、捍卫多边主义、应对各领域全球治理新挑战方面展现了负责任大国的担当。

其次，在人民友好方面，尊重各国人民文化历史、风俗习惯，加强同共建国家人民的友好往来，提升重大问题对外发声能力。通过讲好中国故事有效传播我国和平发展的主张和贡献，扩大知华友华的国际舆论朋友圈。比如：中国"在'一带一路'沿线各国设立中华文化中心，打造文化发展论坛、博览会等综合文化交流平台，全方位推进中华文化在沿线各国的传播和影响"。①

最后，在文化融通方面，共同推进经济合作与人文交流，传播中国优秀文化，彰显鲜明的中国特色、中国风格、中国气派。通过多种创新渠道讲好中国文化故事。如：在《2020—2021年度中华文化国际传播十大案例》中，排在第一的是2020年，充分利用网站和国外各大社交媒体平台，精心策划并开展了"云·游中国"在线系列活动。这一系列活动内容丰富多样，包括引人入胜的旅游图片和视频展播，生动展现了中国的大好风光；还有中国抗疫主题短片和音乐作品的精彩展映，深刻传递了中国人民在抗疫斗争中的坚韧与力量。同时，还推出了在线实时汉语课程和太极网课，让各国民众能够足不出户地学习和体验中国的语言和文化，进一步推动了中华文化的国际传播与交流。②

---

① 周元春：《大力发展国际文化交流促进"一带一路"国家民心相通》，《深圳特区报》2022年3月9日。

② 上述2个案例来源于《〈2021—2022年度中华文化国际传播十大案例〉发布》，https://cn.chinadaily.com.cn/a/202205/31/WS62958e8ca3101c3ee7ad8156.html。

第三章
讲好中国故事的理论研究概述与探索 [1]

自习近平总书记于2013年首次提出"讲好中国故事"的概念和要求以来，我国对外媒体"传播中国声音"的软实力在持续提升，但与中国特色社会主义道路的丰富内容和具体实践相比，对外媒体在"可信、可爱、可敬"大国形象的自我构建上仍需加强。其中，"可信"是前提，我国对外媒体需讲好中国故事，以此提升其国际公信力，助力大国形象塑造。

本章基于文献计量的方法，采用CiteSpace绘制科学知识图谱，结合定性与定量的研究方法，研析总结2009—2022年"讲好中国故事"的相关文献。以5.7 R2版CiteSpace为主要分析工具，对文献展开图谱分析，梳理讲好中国故事的现有理论研究及新趋向，探索讲好中国故事的叙事架构。具体而言，以"讲好中国故事"为主题或篇关摘（二者为或含关系），在CNKI期刊文献数据库中做CSSCI高级检索，共得到1225篇文献。同时，在WOS（Web of Science）上以"Tell China Stories Well"为主题检索，筛选去除会议论文后，得出有效数据，发现符合研究条件的文献仅有三篇，分别涉及新冠疫情[2]、共建"一带一路"[3]以及

① 本章第一节、第二节的部分内容已发表在：张薇：《基于CiteSpace知识图谱的"讲好中国故事"理论研究概述与探索》，《对外传播》2022年第6期。

② Jacob, J. T. (2020). "To Tell China's Story Well": China's International Messaging during the COVID-19 Pandemic. *China Report, 56*(3), 374-392.

③ Chan, S. I. & Song, W. (2020). Telling the China story well: A discursive approach to the analysis of Chinese foreign policy in the "Belt and Road" Initiative. *Chinese Political Science Review, 5*(1), 417-437.

推特外交①，作者多为母语为汉语的研究人员，文献发表的期刊包括 *Chinese Political Science Review*，*China Report* 等。总体而言，文献较少且国际化程度不足，因此本章仅选择国内的相关研究，通过文献的计量可视化分析，对此话题下的现有研究和未来发展进行概述和展望。

第一节 "讲好中国故事"现有理论研究概述

与讲述中国故事不同，讲好中国故事的重点在于立足基层实际、诉诸情感认同和促进价值传播②，鉴于此，我们在讲述中国故事的前提下，更需注重寻求文化价值的共鸣，对既有研究展开可视化分析，总结本话题的研究现状以期探寻研究盲区，丰富"讲好中国故事"的实践路径。鉴于此，本节主要从年度发文量、学科分布、研究时间线、关键词贡献图与关键词表等维度对"讲好中国故事"的现有理论研究进行总体梳理，并通过微观与宏观的历时透视，总结研究热点。

一、"讲好中国故事"理论研究的总体特征

本研究运用 CitySpace 软件 5.7 R2 版。为了进一步细致动态地了解"讲好中国故事"的研究现状，本节将 CNKI 检索数据按照相关度降序排列，选取前 500 条文献，数据源涉及作者、机构、摘要、关键词、发表年份、期（卷）等，经去噪处理，绘制关键词、突现词等知识图谱并进行系统的

---

① Huang, Z. A., & Wang, R. (2019). Building a network to "Tell China Stories Well": Chinese diplomatic communication strategies on Twitter. *International Journal of Communication*, (13), 2984-3007.

② 李子祥：《新形势下讲好中国故事的路径探索》，《前沿》2014 年第 Z8 期。

梳理和分析，总结近年发展成果，以期预测未来研究。

通过 CNKI 的年度发文量数据制图后，得到图 3.1。由图 3.1 可知，"讲好中国故事"的相关研究肇始于 2009 年，首篇文章聚焦经济新闻的思维模式，强调媒体软实力的重要性①，为后续相关研究设置了首要议题。自 2013 年习近平总书记提出"讲好中国故事"以来，国内学界开始更多地关注此话题，相关研究呈现井喷式增长，发文量随年份不断增长，时至今日已成为热度不减的研究主题。图 3.2 呈现了主要主题的前十位分布情况，由图可以看出，目前的相关研究主要集中在国际传播、对外传播等主题，在话语方面尚未形成研究体系，尤其对于如何讲好中国故事的话语能力提升，以及受众理解话语的认知机制、国家话语的对外传播策略问题尚未厘清。同理，图 3.3 清晰地反映出"讲好中国故事"的相关研究领域，如中国政治与国际政治、戏剧电影与电视艺术、文化、出版、高等教育等，说明国内学界在"中国文化走出去"等国家战略的相关研究中，呈现出百家争鸣的局面，但在中外语言文字领域方面的研究偏少。

图 3.1　"讲好中国故事"历年发文量图（2009—2022）

---

①　韩自贤、侯鑫辉：《追求全球视野　讲好"中国故事"——浅谈大众传媒经济新闻报道的立场和价值取向》，《新闻战线》2009 年第 10 期。

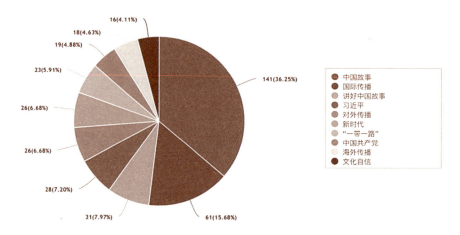

图 3.2 "讲好中国故事"主要主题分布

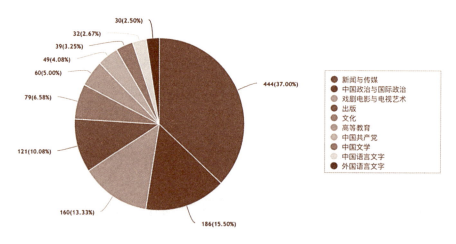

图 3.3 "讲好中国故事"主要学科分布

二、"讲好中国故事"理论研究的历时分析

由图 3.1 可以看出，国内"讲好中国故事"的研究发展总体呈上升趋势，其发展大致经历了三个阶段：初始萌芽阶段（2009—2012）、快速增长阶段（2013—2018）、平稳发展阶段（2019—2022）。下文主要用时间线图谱展现

不同关键词聚类之间的关系，以及不同聚类主题研究的时间跨度，以进一步梳理三个阶段的研究特征。该图谱中，横向意为时间跨度，由左向右逐渐递增；纵向意为依次排列的聚类标签。图中节点指代该领域的关键词，聚类节点的数目和大小意指关键词在该研究领域的重要性。本研究将展示时间线谱图的具体信息，探讨"讲好中国故事"研究的发展脉络。图3.4中9个不同的聚类标签体现了不同发展阶段"讲好中国故事"的研究内容特色。

　　如图3.4显示，中国故事（#0）、国际传播（#1）、媒体融合（#3）这3个聚类较为凸显，历时脉络显示中国故事的研究范围不断扩大，与时事热点紧密结合，涉及国家治理、跨文化传播、新闻叙事等。如陈映锜（2022）① 提出讲好中国故事不只是跨语际话语建构，同时也是语内思想传播，国家治理需要讲好中国故事，中国话语在世界范围崛起也需要讲好中国故事。同时，"讲好中国故事"在新闻领域的不断"深耕"催生了各类文化走出去的节目，王雪梅（2021）② 以跨国节目《功夫学徒》（*The Day I Ran China*）为例，阐释了立足"中国文化、国际表达"的探索与创新。作者指出跨文化传播需要深耕内容本身，在厘清中西方文化差异的同时，根据海外受众特点，运用"互联网＋融媒体"的国际形态"讲好中国故事"，中国传统文化是我们中华民族引以为傲的文化资本，讲好中国故事急需建立一个清晰明确的文化中国信息结构和修辞框架，因此陈先红（2021）③ 以习近平新时代中国特色社会主义思想为出发点，科学探索中国对外话语体系的生成机理，提出中国文化五元话语体系。除了传统媒体的大力宣

---

① 陈映锜：《牢牢把握讲好中国故事的话语权和主导权》，《当代传播》2022年第1期。

② 王雪梅：《电视节目"讲好中国故事"的探索与创新——以纪实类节目〈功夫学徒〉为例》，《传媒》2021年第24期。

③ 陈先红：《中华文化的格局与气度——讲好中国故事的元话语体系建构》，《人民论坛》2021年第31期。

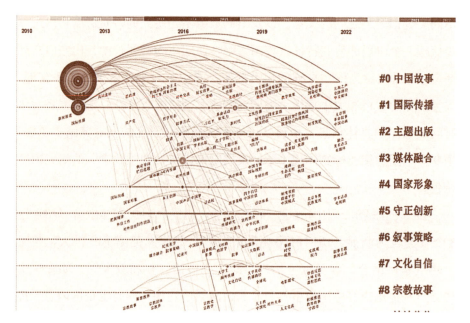

图 3.4 "讲好中国故事"研究时间线可视化图谱

传，在抖音、快手等短视频平台爆火的契机下，新华社推出"中国为什么能"（#How China Can）系列数据新闻短视频，为对外讲好中国故事提供了新路径和新渠道，对新媒体格局和主流舆论生态产生了深刻影响。[①] 由此可见，以小见大的精准传播是中国故事"走出去"的现场还原，自主权威的发布既保障了话语权的相对控制，又可以通过把握传播时机来提高传播声量，以此提振中国声音。

另外，"讲好中国故事"呈现出多元化的话语研究，如革命话语、学术话语、影视作品、新媒体话语等。王海军（2022）[②] 分析了中国共产党第一部正式文艺政策文献——《在延安文艺座谈会上的讲话》的国际传播情况，

---

① 黄娟娟：《数据新闻短视频：对外讲好中国故事的新路径——以"中国为什么能"系列数据新闻短视频为例》，《传媒》2021 年第 18 期。

② 王海军：《〈在延安文艺座谈会上的讲话〉文本的国际传播探析（1946—1956）》，《马克思主义理论学科研究》2022 年第 4 期。

从历时的角度解读革命话语国际传播的成效与影响，对中国走向世界舞台有重要启示。杨寄荣（2018）根植于中国特色社会主义文化话语的经济、政治及社会根源，从革命话语出发剖析其历时演变，爬梳中国共产党领导的革命和建设事业在不同历史时代关于文化继承和创新的基本思路，为传播中国声音提供了历史借鉴。① 与政治话语和民间话语相比，用学术话语讲好中国故事是把握中国对外话语权和主导权的新向度，学术话语的逻辑性强，是对现实世界的"解释"表征，并且可以用来改变世界，以学术话语讲好中国故事是彰显中国话语体系的基本维度。② 李旦（2017）从出版的角度阐释了当前中国话语走出去的难点，通过分析《平易近人——习近平的语言力量》等三种学术图书"走出去"的实际案例，提出了加强学术出版"走出去"的可行性建议，以促进我国对外话语体系建设。③

综上所述，通过文献的历时走势分析，我们可以清晰地了解"讲好中国故事"研究主题的动态演变。前人研究为现有研究提供了深厚的基础，涉及国际政治、外交学、传播学、翻译学等领域。然而，对于"讲好中国故事"的理论维度仍有深入探索的空间，比如架构理论、话语分析相关理论等，下文理论分析部分将进一步阐述"讲好中国故事"的理论依据。

三、"讲好中国故事"理论研究的热点动态

下文主要对现有研究的关键词进行可视化分析，通过关键词共现图

---

① 杨寄荣：《中国特色社会主义文化发展话语演进研究》，《思想教育研究》2018年第12期。
② 李建军、苗昕、张玉亮：《以学术话语讲好中国故事》，《河南师范大学学报（哲学社会科学版）》2022年第1期。
③ 李旦：《学术出版"走出去"与对外话语体系建设》，《出版广角》2017年第18期。

谱、关键词表来呈现关键词的频次、节点以及中介中心性，梳理"讲好中国故事"理论研究的热点动态。由图 3.5 可见，"中国故事""国际传播""对外传播""新时代""共产党"等节点面积较大，说明该类主题是"讲好中国故事"研究的热点内容。另外，由表 3.1 可知，出现频率前三的关键词为："中国故事"（135 次），"国际传播"（32 次），"对外传播"（20 次），其中心性数值分别为：0.48、0.10、0.03。一方面，关键词频率和中介中心性呈现正相关关系，说明中国故事与国际传播仍是讲好中国故事研究的重点。另一方面，"对外传播""国家形象""新时代"等关键词的出现频率虽然较高，但中介中心性均小于 0.1，由此可见，"讲好中国故事"虽已有一定的研究热度，但研究深度亟待拓宽，在"文化叙事""媒体融合"等方面也需进一步关注，推进系统研究。

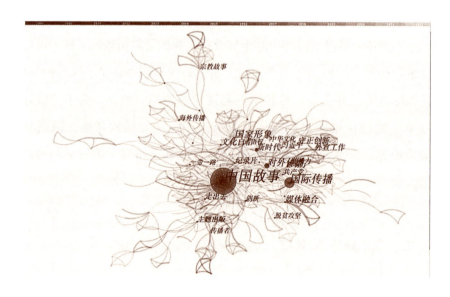

图 3.5 "讲好中国故事"研究的关键词共现图谱

表 3.1　"讲好中国故事"研究的关键词表

排名	高频关键词		高中介中心性关键词	
	关键词名称	频率	关键词名称	中心性
1	中国故事	135	中国故事	0.48
2	国际传播	32	国际传播	0.10
3	对外传播	20	国家形象	0.05
4	国家形象	16	对外传播	0.03
5	新时代	13	新时代	0.03
6	文化自信	10	宗教故事	0.03
7	纪录片	9	主题出版	0.03
8	媒体融合	8	守正创新	0.03
9	习近平	8	人文交流	0.03
10	"走出去"	7	文化自信	0.02
11	话语体系	7	习近平	0.02
12	"一带一路"	7	媒体融合	0.02
13	话语权	6	"走出去"	0.02
14	共产党	6	中国文化	0.02

另外，由表 3.1 可知，"中国故事"的出现频率最高，为 135 次；其次为"国际传播"32 次，"对外传播"20 次。中心性方面，"中国故事"最高，为 0.48，"国际传播"为 0.10，"国家形象"为 0.05。一方面，关键词的出现频率和中介中心性呈现正相关关系，说明中国故事与国际传播依然是讲好中国故事研究的重点；另一方面，"对外传播""国家形象""新时代"等关键词有较高的出现频率，但中介中心性均小于 0.1，可以看出讲好中国故事已有一定的热度，但研究深度亟待拓宽，在"文化叙事""媒体融合"等方面也需进一步关注，推进系统研究。

第二节　"讲好中国故事"的理论研究新趋向

讲好中国故事，就是尽可能地还原给外部世界一个真实的、清晰的、相对完整的中国图式。因此，下文将从关键词突现、战略坐标图等维度展现"讲好中国故事"理论研究的前沿趋势。

一、"讲好中国故事"理论研究的前沿趋势

在运用 CiteSpace 软件的突发性检测导出的关键词突变知识图谱中（图3.6），共有强度值等 6 列信息，强度值越高，则表明该领域的相关研究越多，影响力越大。

可见在过去 14 年中，"讲好中国故事"强度最高的关键词为"创新"，说明"讲好中国故事"的内涵在于创新。图内加粗蓝色和红色虚线分别表示整体时间跨度和对应的时间区间，可见，"讲好中国故事"相关议题方面的研究具有一定的时效性，例如"一带一路"关键词时间跨度为两年，而后被新的国家战略提出所冲淡。值得注意的是，"叙事特点""人文交流""教学效果"是近几年突现的几个高强度的关键词，说明"讲好中国故事"的研究已经开始渗入符号学叙事、文学、教学等领域。如：外交叙事是国家外交话语体系建设的特有模式和重要内容，对于"讲好中国故事"具有极为重要的意义①，如何把"讲好中国故事"融入思政教学已经受到学术界的认可与关注，通过价值观的统一来强化"讲好中国故事"的基本素养②，尤其是外语课堂中中国话语的译介③④。

---

① 杨明星、潘柳叶：《"讲好中国故事"的外交叙事学原理与话语权生成研究》，《新疆社会科学》2021 年第 5 期。

② 胡白云：《高校思想政治理论课教师讲好中国故事的基本要求》，《思想理论教育导刊》2021 年第 4 期。

③ 汪东萍、庞观丽、单新荣：《体验性文化外译教学模式的构建与实验研究》，《上海翻译》2022 年第 2 期。

④ 常海潮：《大学英语课讲好中国故事：现状、路径和方法》，《外语电化教学》2021 年第 5 期。

Keywords	Year	Strength	Begin	End	2009–2022
创新	2009	**2.34**	2016	2018	
中国故事	2009	**1.91**	2016	2017	
对外宣传	2009	**1.79**	2014	2015	
纪录片	2009	**1.43**	2016	2018	
座谈会	2009	**1.27**	2014	2015	
研讨会	2009	**1.11**	2015	2016	
媒介融合	2009	**0.92**	2015	2017	
"一带一路"	2009	**0.89**	2017	2018	
人文交流	2009	**0.88**	2020	2022	
教学效果	2009	**0.88**	2020	2022	
叙事特点	2009	**0.88**	2020	2022	

图 3.6　"讲好中国故事"关键词突变的科学知识图谱

因此，"讲好中国故事"需要关注其背后的运行机制、赋权模式和构建策略。

因"讲好中国故事"涉及话语建构、意识形态、外交策略等课题，已经从新闻传播学领域转变到跨学科、多视角的研究领域。无论什么学科领域，均需要解决讲什么样的中国故事和怎样讲中国故事两大问题。讲什么样的中国故事是讲好中国故事的基础，包括对故事的内容、个性、品质和价值取向的把握；怎样讲中国故事涉及方法，影响到故事是否具有吸引力、感染力和传播力。[①] 当下研究多集中于理论讨论和宏观设计，在案例分析和实证研究方面涉及较少，今后可尝试量化研究，丰富"讲好中国故事"的研究维度。

---

① 苏仁先：《讲好中国故事的路径选择》，《中国广播电视学刊》2016 年第 2 期。

二、"讲好中国故事"理论研究的战略分析

为了进一步探究讲好中国故事各研究领域的关系，本研究利用 VOS viewer 软件 ① 绘制了战略坐标图。首先计算出各研究主题的密度和向心度，然后分别以密度和向心度的平均值为战略坐标图的原点，绘制出战略坐标图，详见图3.7。

位于第一象限的类团有两个，分别是类团2、类团3、其密度和向心度都很高。类团2包括"一带一路""走出去""海外传播""讲好中国故事""文化自信""中国文化"等主题，类团3包括"对外传播""国际话语权""国家形象""跨文化传播""媒体融合""中国故事"等主题。这两个类团内部和外部各主题联系较为密切，在"讲好中国故事"研究领域表

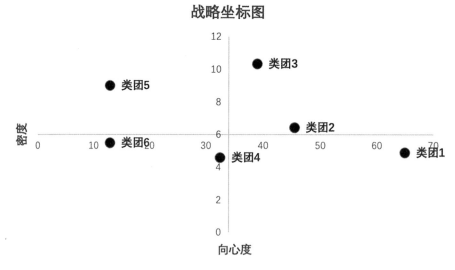

图 3.7 "讲好中国故事"研究的战略坐标图

---

① VOSviewer 软件可以制作作者、引文、关键词等共现图谱，此软件在聚类技术、图谱绘制等方面有其显著优势。VOSviewer 可通过分析某个聚类内部的联系及与其他类团的联系强度来观察其发展情况。

现得较为活跃，研究较为成熟。该类团内部的各主题理论基础深厚，受到较多研究者的关注，表现出旺盛的生命力。因此，这两个类团属于该研究的核心内容。

位于第二象限的只有类团5，其密度偏低，而向心度偏高。类团5包括"国际传播""中国新闻奖"等主题。类团5的主题内部联系较为松散，但与其他类团的主题联系比较紧密。该象限内的各主题发展到一定规模后，面临热度逐渐下降的风险，因此类团5中的主题应积极加强与其他研究主题的联系，从而获得长期稳定的发展。这也说明，讲好中国故事应更加重视叙事策略、对外翻译技巧，以及国际传播方式等方面的研究。

位于第三象限的类团有两个，分别为类团4、类团6，其密度和向心度都比较低。类团4包括"创新""纪录片""一带一路""主题出版""走出去"等主题；类团6包括"高校思想政治理论课""新时代"等主题；这两个类团的主题内部结构较为松散，与其他研究主题的联系也相对较少，目前有较少的研究者关注这一象限的研究主题，研究现状相比而言不太成熟，研究还有待于进一步发展。

位于第四象限的类团1具有最高的密度，但向心度却无法与之匹配。类团1包括"对外宣传""共产党""话语体系""人类命运共同体""习近平"等话题，内部话题之间结合紧密，已经形成传唱度极高的热度话题，但缺乏与其他几个类团的话题互动，研究体系需要进一步完善。这也说明：讲好中国故事应基于人类命运共同体等理念，建构一套具有中国特色的对外话语体系。

三、"讲好中国故事"理论研究的未来方向

由此可见，14年来的总体情况是：其一，国内相关研究的发展总体上呈上升趋势，其发展大致经历了初始萌芽阶段、快速增长阶段、平稳发展

阶段。其二，随着研究的多元发展，研究的话语类型也经历了一定的转变，研究主题与国家政策密不可分。其三，"讲好中国故事"研究大多集中在新闻传播、国际政治等领域，"国际传播""国家形象""新时代"等是当下研究的热点话题。其四，新兴的关键词，如人文交流、叙事特点、教学效果等将是今后研究的重中之重。在新时代背景下，如何将讲好中国故事与各类新型话语研究相结合，尤其是讲好中国故事的国家话语研究等问题也是今后学者们研究的重心。其五，"学术话语""文化叙事"等主题也需进一步获得学者的关注。

"讲好中国故事"是聚焦内容、方法、受众三维一体的重要研究议题。鉴于此，需要明晰几个核心问题，即"讲好中国故事"讲什么、怎么讲、向谁讲。首先，讲什么，"讲好中国故事"即习近平总书记提出的讲好中国特色社会主义的故事，讲好中国梦的故事，讲好中国人的故事，讲好中华优秀文化的故事，讲好中国和平发展的故事。以此为宏观的指导方向，本研究旨在立足国内、国际、环境、民生等方面的重大及热点事件，对"讲好中国故事"展开三类案例分析，具体案例分别为：讲好经济高质量发展故事、讲好"一带一路"故事、讲好生态文明故事。其次，怎么讲，"讲好中国故事"需研析其理论基础。可将叙事理论和架构理论相结合，融入批评性分析的元素，形成叙事的批评架构分析框架。最后，向谁讲，面向国际受众，需关注外宣工作的话语建构、翻译与传播，这就需要认知语言学、叙事翻译学、认知翻译学、传播学等领域的相关理论知识。下文聚焦议题的内容、方法和受众，对"讲好中国故事"展开理论框架新探索。

第三节 "讲好中国故事"的叙事架构新探索

美国著名汉学家、普林斯顿大学教授浦安迪（Andrew H. Plaks）认为，叙事就是"讲故事"①。下文将主要介绍叙事理论和架构理论，二者作为讲好中国故事话语研究的理论基础，均需融入批评性分析元素。鉴于此，本研究提出叙事中的批评架构分析框架，用来分析国家话语中隐含的价值观和意识形态如何引导国际受众愿意听、听得懂、听得进，以提升讲好中国故事的国家话语能力。

一、叙事理论

（一）叙事的概念

关于叙事，虽有不同的定义，但本质上相似。在叙事学上，"叙事"指通过语言或其他媒介来再现发生在特定时间和空间的事件②。社会语言学家威廉·拉波夫（William Labov）认为，叙事指用言语把现实发生的事按一定顺序做概括的一种方法③。翻译理论家莫娜·贝克（Mona Baker）将叙事看作是社会学与交际理论中的概念。她认为，"叙事就是我们赖以生存的日常故事"（Narratives are the everyday stories we live by）④。借鉴玛格丽特·萨默斯（Margret Somers）⑤和格洛里亚·吉布森（Gloria D. Gibson）⑥的理论，Baker 把叙事分为四大类，包括个人叙事、公共叙事、概念或学科叙事，以及元叙事，其中公共叙事即在社会团体组织中讲述和

---

① ［美］浦安迪：《中国叙事学》，北京大学出版社 1996 年版。

② 申丹、王丽亚：《西方叙事学：经典与后经典》，北京大学出版社 2010 年版。

③ Labov, W., & Waletzky, J. (1997). Narrative analysis: Oral versions of personal experience. *Journal of Narrative and Life History, 7*(1), 3-38.

④ Baker, M. (2006). *Translation and conflict: A narrative account.* London: Routledge.

⑤ Somers, M.R. (1992). Narrative identity, and social action: Rethinking English working-class formation. *Social Science History, 16*(4), 591-630.

⑥ Somers, M.R., & Gibson, G.D. (1994). Reclaiming the epistemological "other": Narrative and the social constitution of identify. In Craig Calhoun (ed.), *Social theory and the politics of identify* (pp. 37-99). Oxford: Blackwell.

传播的故事，此类组织包括家庭、宗教组织、教育机构、媒体，以及民族。① 例如，通过 *China Daily* 等中国对外媒体、白皮书等文件，以及国家领导人讲话等所述的故事属于公共叙事，也是本研究选取的主要语料。Baker 又根据 Somers 和 Gibson 的理论，进一步论述了叙事具有的四个核心特征，即时空性、关联性、因果情节设置和选择性采用，以及四类关键策略：时空建构、文本素材的选择采用、标示建构、参与者的重新定位。② 叙事引导着我们在世间的行动，不仅反映现实，还建构现实。每接受一种叙事都是对其他叙事的否定，从而导致叙事竞争。③

由此可见，有必要对叙事方式进行批评性分析。宏观上，叙事的关键元素是其隐含的意识形态。微观上，叙事包括几个元素：叙事视角、叙事建构方式与策略选择、叙事受众、叙事接受。首先，新闻媒体对热点事件进行叙事报道，面对同一热点，不同媒体往往因立场不同而持有不同的叙事视角。受立场和意图的共同影响，媒体由此选择特定的叙事建构过程及叙事策略。叙事策略包含语言或非语言的，前者为文本，后者为图片、颜色、动画、声音等。根据不同的国际受众选择不同的话语架构方式，如隐喻、转喻、意象图式等，实现不同的叙事效果。

（二）翻译和叙事

Baker 认为翻译的本质是再叙事 ④。她基于架构理论（framing theory）提出了翻译叙事学理论，重点探讨了翻译如何架构（framing）叙

---

① Baker 借鉴 Somers 和 Margaret 的观点，在《翻译与冲突：叙事学阐述》（Translation and Conflict: A Narrative Account）中提出。

② Baker 借鉴 Somers 和 Margaret 的观点，在《翻译与冲突：叙事学阐述》（Translation and Conflict: A Narrative Account）中提出。此处转引自胡兴文 2014 年的博士学位论文。

③ Baker, M. (2006). *Translation and conflict: A narrative account*. London: Routledge.

④ 魏欣欣、林大津：《"翻译的本质是再叙事"——Mona Baker 讲座题解及其他》，《福建教育学院学报》2009 年第 6 期。

事。她将架构定义为一种有力主动的，建构现实的策略①，解决跨文化冲突。在翻译过程中，译者会根据自己的立场选择架构策略，从而有意或无意中参与对社会现实的建构。② 此外，胡兴文（2014）将叙事学与外宣翻译结合，提出了基于翻译叙事理论的译前、译中、译后研究。他认为，"外宣翻译是一种跨国家、跨语言、跨文化的再叙事。外宣译者应在文本层面架设桥梁，进行叙事交流；在意识形态层面设置藩篱，进行叙事竞争或再叙事协调。采取'归化'、'异化'二元并存的翻译策略，采用删减、增添和重构等'编译'方法，提高外宣翻译的叙事接受效果。"③

著名的翻译理论家尤金·奈达（Eugene Nida）从社会语言学和语言的交际功能角度提出了"动态对等"标准，随后发展为"功能对等"。④ Nida 认为，翻译就是交际，在信源发送和接收的过程中，只有译文被读者看懂才能发挥交际作用，话语参与者在此过程中起到串联作用。⑤ 借鉴美国著名修辞学家坎尼斯·伯克（Kenneth Burke）的"同一"理论，为了实现成功的交际，交际双方需实现同一，并提高同一的程度，同一策略主要有同情认同、模糊认同和对立认同。⑥

上述翻译理论和观点中的融通之处对本研究中讲好中国故事话语的对外翻译有很大的启发。本研究认为，译文和原文应在一定程度上实现对等，如概念上的、价值观上、情感上的对等。

---

① 胡兴文：《叙事学视域下的外宣翻译研究》，上海外国语大学博士学位论文，2014 年。
② Baker, M. (2006). *Translation and conflict: A narrative account*. London: Routledge.
③ 胡兴文：《叙事学视域下的外宣翻译研究》，上海外国语大学博士学位论文，2014 年。
④ 该标准首先在《翻译科学》（1964）中提出，随后在《翻译的理论和实践》（1969）一书中得以详细的阐述。
⑤ Nida, E.A., & Taber, C.R. (1969). Science of Translation. *Language, 45*(3), 483-498.
⑥ Burke, K. (2016). The rhetorical situation, In Lee Thayer (ed.), *Communication: Ethical and moral issues* (pp. 263-275). London and New York: Routledge.

（三）叙事和架构

参鉴前人的上述成果，本研究认为，叙事是用一定的架构方式去讲述故事，因此，重在针对讲故事时的叙事架构和翻译时涉及的再叙事架构方式进行批评性分析。下文将详细介绍架构的概念和理论，以及本研究重点关注的几种架构方式，旨在揭示叙事和再叙事架构方式背后隐含的价值观和意识形态怎样引导国际受众。例如：有关"香港回归"的英译，"return"和"revert"体现出不同的政治立场和意识形态，① 前者立场准确，维护了国家利益，体现了我国与西方叙事时的话语竞争。此外，本研究认为，社会认知视角下的国家话语对外翻译不仅涉及语言层面，而且涉及思维和交际层面。翻译能够激活叙事，通过一个或多个词，激活整个故事。比如："一带一路"中"strategy"和"initiative"会引起国际受众的不同反应，后者能够有效传递"共商共建共享"的理念和合作共赢意愿，获得受众支持。再如，《参考消息》经常使用编译这个叙事策略，即仅选择部分内容进行重组，② 这实际上凸显或强化了某个方面，传达了一定的交际意图。目前，对外话语翻译存在"传而不通""通而不受"的现状，更要考察这些策略。针对此，有学者提出对外翻译可通过概念等效、寓意等效、深层架构等效、情感色彩等效来实现认知等效，③ 这是提高对外话语翻译实效的重要突破口之一。

鉴于此，在讲好中国故事的对外话语翻译部分，本研究主要关注官方文本怎样采用归化、异化策略，运用意译、直译等方法，结合增减译、分合译、范畴对应、替换、转换等技巧，实现译文在概念、隐喻寓

---

① 朱刚：《政治词语 词语政治——一个赛义德后殖民主义个案研究》，《外国文学》2002年第 4 期。

② 吕宁：《新闻编译中的"选择"——以〈参考消息〉的一篇报道为例》，《新闻记者》2006 年第 10 期。

③ 吴瑾宜、汪少华：《中国特色话语英译的认知等效探讨》，《贵州社会科学》2022 年第 5 期。

意、深层架构、感情色彩等方面的认知等效，在跨文化传播中促进叙事和再叙事。

二、架构理论

（一）架构概念的演变

对于架构，代表性的研究领域主要包括人工智能、社会学、语言学和认知语言学。马文·明斯基（Marvin Minsky）主要是从人工智能的视角研究架构。他认为，架构是表示某一特定情境的，充满节点和关系的网络结构，架构的顶层和所表征的事件是固定的，架构的下层由许多充满特殊例子和数据的"槽（slots）"组成。[①]

Goffman 主要是从社会学的视角研究架构。他认为，架构为人类与世界的互动提供了一个解释性的支架，说话者和听话者依赖这个支架去制造和解释交际意义。[②] 在《架构分析》（*Frame Analysis*）一书中，Goffman 提出了架构分析的方法。架构是指一组人们用以处理与组织互动情境的基模（schemata of interpretation）。[③] 在 Goffman 的"拟剧理论"中，他认为人们面对的不是社会生活的结构，而是自己在社会生活的任一时刻所拥有的主观的经验结构，基于此，我们为在他人心目中塑造一个自己所希望的印象而表演，即"人生如戏"。[④] 我们在社会中的行为因扮演的角色不同而不同，例如：一个人作为校长在会场、与他作为学生家长在学校、与他作为丈夫在家里有不同的行为方式。架构不仅塑造我们对过去发生事情的理解，而

[①] Minsky, M. (1974). *A framework for representing knowledge*. New York: McGraw-Hill.

[②] Goffman, E. (1974). *Frame analysis: An essay on the organization of experience*. Boston: Northeastern University Press.

[③] Goffman, E. (1974). *Frame analysis: An essay on the organization of experience*. Boston: Northeastern University Press.

[④] [美] 欧文·戈夫曼：《日常生活中的自我呈现》，冯钢译，北京大学出版社 2022 年版。

且还指导我们对既定互动中将会发生的事情的预料。①

Fillmore 将"架构"这一概念引入认知语言学领域。他认为架构相当于脚本（script）、场景（scenario）、观念脚手架（ideational scaffolding）、认知模式（cognitive model）、民俗理论（folk theory）等。② 我们的思维大多是通过架构这种无意识的系统的概念结构而进行运作的。③ 在《框架语义学》（*Frame Semantics*）一文中，Fillmore 认为架构是由概念组成的系统，理解整个系统结构是理解系统中的任何一个概念的前提④。随后，Fillmore 又将架构视为"经验的整体图式化"（coherent schematizations）⑤，以及"认知结构"（cognitive structures）⑥。

Lakoff 主要是从认知语言学的视角研究架构。2006 年，Lakoff 进一步拓展了概念隐喻理论，并将 Fillmore 的架构语义学、Goffman 的架构分析引入政治学领域，创立了架构理论（Framing Theory）。他认为，架构是人类用来理解现实的心理结构，并建构我们以为是的现实。⑦

---

① Goffman, E. (1974). *Frame analysis: An essay on the organization of experience*. Boston: Northeastern University Press.

② Fillmore, C. J. (1975). An alternative to checklist theories of meaning. In Cogen, C., Thompson, H. & Thurgood, G. (eds.), *Proceedings of the first annual meeting of the Berkeley Linguistics Society* (pp. 123-131). Berkeley: Berkeley Linguistics Society.

③ Fillmore, C. J. (1975). An alternative to checklist theories of meaning. In Cogen, C., Thompson, H. & Thurgood, G. (eds.) *Proceedings of the first annual meeting of the Berkeley Linguistics Society* (pp. 123-131). Berkeley: Berkeley Linguistics Society.

④ Fillmore, C. J. (1982). Frame semantics. In Linguistic Society of Korea (ed.), *Linguistics in the morning calm* (pp. 111-137). Seoul: Hanshin.

⑤ Fillmore, C. J. (1985). Frames and the semantics of understanding. *Quaderni di Semantica*, 6(2), 222-254.

⑥ Fillmore, C.J. & Atkins, B.T.S. (1992). Towards a frame-based organization of the lexicon: The semantics of RISK and its neighbors. In Lehrer, A. & Kittay, E. (eds.), *Frames, fields, and contrast: New essays in semantics and lexical organization* (pp. 75-102). Hillsdale: Lawrence Erlbaum Associations.

⑦ Lakoff, G. (2006). *Whose freedom: The battle over American's most important idea*. New York: Farrar, Straus and Giroux.

（二）表层架构和深层架构

Lakoff 认为，架构是我们用以思考的，一种有关世界运作的心理结构，它们是思维的元素，使得人类去理解现实，去建构我们所认为的现实。[①] 架构塑造了我们推理的方式，甚至影响了我们的感知和行动，我们在使用架构时大部分情况是无意识的。[②]

架构分为表层架构和深层架构，如图 3.8 所示。由词语所激活的架构是表层架构[③]，表层架构又分为隐喻性的和非隐喻性的，表层架构会激活一定的价值观和意识形态，即深层架构。[④] 深层架构建构人们的道德体系，是我们心智的概念基础设施。[⑤]

所有的词语都是以概念架构来定义的，当人们听到或看到某个词语的时候，架构便被激活了——不仅仅是当前的这个架构，而且是整个架构系统。[⑥] 例如：当文本中出现"weapon"这个词时，战役这个隐喻性表层架构以及整个系统便被激活了，战役架构中有一系列元素，包括敌人、士兵、战术、武器、部队等，以及与战役相关的部署、决策等。这些架构在大脑回路中存在着，并随着被激活的次数而变得日益强大，形成系统例如，"坚守""日夜作战"等词语激活的信念架构和上述战役架构就属于同一个系统。表层架构是分层级的，一个架构可能是另一个架构的具体例

①　Lakoff, G. (2006). *Whose freedom: The battle over American's most important idea*. New York: Farrar, Straus and Giroux.

②　Lakoff, G. (2006). *Whose freedom: The battle over American's most important idea*. New York: Farrar, Straus and Giroux.

③　Lakoff, G. (2006). *Whose freedom: The battle over American's most important idea*. New York: Farrar, Straus and Giroux.

④　Lakoff, G. (2006). *Whose freedom: The battle over American's most important idea*. New York: Farrar, Straus and Giroux.

⑤　汪少华：《美国政治语篇的隐喻学分析——以布什和奥巴马的演讲为例》，《外语与外语教学》2011 年第 4 期。

⑥　Lakoff, G. (2004). *Don't think of an elephant! Know your values and frame the debate*. Hartford: Chelsea Green Publishing.

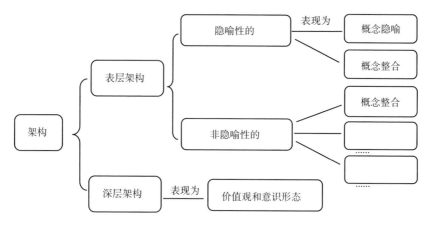

图 3.8　架构理论的基本概念图

子，在语义上存在蕴含关系。如战役架构是冲突架构的一个例子，二者之间存在语义蕴含关系。架构中的一系列元素，即语义成分构成了一个架构网络，即大体的场景，能够说服受众的表层架构是那种符合受众大脑中价值体系的表层架构，新建立的架构越是符合现存的架构，就越会有更多的受众思考和决策，并使用这个架构。① 受众能否接受表层架构的关键因素在于深层架构。

深层架构是道德系统，是话语中高层次的架构。② 针对同一事件不同的表达和不同的政策实际上是蕴含了不同的道德系统，一方的信息应该与它的深层架构系统相符，不应该与对立方的深层架构系统相符。

由此可见，表层架构与深层架构相依相存，只有激活深层架构，表层信息所架构的事物才有意义，因此需要使用能够激活与受众价值观相符的深层架构的话语。③ 表层架构只有与受众的道德世界观一致才容易被接受，

---

① Lakoff, G. (2006). *Whose freedom: The battle over American's most important idea.* New York: Farrar, Straus and Giroux.

② 汪少华：《美国政府赖以生存的架构与隐喻》，《山东外语教学》2014 年第 4 期。

③ Lakoff, G. (2006). *Whose freedom: The battle over American's most important idea.* New York: Farrar, Straus and Giroux.

若不一致则会被忽视。① 因此，应该使用一种话语去传递信息，这种话语经常被听到或读到，自动地或者是无意识地激活表层架构和它们所属的深层架构系统。②Lakoff 认为，一个大脑回路的激活可能会激活其他相关的回路或抑制另一个不相关的回路，符合人们大脑中价值观的架构会激活同系统中其他的架构，使它们变得强壮，日复一日，有些话语就会变成很自然的常见的语言，被受众看成是讨论当前事件的主流的语言，占据优势。③

（三）架构与再架构

从认知的生物学机制来看，架构是生理的，存在于我们大脑的突触中，会激活大脑中的回路，神经回路一旦被建立，不会很快或很容易被改变。④ 这就是同一件事情，为什么有些受众能够接受，认为它是事实，有些人不能够接受，认为它不是事实，关键原因在于事实和受众大脑中的架构即世界观是否相符。

鉴于此，首先应该建立架构。信息是基于政策的、浅层、短期、临时的、语言层面上的；而架构是基于道德观的、深层、长期、系统的、概念层面上的。⑤ 因此，应基于价值观建立概念层面上的架构，而非基于事件传递语言层面上的信息，以实现价值引领。话语表达须激活受众大脑中

---

① Lakoff, G. (2006). *Whose freedom: The battle over American's most important idea*. New York: Farrar, Straus and Giroux.

② Lakoff, G. (2006). *Whose freedom: The battle over American's most important idea*. New York: Farrar, Straus and Giroux.

③ Lakoff, G. (2004). *Don't think of an elephant! Know your values and frame the debate*. Hartford: Chelsea Green Publishing.

④ Lakoff, G. (2004). *Don't think of an elephant! Know your values and frame the debate*. Hartford: Chelsea Green Publishing.

⑤ Lakoff, G.(2010). *Disaster messaging*. Retrieved from https://escholarship.org/uc/item/8pp2652d.

已有的架构，且经常重复。话语表达需使用连贯的、系统的架构，有效的方法是使用现存的长期的架构系统，让话语中的信息传递契合这个架构系统，并且为想传递的深层价值观设计长期的架构、道德系统和基本的政策域。① 其次，面对对立方的架构，不要重复和否定，因为重复和否定这个架构就等于强化了这个架构。② 因此，再架构的策略是：一方不应当重复或是简单否认对方的架构，而是应从自己这方的观点出发，尝试改变架构或重塑架构，即改变人们看待事物或世界的方式，改变对方不当的或有特殊意图的架构。③ 由于语言激活某种认知架构，新的架构就要求新的语言，这不仅仅依靠文本，而且更依靠观念去建立架构，并且一遍又一遍地重复、强化新建的架构。④

三、本研究的分析框架

20 世纪 90 年代以来，叙事学出现了醒目的认知转向（cognitive turn）⑤，1997 年，"认知叙事学"（cognitive narratology）一词面世。⑥ 相关研究者开始融通认知语言学、心理学、人工智能等领域的理论框架，重点关注人类在理解叙事时共享的心理原型，借助认知架构（也译作"框架"）、优先原则等理论，以此研究人类"构造叙事、理解叙事的共有模

① Lakoff, G.(2010). *Disaster messaging*. Retrieved from https://escholarship.org/uc/item/8pp2 652d.

② Lakoff, G. (2004). *Don't think of an elephant! Know your values and frame the debate*. Hartford: Chelsea Green Publishing.

③ Lakoff, G. (2004). *Don't think of an elephant! Know your values and frame the debate*. Hartford: Chelsea Green Publishing.

④ Lakoff, G. (2004). *Don't think of an elephant! Know your values and frame the debate*. Hartford: Chelsea Green Publishing.

⑤ 尚必武：《论后经典叙事学的排他性与互补性》，《当代外国文学》2008 年第 2 期。

⑥ 1997 年在德国叙事学家曼弗雷德雅恩（Manfred Jahn）的论文中面世。

式"，① 探索叙事和思维的关系、叙事理解的认知过程，关注受众如何通过文本等进行推理。② 本研究认为，不仅是认知转向，叙事学也应实现社会转向（social turn），即在叙事（建构）和再叙事（翻译）的过程中，不仅关注文本层面的话语选择和跨语言转换，也要关注话语背后以及跨语言转换背后所隐含的价值观和意识形态如何引导受众思维。鉴于此，有必要把对叙事话语的架构分析和批评性分析相结合，形成叙事的批评架构分析框架。

（一）叙事的批评架构分析框架

如图 3.9 所示，想要建构讲好中国故事的国家话语体系，需通过解构文本、图片、视频等语言特征，探索国家话语在叙事阶段的认知建构策略、再叙事阶段的对外翻译策略，以及叙事接受阶段的海外传播策略，从而形成讲好中国故事的国家话语研究三个维度：建构（叙事）、翻译（再叙事）、传播（叙事接受）。在三个维度的研究过程中，对国家话语的架构分析和批评性分析可以实现优势互补，从宏观和微观层面较为全面地阐释话语选择及其背后隐含的价值观和意识形态。

在图 3.9 中，架构分析和批评话语分析之间存在三个对应关系。第一，表层架构对应着语言层面的文本、图片等模态的表达；第二，深层架构对应着概念层面的话语结构；第三，道德模式对应着意识形态。③ 架构分析强调表层架构激活的深层架构，隐喻表达激活的概念隐喻，以及道德模式在话语理解过程中的作用。批评话语分析强调文本（图片等模态）、话语结构和意识形态之间的关系，主要包括三个层次模式：话语的语言描述，

① 尚必武：《论后经典叙事学的排他性与互补性》，《当代外国文学》2008 年第 2 期。

② 申丹、王丽亚：《西方叙事学：经典与后经典》，北京大学出版社 2010 年版。

③ 汪少华、张薇：《"后真相"时代话语研究的新路径：批评架构分析》，《外语教学》2018 年第 4 期。

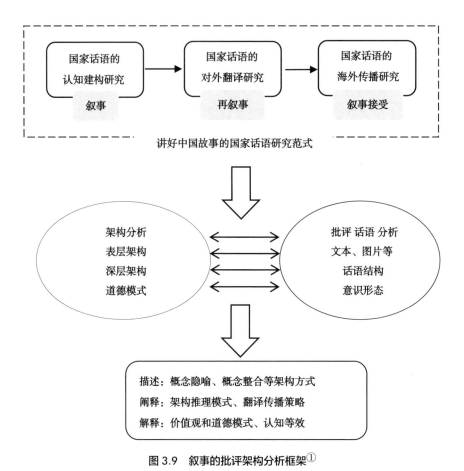

图 3.9　叙事的批评架构分析框架①

推理过程和话语结构之间的关系阐释，① 推理过程与社会结构之间的关系解释，② 那么，借鉴乔纳森·查特里斯·布莱克（Jonathan Charteris-Black）提出的批评隐喻分析法，③ 架构分析和批评话语分析相融合可以形成三个

---

① 该图的第二部分引自以下两个文献：张薇：《基于语料库的中外"一带一路"话语批评架构分析》，南京师范大学博士学位论文，2018 年；汪少华、张薇：《"后真相"时代话语研究的新路径：批评架构分析》，《外语教学》2018 年第 4 期。

② Fairclough, N. (1995). *Critical discourse analysis: The critical study of language*. London and New York: Routledge.

③ Charteris-Black, J. (2004). *Corpus approaches to critical metaphor analysis*. New York: Palgrave MacMillan.

步骤方法。第一，描述语言本体。在语言本体层面引入架构的新视角。借助语料库的定量分析方法，"通过 Wmatrix 等词频分析软件和 MIPVU 隐喻识别方法统计和归纳隐喻性表层架构和非隐喻性表层架构。第二，阐释认知机制。在阐释推理过程与话语结构之间的关系层面，引入操作性较强的架构隐喻推理模式。"① 推导出构成或制约人们信念和行为的思维模式，以说明话语产生、理解和接受的认知过程，助力于梳理翻译传播策略，即自上而下，从道德价值观、基本原则的阐释到话语蕴含的深层架构分析，再到话语中表现出的表层架构归纳。第三，解释意识形态。在解释推理过程与社会结构之间的关系层面；引入价值观和道德模式作为分析意识形态的工具，以揭示话语的引导功能；透过道德价值观，分析话语选择使用某种特定架构和翻译技巧的原因，以实现译文的认知等效的原因。

（二）批评架构分析的三层次

借鉴 Lakoff 的架构分析三层次②，批评架构分析的具体操作分可为三个层次③。第一层次主要涉及重要的想法和普遍的价值观，比如公正、公平、保护、有发展机遇、有责任心等④。我们都有这些最基本的价值观，但是对于它们有不同的解释。例如公正，很明显我们都很看重公正，然而，对于一些人而言，公正被解释为获得你应得的，确认你被照顾得很好，或解释为一个照顾好他人的义务，与他人分享。对于其他人而言，公正被认

---

① Fairclough, N. (1995). *Critical discourse analysis: The critical study of language*. London and New York: Routledge.

② Wallack, L. (2011). *Framing: More than a message*. Retrieved from http://www.longviewinstitute.org/research/wallack/lev.

③ 张薇：《基于语料库的中外"一带一路"话语批评架构分析》，南京师范大学博士学位论文，2018 年。

④ 汪少华、张薇：《"后真相"时代话语研究的新路径：批评架构分析》，《外语教学》2018年第 4 期。

为是一个在有限的资源环境下需要争取而获得的权益。发展机会是需要争取的，各个国家应该自负其责，其他国家没有提供免费机会的义务。

第二层次包括我们如何对事件类型分类。具体以"一带一路"为例，在全球化经济时代下，在共建"一带一路"下国家间的关系可能被分类为合作问题、竞争问题等。这个问题被分为哪一类会导致共建"一带一路"获得的支持率不同，因为它能够激活一定的第一层次的价值观：分享机会或是争取机会。即在不同的视角下，对事件采取不同的架构方式会承载着不同的意识形态。把国家间关系问题建构成合作问题，与建构成竞争问题相比，前者会激活更友好的价值观去赢得更多国家对"一带一路"的支持，加快共建"一带一路"的进程。这种对问题的重新范畴化在第二个层次，可能会激活第一层次的不同的价值观，以及第三层次可能采取的补救措施。

第三层次包括特殊的政策或者是项目，可能会被发展为问题的解决方案。仍以"一带一路"为例，若在讲述"一带一路"故事时，无论是在叙事（话语建构）还是在再叙事（话语翻译）环节，均把共建"一带一路"下的国家关系架构成合作问题，受众国家便可能会更有意愿加入，认可更多的发展和合作共赢机遇。面对部分外媒别有用心，曲解共建"一带一路"，丑化中国国家形象，把"一带一路"架构成"地缘政治""马歇尔计划""布雷顿森林体系""特洛伊木马""修昔底德陷阱"等，我国媒体应主动设置议题，尝试改变架构或重塑对方的架构。比如：重新架构合作共赢，阐述中国和平发展、红利共享等理念，说服受众接受共建"一带一路"是开放包容、合作共赢的，逐步引导其他各国树立起"命运共同体"的意识。

（三）批评架构分析的主要对象

上文提到，表层架构分为隐喻性和非隐喻性的，前者一般表现为概念隐喻、概念整合等，后者一般表现为概念整合等。这是本研究关注的重点。

1. 概念隐喻

概念隐喻是一个重要的叙事架构（framing）手段，指一个架构被选择映射到另一个架构上。作为从源域到目标域的跨域映射，其本质是用一种事物去理解和体验另一种事物①。隐喻意义是我们组织人类概念结构的基础。②

以"Epidemic Prevention is War"这个战役隐喻为例，二者存在跨域映射，如图3.10所示。在防疫之战中，有一系列元素，分别是军事冲突、战役、军事战略、攻击防御等行为，参与者是敌人，结果存在胜负，使用的工具为武器，士兵中有士气。防治疫情架构中有一系列元素，为机体冲突、防治病菌、开发医疗技术等行为，参与者有医生、护士、后勤人员，工具是药品、疫苗、手术刀，士气是凝聚力。

概念隐喻定义了社会情境和事件是怎样被理解、被推理的，是如何反应感情的。隐喻会产生大量的架构效果，在此其中的认知过程会指导决策的产生以及最终的行动。正如爱丽娜·赛米诺（Elena Semino）所指出的，隐喻的选择取决于如何架构一个具体的事件，选择哪些方面被前景化，哪些方面被背景化，哪些信息被推理，哪些评估和情感会被联系，哪些行为会被引导等。③ 根据交际意图选择一定的源域去建构目标域，会凸显目标的某个方面，同时隐藏其他方面，对思维和行动产生一定的影响。因此，话语中的隐喻表达是意识形态研究中一个重要的焦点，因为这些表达在概念隐喻的系统中，在社会行为的合法化中被认知地编码了。④

① Lakoff, G. & Johnson, M. (1980). *Metaphors we live by*. Chicago: University of Chicago Press.

② 束定芳：《论隐喻的本质及语义特征》，《外国语》1998 年第 6 期。

③ Semino, E. (2008). *Metaphor in Discourse*. Cambridge: Cambridge University Press.

④ Koller, V. (2005). Critical discourse analysis and social cognition: Evidence from business media discourse. *Discourse & Society, 16*(2), 199-224.

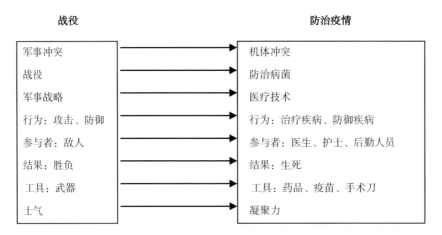

图 3.10　防疫之战隐喻的概念映射图

对概念隐喻进行批评性分析，可以采用批评隐喻分析（CMA）的方法，以解释话语中语言使用者传递的意图。因为隐喻是被说话者选中，在一定的语境中去实现特殊的交际目的，而不仅仅是由身体体验所决定的。① 因此，批评隐喻分析是整合分析框架的一部分。批评隐喻分析主要是用语料库方法识别隐喻，从语用和认知角度阐释隐喻，分析隐喻话语中的意识形态，② 这样能够将语言分析、认知理解和社会知识相结合，解释话语群体的信仰、态度和感情，挖掘在特殊的话语语境中媒体或其他话语主体选择使用某种隐喻的动机。通过研究高频出现的词或短语，揭示细微之处和联想义，因为这些词语表达了价值判断。话语主体选择使用一定的隐喻传达意图，会激起人们不同的情感，产生不同的价值判断。批评隐喻分析的三步骤为对概念隐喻的识别、解释和阐释。③ 参照杰勒德·斯蒂恩

---

① Charteris-Black, J. (2004). *Corpus approaches to critical metaphor analysis*. New York: Palgrave MacMillan.

② Charteris-Black, J. (2004). *Corpus approaches to critical metaphor analysis*. New York: Palgrave MacMillan.

③ Charteris-Black, J. (2004). *Corpus approaches to critical metaphor analysis*. New York: Palgrave MacMillan.

（Gerard Steen）等人（2010）的方法①，对概念隐喻进行识别以后，解释隐喻的认知和语用因素，考察隐喻选择怎样社会性地建构重要的表征，并解释这些隐喻为什么被选择，调查隐喻使用中的意识形态动机。②③阐释这些隐喻带来的理解类型，如何建构和约束人们的信念和行为。④由此可见，批评隐喻分析和概念隐喻理论的联系和区别在于，前者主要在于解释那些由于特殊的传播意图而主动选择使用的隐喻性表达，这种表达因语境不同而不同，不是常规和固化的。以战役隐喻为例，其核心元素是：行为对立的组、军事行为，以及突发事件的动因。这些架构包含了一些视角，识解一个对立的参与者（攻击者）和其他人（受害者）。有一些相关的非核心元素，例如，时间、地点、方式、手段和持续期。在建构过程中，核心元素被投射到目标情境中，产生"隐喻的蕴含"⑤，而非核心的元素在投射中可以获得，促进潜在的推理。接着，战役隐喻与更有价值的以及更有影响力的概念相联系，这些包括了危险、公正和责任的概念。因此，战役隐喻有一定的隐含义和倾向，凸显恐惧、对立，这会激活一定的情感和价值判断。不同的隐喻表达隐含不同的劝说目的，把病毒架构成罪犯或敌人会激发起不同的情感和价值判断，前者激活的是法律架构，凸显政府责任而非个人责任；后者激活的是战役架构，凸显国家责任以及个人责任。因此，适度地使用战役隐喻可以有效

① Steen, G. J. et al. (2010). *A method for linguistic metaphor identification: From MIP to MIPVU*. Amsterdam: John Benjamins Publishing.

② Charteris-Black, J. (2004). *Corpus approaches to critical metaphor analysis*. New York: Palgrave MacMillan.

③ Charteris-Black, J. (2006). Britain as a container: Immigration metaphors in the 2005 election campaign. *Discourse & Society, 17*(5), 563-581.

④ Cameron, L. (1999). *Researching and applying metaphor*. Cambridge: Cambridge University Press.

⑤ Lakoff, G. & Johnson, M. (1980). *Metaphors we live by*. Chicago: University of Chicago Press.

动员受众与对立面对抗。然而，过多地使用战役隐喻会强化恐惧，激起一定的消极负面情感。战役隐喻已成为一种固化的表达，其话语效果颇受争议，类似的表达值得批判性分析。

与此同时，战役隐喻作为一种刻意隐喻（deliberate metaphor），关注"独立于语言使用之外，并存在于思维当中的概念隐喻是否可以通过在线跨域映射来驱动话语产出与理解，进而完成意义建构"，[①] 在此，也应结合刻意隐喻理论，解释特定语境下隐喻使用主动性的认知意向，这仍是主要通过分析词语间的映射来进行的。

2. 概念整合

概念整合是另一个重要的叙事架构（framing）手段。作为一个探索人类信息整合的理论框架 [②]，它包括一系列的将动态的认知模型在心理空间的网络中结合的操作 [③]。

具体而言，概念整合由心理空间理论发展而来。心理空间是指在在线的实时意义建构中，人类创造的临时概念结构包 [④]。心理空间包括说话者感知到的、想象到的、记忆中的或理解到的既定场景中的实体以及实体之间关系的部分表征。[⑤] 例如，当我五岁的时候，父母带我去美国，这句话使读者建构两个心理空间，一个是现在的话语空间，另一个是说话者在五岁时，当时事件的话语空间。现在的说话者和事件空间中的参与者是一致

---

① 张建丽：《"刻意隐喻理论"——隐喻研究的最新进展》，《中国社会科学报》2017 年 8 月 29 日。

② Fauconnier, G. & Turner, M. (1998). Conceptual integration networks. *Cognitive Science*, 22(2), 133-187.

③ Fauconnier, G. (1994). *Mental spaces: Aspects of meaning construction in natural language*. Cambridge: Cambridge University Press.

④ Fauconnier, G. (1997). *Mappings in thought and language*. Cambridge: Cambridge University Press.

⑤ Fauconnier, G. (1997). *Mappings in thought and language*. Cambridge: Cambridge University Press.

的，通过二者的身份联系表征出来。两个心理空间的信息的区分使得读者去理解当说话者说他五岁在美国时，他不需要这时候在那里。心理空间的虚拟使它允许话语接收者去区分信息，识别信息到底是在指称层面还是在概念层面。①

概念整合是一种最基本的思维运作，主要在于揭示意义的在线实时建构。意义建构中有两步，一步是心理空间的建构，另一步是心理空间中映射的建立。② 概念整合网络包括两个输入空间、一个类属空间和一个整合空间。③ 话语中的概念整合主要是由选择性的投射和概念压缩④ 来实现的。在意义建构中，有一定的特征：输入空间中存在重要关系，通过选择性投射去整合，产生层创结构，实现整合中的创新和连贯的结构，促进推理、情感反应和修辞力量的产生。⑤ 根据吉尔·福柯尼尔（Gills Fauconnier）和马克·特纳（Mark Turner）（2002），概念整合过程主要包括：（1）构建过程（composition），即由输入空间投射到整合空间；（2）完善过程（completion），即输入空间的投射结构与长期记忆中的知识结构相匹配，从而创造层创结构；（3）扩展过程（elaboration），即在整合空间中，基于层创逻辑的认知运作。⑥ Fauconnier（1994）认为，意义建构依赖于一个复杂的"幕后认知"体系。如果说话者利用背景知识、基本的认知能力和即时话语语境的信息去帮助他们决定什么时候参与即将到来的信息，以及

---

① Coulson, S. & Oakley, T. (2001). Blending basics. *Cognitive Linguistics, 11*(3-4), 175-196.

② 汪少华：《合成空间理论对隐喻的阐释力》，《外国语》2001 年第 3 期。

③ Fauconnier, G. & Turner, M. (2002). *The way we think: Conceptual blending and the mind's hidden complexities*. New York: Basic books.

④ Fauconnier, G. & Turner, M. (2002). *The way we think: Conceptual blending and the mind's hidden complexities*. New York: Basic books.

⑤ Fauconnier, G. & Turner, M. (1998). Conceptual integration networks. *Cognitive Science, 22*(2), 133-187.

⑥ Fauconnier, G. & Turner, M. (2002). *The way we think: Conceptual blending and the mind's hidden complexities*. New York: Basic books.

如何建立不同空间里元素之间的映射，那么意义建构就可以成功建立。[1]

Turner（2014）认为，记忆使得人类能够同时思考两个并不兼容的事物，人类通过整合，得以用旧的语言表达新的概念和结构，变得更加有创造力，并建立人类尺度的平台。[2] 在整合中，两个事物之间具有联系，通过选择性投射产生层创结构，联系之一是存在重要的关系，即两个输入空间中存在概念之间的联系。[3] 整合有四种类型：简单网络、镜像网络、单域网络、双域网络，整合的原则是：搭配配对物、类属空间、整合、层创意义，我们可以在整合中创作、完成、详细阐释[4]。

心理空间不是随便建立和整合的，而是服务于特殊的语言战略。因此概念整合有一定的倾向性，体现了话语者一定的意图。对不同心理空间中的元素关系进行批评分析，可以帮助我们解释话语中的交际意图，以及它们的认知倾向。

概念隐喻和概念整合这两种架构方式的区别和联系在于，二者虽然都是意义建构的过程，均涉及隐喻性表达，但前者主要涉及双域映射所产生的固化的隐喻性表达，后者主要涉及在线的、临时的多域整合所产生的新奇的隐喻性表达。此外，概念整合理论还能够解释非隐喻性表达的建构过程，其阐释力更强大。因此，二者结合可以较为全面地分析话语。

[1] Fauconnier, G. (1994). *Mental spaces: Aspects of meaning construction in natural language*. Cambridge: Cambridge University Press.

[2] Turner, M. (2014). *The origin of ideas: Blending, creativity, and the human spark*. New York: Oxford University Press.

[3] Turner, M. (2007). Conceptual integration, In Geeraerts D., & Cuyckens, H. (eds.) *The oxford handbook of cognitive linguistics* (pp. 377-393). New York: Oxford University Press.

[4] Turner, M. (2007). Conceptual integration, In Geeraerts D., & Cuyckens, H. (eds.) *The oxford handbook of cognitive linguistics* (pp. 377-393). New York: Oxford University Press.

第四章
讲好中国故事的国家话语能力分析模型

话语治理是社会治理的重要内容之一。政府、机构、媒体等社会主体如何有效地运用语言处理应急和日常事务已经成为国家治理现代化的重要内容之一。本章主要围绕国家话语能力提升这个中心，提炼国家话语能力体系中的关键组成要素，如内涵元素、影响因素，基于此构建科学合理的国家话语能力分析模型，梳理目前国家对外话语能力存在的问题和产生的原因。

第一节　把握国家话语能力的四个内涵元素

1993 年美国学者 Brecht 和 Walton 率先提出"国家语言能力"概念：国家应对特定语言需求的能力 [1]。2005 年，美国国防部发表《国家外语能力行动倡议》[2]。随后学者们从语言政策、语言战略视角拓展话语能力内涵研究，并主要从国家战略、政策规划、外语教育等方面探索其提升路径。

---

① Brecht, R. D. & Walton, A. R. (1993). *National strategic planning in the less commonly taught languages*. Washington, D. C.: National Foreign Language Center Occasional Paper.

② 美国《国家外语能力行动倡议书》（A Call to Action for National Foreign Language Capabilities，The National Language Conference）[EB/OL]，美国平等机会国防管理学官网，2005 年 2 月 1 日，http://files. eric. ed.gov/fulltext/ED489119.pdf。

2011 年文秋芳将此概念引入中国，并意译为"国家外语能力"[①]，后来学界统一为"国家语言能力"，包括国家语言资源能力和国家话语能力。近 10 年来国内学者发表了 296 篇论文，如李宇明（2011）[②]、赵世举（2015）[③]、魏晖（2015）[④] 等从语言资源层面厘清了国家语言能力的内涵。文秋芳（2016）[⑤] 提出国家语言能力的双层结构，随后将国家语言治理能力纳入其构成新框架，这为进一步从治理角度探索国家话语能力提升提供了方向。苏金智、张强、杨亦鸣（2019）[⑥] 提出国家语言能力新框架，强调从国家、政府机构、个体三个层面提升当前国家迫切需要的五种语言能力。与此同时，围绕国家话语能力提升的研究主要分为三类：一是语言规划和外语战略规划研究[⑦]，二是评价指标体系的设计研究[⑧]，三是响应国家应急需求的话语能力建设研究[⑨][⑩]。这些研究为进一步提炼国家话语能力体系中的关键组成元素奠定了良好基础。由此可见，国家话语能力内涵拓展丰富，但在语言治理模块尚需提炼元素，形成系统性；在动态情境方面尚需厘清因素，聚焦针对性；在分析评估方面尚需建立模型，提高科学性。

① 文秋芳、苏静、监艳红：《国家外语能力的理论构建与应用尝试》，《中国外语》2011 年第 3 期。

② 李宇明：《提升国家语言能力的若干思考》，《南开语言学刊》2011 年第 1 期。

③ 赵世举：《全球竞争中的国家语言能力》，《中国社会科学》2015 年第 3 期。

④ 魏晖：《国家语言能力有关问题探讨》，《语言文字应用》2015 年第 4 期。

⑤ 文秋芳：《国家语言能力的内涵及其评价指标》，《云南师范大学学报（哲学社会科学版）》2016 年第 2 期。

⑥ 苏金智、张强、杨亦鸣：《国家语言能力：性质、构成和任务》，《语言科学》2019 年第 5 期。

⑦ 沈骑：《语言规划视域下的国家话语能力建设》，《云南师范大学学报（哲学社会科学版）》2021 年第 4 期。

⑧ 张天伟：《国家语言能力指数体系完善与研究实践》，《语言战略研究》2021 年第 5 期。

⑨ 王辉：《国家治理视野下的应急语言能力建设》，《语言战略研究》2020 年第 5 期。

⑩ 方寅：《关注国家语言安全，推进国家语言应急体系与能力建设》，《语言战略研究》2020 年第 2 期。

本研究认为，应从治理的角度研究国家话语能力的关键组成元素，借鉴管理学理论，构成国家话语能力的元素应包含规划、执行、监测、纠偏等。

一、规划能力

规划主要指国家话语要实现的目的，主要包括两个方面：面向国内外的引导力和传播力。其中，引导力侧重于面向国内，传播力侧重于面向国外。前者要求话语具有准确及时、规范标准、精准恰当的性质，后者要求话语能够体现出一定的参与权、发言权、话题权。

本研究主要关注后者，面向国外受众讲好中国故事。并在国际交流的过程中，有资格发言，发言之后能收到响应，有一定的设置和控制话题的权力和能力。比如：讲述"一带一路"故事时，话语如何根据不同的语言环境、传播渠道、受众分层等选择不同的建构策略？话语在建构，尤其是在翻译和传播的过程中，如何消除认知误差、认知偏差和认知逆差，增加认知共性，以赢得较高的受众接受度？讲述经济高质量发展故事时，如何通过议程设置、概念界定、新概念新范畴新表述的使用，去赢得发言权？讲述生态文明故事时，如何基于国际话语规则与习惯，增强话题设置意识，善用蕴含中华文化兼顾国际习惯的表达，促进本土知识的世界传播，去赢得话题权？

这些均需要探讨不同语境系统下的分众化叙事和差异化传播等，在做好国家话语规划的前提下去执行。

二、执行能力

执行主要指国家话语实现上述目的的方式和过程，是本研究后几章案例分析着墨的重点，主要包括三个方面：国家话语的建构、翻译和传播。

其中，对外翻译是向国际受众讲述有温度的中国故事，使世界了解中国的关键环节。

（一）话语建构

国家话语建构主要涉及话语的生成原则、生成策略、生成模式等。

第一，生成原则指创建既具有中国特色的，又能够融通中外的话语，比如：讲述中国故事时，坚持主体间性和对话性原则。即自我和他人之间的关系，确切地说，是中国和其他国家之间的关系。如在经济高质量发展中的碳排放话语中，有效传递"中国在碳减排问题上秉持人类命运共同体理念，以新发展理念应对复杂的碳减排挑战"[①]。

第二，生成策略指概念隐喻、概念整合、话语空间等架构策略和其他认知策略的使用，比如：讲述生态文明故事时对中国传统类、中外融通类等架构的设置、选择、整合、重塑、修改和移位策略等。在讲述中国疫情防控故事时，政务新媒体报道通过图文等多模态形式，"运用了战役、比赛、教育、团结、激励等架构，以'防控疫情是战役、比赛、大考'等概念隐喻的方式，创设了众志成城、团结抗疫的场景"。[②]

第三，生成模式指一套自上而下、由深至表的"深层架构——表层架构——核心叙事——受众共情"的建构体系，比如：讲述"一带一路"故事时采取的"慈亲模式道德价值观→共情、责任的基本原则→议题蕴含的'家国同构''天下大同'深层架构，'发展经济是旅程'等概念隐喻→'合作'等表层架构、'朋友圈'等隐喻表达→推论→叙事角色"模式等。

---

① 翟石磊：《发展正义视角下的中美碳排放话语对比研究》，《中国石油大学学报（社会科学版）》2022年第2期。

② 张薇、汪少华：《新冠肺炎疫情报道中刻意隐喻的认知力》，《天津外国语大学学报》2020年第2期。

（二）话语翻译

话语翻译主要涉及翻译问题、翻译原则和翻译策略等。

第一，翻译问题指我方翻译不当，国际受众较难理解，或对方曲译，造成国际受众更深误解等问题。比如：讲述中国故事时，由于本土翻译不精准或国外曲译所造成的交际障碍，如："第三次分配"被翻译为"the third distribution"，由于西方经济学中无此概念，国外受众会难以理解或对此产生错误的推理。①

第二，翻译原则指坚持受众视角，采取"增加认知共性"的原则，确保可读性和可理解性。如：讲述经济高质量发展故事时，充分考虑不同国家的文化差异、认知习惯等，不能仅翻译字面意思，还需把隐含义翻译出来，以"双循环"为例，如果被译为"dual circulations"，在英文中指经济在封闭状态下运行，容易引起国际受众误解。为了正确表达其真实含义，传递我国既要加快国内的发展，同时也要继续和国际经济保持密切接触，"双循环"应被译为"twin-pronged development dynamics"。②

第三，翻译策略指归化与异化平衡，通过概念隐喻、转喻、意象图式、概念整合等认知策略去实现认知等效或趋同。如：讲好中国故事时，话语中呈现了特色词汇、句式的认知翻译策略，表现为：策略上的归化、异化，方法上的意译、直译，技巧上的增减译、分合译、范畴对应、替换和转换等。如："红色基因"由"the red gene"改译为"the revolutionary tradition"，避免被部分国际受众曲解为操控基因。③结合翻译策略、方法和技巧，在跨文化传播中实现原文和译文在概念、隐喻寓意、深层架构、

---

① 该例子和分析引自《跨文化语境下翻译中国政治理念和金句》，http://www.catticenter.com/tgmj/4019。

② 该例子和分析引自《跨文化语境下翻译中国政治理念和金句》，http://www.catticenter.com/tgmj/4019。

③ 该例子和分析引自《跨文化语境下翻译中国政治理念和金句》，http://www.catticenter.com/tgmj/4019。

感情色彩等方面的认知等效。

（三）话语传播

话语传播主要涉及"传播生态、传播语态、传播模态"① 等。

第一，传播生态指采用"柔性把关"的方式讲述中国故事。基于受众的认知心理特征，用对方易于接受的方式做好中国故事的话语传播工作。比如：注意东西方叙事习惯差异，将宏大叙事与凡人叙事相结合，将官方叙事与民间叙事结合，将完美叙事与客观叙事相结合，将中国叙事与国际叙事相结合，用能够激活人类共同共有价值的话语去打动人心。比如：在国际公共卫生治理领域积极发声，传播中国抗疫经验，构建人类健康共同体话语。对中国抗疫中体现的人民至上理念具体化为蕴含世界观、价值观的系列故事，在微观叙事中实现共情。

第二，传播语态指采用"对话传播"的机制讲述中国故事。对话，非单纯讲述，才能促进"移情性"叙事语态中视域的融合，去实现话语认同，推动多维、立体的对外传播。如：讲述"一带一路"故事时，通过回忆古丝绸之路强调了我方与对方合作互信自古以来就有良好的基础。这种文明交流之路、商业经济发展之路、和平与友谊的道路促进了文明间的对话交流与融合，推动了各个国家和民族的进一步繁荣与发展，代表着人类历史上的光辉篇章，也为今天中国为其他国家提供便车、扩大"朋友圈"打下了民心基础。

第三，传播模态指采用"创新媒介"的形式讲述中国故事。注意整合不同模态的叙事元素，将文字、图片、短视频等有效融合使用，借助"全息媒体"形成语义连贯，强化系统表述，有效引导舆论。如：新华社等央媒的官方微博和微信公众号经常运用大量的多模态叙事元素，在讲述疫情防控故事

---

① 张薇：《专业与公共：审计话语研究的基本维度与方法建构》，《南京社会科学》2022 年第 2 期。

时呈现了诸多精心设计的漫画海报，并发布"中国之诺"重磅微视频，以命运共同体为叙事主线，传递了中国对世界家园的承诺。视频通过中国特色的文化叙事，讲述了一方有难八方支援的故事①，传播效果事半功倍。

三、监测能力

监测主要指观察研判话语状态，主要包括三个方面：监测话语、预警舆情、调节"两度"。

监测话语主要指监测话语的国内接受度和国际影响力，针对国内接受度，"可以借助新华舆情、清博舆情、人民网舆情等舆情监测系统抓取收集信息。首先基于 NLPIR 大数据语义智能分析平台对舆情应对话语中的语义特征进行量化统计，然后梳理出高频词和主题词，结合人工语义分析进行认知阐释。"② 本研究主要关注国际影响力，比如：国际受众对"一带一路"的态度、观点，英语国家主要媒体对中国疫情防控的态度、观点。因此可以在 lexisnexis 中收集外媒对国内重点议题或事件的报道，梳理其中的正向和负向评价，量化与定性分析相结合，研判话语的国际影响力。或设计舆情监测平台，实现舆情聚合和舆情溯源。实际上，这里的监测，除了监测舆情，也涉及监测语情，即语言使用情况监测，如：民间意见领袖话语的热词统计、语义情感等。

预警舆情主要指甄别舆情信息，设置预警指标。通过舆论信息真伪识别、舆论关注热度分析、舆论情感倾向分析、舆论形成原因分析、舆论传播路径分析、舆论传播社区分析、舆论演化趋势预测等设置预警指标体系。对语情

---

① 张薇、汪少华：《新冠肺炎疫情报道中刻意隐喻的认知力》，《天津外国语大学学报》2020 年第 2 期。

② 张薇：《突发公共卫生事件与政务新媒体舆情应对话语研究——以新冠肺炎疫情事件为例》，《江海学刊》2020 年第 2 期。

的预警涉及智能化的语情走势预测和语情预警指标设置，主要包括意识形态预警、谣言预警、"低级红高级黑"预警、话语暴力预警、话语低俗化预警等。

调节"两度"主要指调节热度和负面度。热度多涉及正面舆情，可基于此梳理获得热度和正面评价的话语策略，做好未来的话语规划。负面度指负面舆情，可针对此梳理舆情应对对策库，包括按受众类型分类应对，如：面对踟蹰派，适当引导，不断以各种方式强化印象；面对反对派，努力说服，根据具体交际类型设定方案，针对回避冲突型、直面冲突型、综合面对冲突型受众，选择不同的话语策略，如架构设定、强化、转移等。基于策略使用效果和反馈，持续优化和实时更新对策库，观测目标受众是否愿意听，听得懂，懂了后愿意接受。

四、纠偏能力

纠偏指针对监测中发现的问题进行应对处理，主要针对三类群体话语：官方表达、民间表达和国际表达。

官方表达方面，主要是保障其话语及时精准恰当，通过内部建设来完成，如：政府、机构、官媒接受舆论监督；政府、机构、官媒协同一致共建。民间表达方面，主要是引导其话语看齐主流舆论，通过外部纠偏来完成，如：通过与自媒体平等对话协商来实现和谐、同频、互动，凝聚共识。国际表达方面，主要是纠偏其话语客观公正有序，通过与国际媒体合作、竞争、博弈来赢得话语权，获得认同。与此同时，仅官方话语还不够，若想讲好中国故事，"必须推动学术话语、大众话语、国际话语齐头并进地发展，打好话语的'组合拳'"[1]，促进国际传播。

---

[1] 《加快推动知识体系、话语体系和传播能力建设》，https://m.gmw.cn/baijia/2022-01/21/35463844.html。

纠偏之后，再次调查国家话语的影响力，包括国内舆论和国外舆情。国内舆论即受众对不同渠道话语的接受，如点赞、转发；受众对不同内容话语的认知，如理解、偏好；受众对不同方式话语的反馈和评论。在传播这个双向互动的过程中，受众会基于自己的背景知识和心理期待，结合语境主动地选择、判断和分析信息。为了促进差异化、精准化传播，可以调查受众接受度，从讲述中国故事所用的概念被目标受众认知的情况和叙事话语的国际影响力两个方面展开。"一是以话语中关键概念或术语翻译的传播情况为切入点，考察目标受众对我国历时性重要概念的认知情况及海外媒体对我国重要的议题和事件活动的立场、态度等，并通过问卷设计和分类访谈对比不同受众话语接受的异同。二是可以在英语国家主流媒体数据库（如：LexisNexis）中或学术资源库中抓取有关中国故事的表述，建成语料库，统计高频词、关键词，并做聚类分析，挖掘中国故事在外媒中传播的热度和趋势，梳理国际媒体或国际学术界对中国故事话语表达的报道、引用、转载和阐释情况"[1]，以便进行下一轮规划、执行、监测、纠偏的新循环。

第二节　厘清国家话语能力的两个影响因素

外部因素，如话题、语境，会干扰国家话语能力的发挥。不同话题，各方的关切度不一；不同语境，话语表达自然需要差别化对待，从而对国家话语能力的建设和提升形成影响，二者构成牵引国家话语能力变化的两大因素。后几章提到的经济高质量发展、共建"一带一路"、生态文明这些热点议题和重大事件，既是话题，受到国家、社会、个人的广泛关注，

---

① 　张薇：《专业与公共：审计话语研究的基本维度与方法建构》，《南京社会科学》2022 年第 2 期。

也是语境，主要在政府、民间、海外中传播。各方的语境状况、系统，乃至话语体系大相径庭。

一、话题因素

不同层面对话题的关注度不同。这里主要涉及三个层面①，即国家、社会、个人。

国家层面的核心要求主要是富强、民主、文明、和谐，因此具体关注稳定、发展、改革方面。以讲述疫情防控故事为例，主要涉及自媒体危机应对机制、网络舆情管理、国家形象建构等问题。以讲述经济高质量发展故事为例，主要涉及新发展理念、共同富裕、市场主导和政府调控、经济体制机制改革等问题。

社会层面的核心要求主要是自由、平等、公正、法治，因此具体关注公平、正义、民主等方面。仍以讲述疫情防控故事为例，主要涉及危机监测预警、应急管理、社会组织分工协作等问题。以讲述经济高质量发展故事为例，主要涉及经济增长新动能，物质和精神富裕等问题。

个人层面的核心要求主要是爱国、敬业、诚信、友善，因此具体关注安全、健康、发展等方面。再以讲述疫情防控故事为例，主要涉及知情权、隐私权、心理危机干预等问题。以讲述经济高质量发展故事为例，主要涉及收入分配、教育、医疗卫生、住房等实际问题。

二、语境因素

不同的语境状态存在不同的特征，影响话语建构、翻译和传播。这里

---

① 三个方面的核心要求参照社会主义核心价值观 24 字。

主要涉及三个语境，即政府、民间和海外。

政府语境下，国家话语旨在打造良性的话语互动空间，主要特征表现为：和谐稳定要被保障；隐患局面要被控制；官方话语的传播力、引导力、影响力、公信力这四力要被增强。因此，传递信息要及时；受众疏导要分类；传播口径要一致。这些关键要素缺一不可。以讲述疫情防控故事为例，政府语境下官方媒体"在疫情前期应做出正确的研判，进行精准化的话语表达，塑造政府的公信力；疫情中期应从受众视角出发选择架构，进行恰当化的话语表达，引导公众理性行事；疫情后期应凝聚全媒整合架构，进行系统化的话语表达，实现全员媒体传播"①。

民间语境下，多元意见表达并存，主要特征表现为：和谐与矛盾并存；单向宣教易被抵触；双向互动易受认可。因此，业内精英的社会责任、网络大 V 的核心观点、草根公众的媒介素养这些关键要素尤为重要。以讲述疫情防控故事为例，"在 2019 － nCoV 病毒疫情暴发和各方应对疫情的同时，出现了大规模'信息瘟疫'——信息过剩——有些信息准确，有些信息不准确。"② 当时的信息泛滥，导致人们难以区分谣言与事实，其给民众造成的困扰和伤害，比病毒本身更甚。专业人士及时科普，网络大 V 引导舆论，公众保持理性认知，才能保障官方媒体权威信息的传播空间不受挤压。

海外语境下，部分国家拥有强势话语地位，主要特征表现为：话语斗争与对抗仍存在，有时污名化再现；国家间话语地位不均等，有时话语权不足；话语陷阱仍存在，如话语被歧视、被曲译等。因此，国家话语针对不同发展类别和对华态度等国家，进行主动发声、设置议题、分众传播不容忽视。以讲述疫情防控故事为例，2020 年新冠疫情初期，面对部分外污名化现象，我方官媒通过反复传达"人类是一个命运共同体，战胜关乎

① 　张薇：《突发公共卫生事件与政务新媒体舆情应对话语研究——以新冠肺炎疫情事件为例》，《江海学刊》2020 年第 2 期。

② 　曹劲松：《"信息瘟疫"的危害与防控策略》，《传媒观察》2020 年第 3 期。

各国人民安危的疫病，团结合作是最有力的武器"①，不断激活国际合作的场景，去感染国际受众选择"命运与共"这种道德取向。通过图文、视频叙事及其深层叙述的力量，主动发声、设置议题，赢得国际受众的支持，接受病毒无国界、人间有真情，选择携手前行，共渡难关。再以讲述"一带一路"故事为例，分众传播的重点是：面对大国，增信释疑，强化合作潜力；面对邻国，化解竞争，加强民间交流对话；面对参与共建的中小国家，互惠互利，创造良好的舆论环境；面对参与共建但存在争端的国家，强调共建共享，弱化因历史原因产生的障碍。

第三节　构建国家话语能力的钻石分析模型

国家话语的四个内涵元素之间相互依存，形成国家话语的整体能力。国家话语两个影响因素之间又相互牵制，影响了国家话语能力的整体能力。基于此，可以构建国家话语能力的分析模型，分析目前国家话语能力构建存在的问题，梳理产生问题的原因。

一、模型构建

1990 年，著名管理学家、哈佛商学院教授迈克尔·波特在其《国家竞争优势》一书中提出了国家竞争力钻石模型②，用于解释一个国家为什么能在某种产业的国际竞争中崭露头角。借鉴其钻石模型，构成国家话语能力的四个内涵元素与影响国家话语能力的两个因素共同作用，或相互

---

① 《习近平给比尔·盖茨回信：感谢盖茨基金会支持中国抗击新冠肺炎疫情》，《人民日报》2020 年 2 月 23 日。

② Porter, M. E. (1990). *The competitive advantage of nations*. New York: The Free Press.

促进、或此消彼长，形成钻石样八面体结构，即"钻石分析模型"（见图 4.1）。

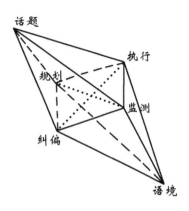

图 4.1　国家话语能力钻石分析模型

首先，四元素间相互依存，形成一个"行动方向——实现路径——检查效果——反馈修正"的良性循环。其中，规划能力指示行动方向，执行能力落实实现路径，监测能力呈现检查效果，纠偏能力保障反馈修正。完成这个闭环流程后，进入下一个新循环。上述模型体现了系统观。四大能力相互联系、相互制约，其中规划是国家话语能力的首要元素，是执行、监测、纠偏的依据；执行、监测、纠偏是国家话语能力的重要环节和必要手段，是规划及其目标得以实现的保障，只有统一协调这四个方面，使之形成关联一致、相互促进的整体过程，才能使国家话语发挥其有效功能。国家话语不仅要制定合理的规划，而且需要根据其影响因素去执行，实现规划，并且在监测过程中得到合理的效果评估，及时纠偏调整，以保障国家话语的引导力和影响力。

以讲述"一带一路"故事为例，官媒作为国家话语的主要力量，其规划是旨在借用古代丝绸之路的历史符号，通过政治互信、经济融合、文化包容的实现，宣传命运共同体这个重要的政策理念。因此，在执行过程中，官方对外媒体大量地使用了一些隐喻、谚语、故事等表层架构，以激活与受众的价值观、情感、道德系统相吻合的深层架构。而且一篇报道中的同一类隐喻性架构之间和多篇报道中的同一类隐喻性架构之间，以及多篇报道中的多个不同的隐喻性架构之间实现了意义蕴含，形成了架构网络；[①] 表

[①]　张薇、汪少华：《"一带一路"话语建构策略的架构理论透视》，《外语研究》2019 年第 4 期。

层架构通过其各自激活的相似的深层架构实现了话语连贯，建构了共建"一带一路"下的负责任大国形象。在监测国际舆情中，发现大部分国家媒体对"一带一路"持积极肯定的态度，但是仍有少量外媒对"一带一路"有曲解。因此，我国官方媒体仍需纠偏，实现自塑和他塑的统一，如：一是在话语选择时不简单否定外媒的扭曲性架构；二是主动建立自己的架构，重视使用有中国特色的架构去消除西方话语的负面影响，以便在国际传播领域争夺话语权。

其次，两因素间相互牵制，存在"社会知识——意义建构"的互动。其中，国家、社会、个人层面由于不同的社会知识和认知背景，而在关注话题时存在的不同的凸显，这会导致政府、民间、海外语境下的话语主体倾向于选择不同的话语表征，建构不同的意义和社会现实。反之，不同语境下不同的话语选择也体现出不同层面所反映的权力关系。

以经济高质量发展故事中的碳排放话语为例，中美两国因语境差异，在国家话语上体现差异："中国所主张的碳排放话语强调共同、差异、发展和以人为本等，凸显碳减排的公平正义与可持续发展属性；美国所主张的碳排放话语否认差异、发展阶段性等问题。"[①]

最后，元素因素产生交互，尤其是政府、社会、个人层面的话题和官方、民间、海外的语境对国家话语能力体系的规划、执行、监测、纠偏能力产生的影响和制约不容忽视。这也提示：国家话语需在动态情境中进行分层分类分众的建构、翻译和传播。即平衡国家、社会、个人不同层面所关注的话题，充分考虑政府、民间、海外不同语境所体现的特征，去精确地选择不同的话语表征，以提高国家话语能力。在这个过程中，需充分考

---

① 翟石磊：《发展正义视角下的中美碳排放话语对比研究》，《中国石油大学学报（社会科学版）》2022 年第 2 期。

虑话题和语境因素，做好话语规划，提升国内引导力和国际传播力，并选择不同的话语建构、翻译和传播方式，监测其产生的不同话语效果和国内外舆情，及时纠偏，保障官方表达、民间表达和国际表达之间的良性互动。以此展示全面良好的中国形象，提升令人信服的话语能力，建构合作共赢的国际关系。

二、问题梳理

基于上述分析模型，梳理目前国家话语能力建构存在的问题，有助于讲好中国故事。

以疫情防控话语为例，在话语建构的过程中，面对谣言和信息瘟疫肆虐，部分表述欠精准欠恰当，应选择能够激活受众积极情感的话语表达。在话语外译的过程中，仍存在本土翻译不到位、难以被理解的现象，如"本土新增病例"被译为"indigenous cases"，这在我们自身的话语被国外曲译的情况下（如"头破血流"被译为"crack their head and spill their blood"），更要引起重视，尽力选择精准恰当的翻译方式去讲好疫情防控故事。在话语传播的过程中，分众化意识不够强，疫情叙事传播的接受度有限，如：中国叙事、官方叙事、完美叙事、宏大叙事、崛起叙事与部分国际受众的认知习惯不相符，因此其国际接受度有限。

以"一带一路"话语为例，在话语建构、翻译、传播的过程中存在一些有待于优化的问题，目前已逐步被解决，如：在描述"一带一路"建设中的核心概念时，"过剩产能"这类激活了"不需要""不珍贵"架构的消极词汇被重新表述为"优势产能""富余产能""产能合作"等，激活了"分享""合作"架构的表达，更容易获得国际受众的好感。而"桥头堡""战略"这类军事性质的词汇，具有防御性而非开放包容性，让受众误解中国的"一带一路"是要"打仗"，而非"共赢"。此类词汇已逐渐被减少使用。此外，"一带一路"这个概念的翻译也早已由"Belt and Road Strategy"调整为"the Belt and Road Initiative"，其对外传播也正在依据与我国产生不同国际关系的国际受众而展开。

三、原因阐释

产生上述现象的原因主要紧紧围绕话语建构、翻译和传播进行阐释。目前，话语建构仍缺乏系统性，术语翻译仍有待于统一，分众化传播意识仍需增强。与此同时，话语智能化监测有限，需基于大数据完善对语言舆情的监测、预警，尤其是精准地分类研判。

具体而言，以讲述疫情防控故事为例，一是话语中有关人类卫生健康共同体的系统表述不足，"人类共同的敌人"这类表达应多被挖掘。二是公共卫生术语的翻译有待于更加标准化，如：常态化抗击疫情、防控疫情常态化中的"常态化"能否被翻译为"new normal"？这可能会使国外受众困惑，因为实际上从前几年开始，"new normal"这一术语常常出现在习近平总书记关于"经济发展新常态"的论述中，所以"new normal"会让国外受众联想到我方可能是在讨论后疫情时代中国新的经济模式而产生歧义。相比而言，"Epidemic prevention and control has become the norm/ the daily routine/ part of everyday life"更标准。此外，应急翻译方面应减少认知负荷。如："方舱医院"究竟应被译为"Fangcang shelter hospitals"还是"temporary treatment centers"？前者Fangcang作为品牌虽指明了一种在突发公共事件中外宣翻译的思路和范式，但shelter往往条件比较简陋，有失妥当，后者是中国翻译协给出的翻译，"临时救助中心"更能突出救助这样的功能，同时与正式医院区分开来，也暗示了救助环境是较好的，如此处理对外翻译易于被国际受众理解。[①] 三是对中西话语体系差异有待于深入了解，推动分众化传播。不应囿于自身体系"自说自话"，充分有效地融通和对接中西方概念、范畴和表述。

① 上述"新常态""方舱医院"的译法案例及其解释源于黄友义先生的线上讲座，《公共突发事件与外宣翻译》，2020 年 4 月 19 日。

第五章
讲好中国故事的国家话语能力提升路径

在提出讲好中国故事的国家话语能力分析模型后，基于国家话语能力体系建构中存在的问题及其产生原因，本章主要解决讲好中国故事的国家话语能力提升路径。推动国家话语能力提升，以彰显国家话语能力和竞争力，实现国家话语善治和良治并发出中国声音，离不开物、人、制度和技术进步，这些是提升国家话语能力的四大要素。能力提升的若干具体路径围绕国家话语能力的四大元素而展开。

第一节　建设国家话语能力提升的基本要素

提升讲好中国故事的话语能力，要从物的提升、人的发展、制度完善、技术进步四个方面来探索。具体而言即话语资源、话语队伍、话语技术和话语制度。

一、话语资源

主要的话语资源包括案例库、语料库、术语库和话语库等，可以用数据库结合可视化的方法去建这些话语资源库。

（一）案例库

分类别分主题建案例库。类别涉及中国特色社会主义故事、中国梦故事、中国人故事、中国优秀文化故事、中国和平发展故事等；主题涉及经济高质量发展故事、"一带一路"故事、生态文明故事等。尽量细化，如：疫情防控故事可包括日常防疫、风险沟通、舆情应对、危机管理、舆论引导等。收集讲述这些类别和主题的故事时，在微观叙事、凡人叙事、民间叙事、国际叙事方面效果较好的案例。如：新华网于 2020 年 4 月 9 日，讲述了疫情防控中的凡人故事，"有一名'90 后'女医生，为了奔赴武汉抗疫一线，在没有公共交通支持的情况下，骑了 4 天 3 夜自行车，行程 300 多公里，一路上忍饥挨饿、风雨兼程，最终返岗参战。"① 这种勇于担当的战疫故事感动和激励了无数人。

（二）语料库

跨语种、跨区域和跨领域地分类分层建库。主题同上，时间跨度尽量涉及该主题从提出至今，并且分阶段收集，梳理历时趋势。类别涉及国外主流媒体报道、国内官方话语（领导人讲话语料库、政府机构话语语料库、国家媒体话语语料库等）、自媒体话语三类。语料经清洗后，用 NoSQL 数据库存储，建成总语料库和子语料库。进行基本的数据统计，如：使用大数据语义智能分析平台（NLPIR）和 Wmatrix 等软件分别对中英文语料进行语义标记和分类，统计高频词、关键词，提取主题，统计词汇共现情况，分析语义情感强度和倾向；参照 MIPVU 方法，三人交叉人工识别提取出隐喻性表达等。

---

① 《曾历时 4 天 3 夜，骑行 300 公里返岗战"疫"的她，回家啦!》，http://www.xinhuanet.com//politics/2020-04/09/c_1125834859.htm。

（三）术语库

分类别分主题建术语库。一是术语命名的标准化建设，如：中国特色社会主义术语等，如"五位一体""道路自信""社会面清零"等。二是术语使用的标准化翻译，如：对生态文明故事中优秀传统文化术语的翻译，对经济高质量发展故事中新概念新范畴新表述的翻译等，如："双循环"译成"twin-pronged development dynamics"，"供给侧结构性改革"译成"supply-side structural reform 或 structural reform on the supply side"。对外翻译时，一方面要准确表达蕴含中国方案、中国智慧的中国话语内涵，另一方面也要充分考虑国外受众的文化背景和接受习惯。如："绿水青山就是金山银山"被意译为"Lucid waters and lush mountains are invaluable assets"，这比"Green rivers and mountains are mountains of gold and mountains of silver"[1]更能让国际受众理解这个金句的内涵。

（四）话语库

建三类正向话语资源库。第一类是挖掘讲好中国故事时出现的带有中国印记的新概念、新范畴、新表述或是中国特色概念、范畴、表述、命题等话语库，如：中国红色话语资源，中国特色社会主义话语，"中国梦"、"一带一路"和"人类命运共同体"等概念；第二类是挖掘蕴含中华民族优秀传统文化的话语库，如：中医话语资源、"大道之行，天下为公"、"达则兼济天下"等话语；第三类是挖掘融通中外的，兼顾不同国家话语习惯和话语表达方式的国家话语库，如：中国讲"大河有水小河满，小河有水大河满"等同于东南亚朋友讲"水涨荷花高"，非洲朋友讲"独行快，众行远"，欧洲朋友讲"一棵树挡不住寒风"等，以及融通中外的工匠精神、

---

[1] "双循环""绿水青山就是金山银山"的译法引自《跨文化语境下翻译中国政治理念和金句》，http://www.catticenter.com/tgmj/4019。

网络空间命运共同体等。尽量与受众国家建立话语共同体，如人类卫生健康话语共同体。可梳理出共同体成员所使用的语言及其话语结构、文体特征和多模态符号等。

除了上述正向话语库以外，建负向话语库也不容忽视。一类是我方需调整和改善的话语库，如：疫情防控中"土味标语"出现的"低级红高级黑"、话语暴力、话语低俗、话语歧视等话语问题；另一类是我方需警惕和应对的西方话语陷阱库，具有以下特征：意识形态上白人至上、居高临下；叙事手法上二元对立、非黑即白；议题设置上移花接木、以偏概全。

二、话语队伍

讲好中国故事的国家话语能力提升需要打造几支队伍，包括"外语＋专业"队伍、"技能＋专业"队伍、民间队伍等，并进行队伍建设、思想建设和能力建设。

（一）"外语＋专业"队伍

讲好中国故事的国家话语主要面向国际受众，无论是使用现有的外译版本，还是将被选择的话语进行对外翻译，或是快速解读国外舆情并进行应对，均需要团队及骨干成员具有较高的外语素养。要成为具有全球视野和家国情怀、熟练运用外语、通晓国际规则的全球治理专业人才。

（二）"技能＋专业"队伍

讲好中国故事的国家话语涉及很多重要议题，如经济高质量发展等，这需要骨干成员具备一定的技能，如：公共卫生的专业知识，以科普受众；经济学基本概念及背景知识，以了解经济发展的基本原理。如："双循环"意指既要加快国内的发展，增加需求，同时也要继续和国际经济保持密切接触。"第三次分配"不是西方受众推理的"中国可能要劫富济贫"①，而是在一定程度上鼓励慈善。

（三）民间队伍

一类是国内民间队伍，这类队伍层次多、范围广，可以编写话语传播学习材料，帮助这支队伍提升话语素养和媒介素养，促进他们话语能力的提升，助力其在一定时刻及时发声、恰当发声、有效发声。另一类是海外民间队伍，如：外国专家学者、涉外媒体人士、海外华人华侨和留学生，以及来华外国留学生等这支"他说"队伍可以和本国的"自说"队伍一起，打造多边平台，协同传播。

无论是上述哪支队伍，均需要接受思想建设和能力建设，在关键性问题上把握好大方向。

三、话语技术

讲好中国故事的国家话语可广泛吸收目前的大数据技术、类脑智能技术，基于此形成集成平台，为话语建设提供必备的技术服务。

（一）大数据技术

大数据技术可运用于国家话语能力体系中的监测能力等方面。实现舆情智能监测，包括智能化信息抓取、信息情感属性量化统计、负面舆情识别、信源交叉检验和谣言甄别；实现舆情信息甄别，包括虚假信息的识别、信息的传播源头检验、信息的舆论善恶判断等；实现舆情信息预警，

---

① 《人民日报》评论部：《保护合法致富 鼓励回报社会（人民论坛）——在高质量发展中促进共同富裕》，《人民日报》2021年10月18日。

包括智能化的舆情走势预测和舆情预警指标设置，如谣言预警、话语暴力预警、话语低俗化预警等。

（二）类脑智能技术

类脑智能是机器通过训练而实现类似人类的多种认知能力及其协同机制[①]。基于上述大数据技术中对文本分析时所实现的实体抽取、关联分析、依存句法、情感分析等功能，可将类脑智能技术应用于国家话语能力体系中的纠偏能力方面。

首先，基于舆情监测，结合受众问卷和访谈，对话语效果进行评估后，针对案例模拟应对并评估效果；然后，人工撰写报告并给计算机学习，逐渐建成解决话语问题的对策库，包括话语生产策略，如精准化策略、恰当化策略；舆论引导策略，如架构和再架构策略；话语传播策略，如修辞策略、跨文化传播策略等。

（三）集成平台

可基于上述技术，建成一个集成平台，提供一站式舆情监测、研判和应对服务。监测方面，针对移动新闻客户端等新媒体和微博、博客、推特等国内外自媒体，实现新闻及其评论的实时监测。研判方面，不仅可以通过系统建立事件专题，辅助人工进行舆情决策与分析，而且可以根据需求定制深度化、专业化的舆情报告，如舆情前期预案、舆情引导方向、回复口径及复盘报告等。应对方面，可引导评论正向发展，或负面舆情优化。另可根据需求定制舆情环境分析、网民媒体观点分析、影响力分析、舆情应对措施等。此外，应对效果评估也是平台功能之一，便于及

[①]　《类脑智能：让机器像人一样思考》，http://m.xinhuanet.com/tech/2018-05/14/c_1122826347.htm。

时修正完善对策库。

四、话语制度

提升国家话语能力，离不开一套完备制度的设置去规范话语的生产，这主要针对主流媒体、自媒体和海外媒体。

（一）内部建设主流媒体

主流媒体需在加强发声力量的同时，增强其用户黏性和满意度，以占领舆论传播主动权。

内部建设主流媒体，促进主流媒体的自我提升有几种关键途径。一是创新主流媒体，打造新型传播平台。5G 时代需加快建设"移动化、社交化和智能化"的主流媒体新型传播平台，以促进分众化、差异化的传播趋势。

二是要加强媒体间联通，增强聚合传播平台。主流媒体作为讲述中国声音的重要平台，具有鲜明的国家属性。主流媒体之间应在遵守一定制度的基础上，实现内部和谐统一。比如：政务新媒体之间各方话语应一致，利于官方媒体公信力的塑造。以 2020 年"台风利奇马"事件中青岛两大政务微博"互怼"为例，政务微博应分清责任归属和专业归属，对发布内容负责、加强沟通，发布灾害信息时统一口径，走好群众路线。[1] 此外，报纸、期刊、广播、电视等传统媒体和数字报纸移动新闻客户端等新兴媒体间也应在大方向上保持一致。

三是要丰富表达方式，激发受众深度共情。主流媒体需丰富表达

---

[1]　张薇、张肖梦：《政务新媒体应对突发公共事件的话语策略分析——以"台风利奇马"事件为例》，《南京晓庄学院学报》2020 年第 3 期。

内容和形式，引起受众共情。比如：选材立足"小处"着手，打造微观叙事；多从"我们"人称视角，增强模糊认同；善用"视觉符号"，实现多效传播等。

（二）外部规范管理自媒体

"微博等自媒体改变了过去单向的信息传播关系，使信息在舆论场中通过用户的社会链条被不断地扩散，信息的影响力被增强，在裂变式循环传播过程中形成'蒲公英效应'。"[①] 因此，在互联网时代规范管理自媒体，首先应发挥意见领袖的净化作用，应强化意见领袖的社会责任意识，以正确地引导舆论。

此外，应提高自媒体使用主体的伦理道德和媒介素养。"重点完善'自媒体'账号内容生产和运营的行为规范，优化平台运行规则"，[②] 同时，出现问题时，处理方式多元化。避免仅封号，适当进行疏导。

（三）实时关注国外舆情

对国外舆情的客观情况进行全面、精准的掌握，能够有效为国家话语的建构提供参考。对相关制度的制定应把握几个大方向：一是监测范围全面。应进行多层次的、广范围的国际舆情监测。首先，关于国家。"虽然以美国为主的西方媒体和智库的涉华舆情是重要部分，但不能代表完整的国际受众，英语国家媒体和非英语国家媒体均为关注对象。"[③] 如："一带一路"的国际舆情可包括四类十几个国家。以往的国际舆情也涉及较多国家。其

---

① 张薇：《突发公共卫生事件与政务新媒体舆情应对话语研究——以新冠肺炎疫情事件为例》，《江海学刊》2020 年第 2 期。

② 《国家网信办全面部署加强"自媒体"规范管理工作》，https://www.thepaper.cn/newsDetail_forward_8504039。

③ 张薇：《重大突发事件应时发声：对外媒体话语国际公信力的建构》，《江苏社会科学》2023 年第 4 期。

次，关于媒体。虽然主流媒体被关注较多，但不一定能够代表整个社会舆论场，社交媒体，尤其是自媒体舆情也应被关注，同一国家内部的舆情差异不应被忽视。最后，关于周期。监测时长应中长周期皆有，既了解短期热度、中长期趋势，又了解全盘情况，从而能够对风险进行较为科学精准的研判。

二是预警分级合理。应进行动态更新的舆情预警分级。首先，基于经验，设置分级指标。然后，根据周期时长、热度变化、语义凸显、情感转向、风险强弱，以及舆情事件的反馈，优化预警指标体系。最后，可加入田野调查，包括民意调查、调研考察等，对比上述结果并相互印证。

第二节　提炼国家话语能力提升的基本策略

21 世纪以来，国际传播体系发生了较大变化，国家话语应根据受众接受习惯和话题语境去构建国家认同和实现价值引导，不断提升讲好中国故事的叙事能力。国家话语需注意叙事原则和叙事策略。

一、叙事原则

国家话语提高其传播力的叙事原则主要为平衡性和多样性、主体间性和对话性、分众性和分类性。

（一）平衡性和多样性

创新"中国叙事"，无论是官方媒体报道、纪录片，还是宣传片等，在叙事题材、视角、模式、线索等的规划和选择方面，均需注意七个平衡。一是官方宏大叙事和民间微言叙事结合。如：通过李子柒的田园牧歌、"阿木爷爷"的匠心传承等民间叙事传播中国传统文化，实现"润物细无声"的心灵捕获。无论是宏大叙事还是微观叙事，多元化的中国故事较容易使国际受众在复杂场景中找到类似的自我，实现价值认同。二是完美叙事与客观叙事结合，正面叙事和反面叙事结合。如：《抗"疫"者说》中，"几乎每一位口述者都拥有作为'服务者''工作者''奉献者'尽职尽责、无私无畏的一面，同样也拥有作为家庭中的'父亲/母亲/儿子/女儿/丈夫/妻子'挣扎的、恐惧的、无奈的、闹心的一面。"[①] 三是陈述道理和叙述故事结合。在故事所创设的情感逻辑中，通过展现共通的喜怒哀乐，实现传播效果的优化。四是碎片化和逻辑性相结合。既有细微的简单故事及故事结构，又有一整套叙事体系。五是中国名片和国际元素结合。根据国外受众的思维特征，打造融通中外的新概念、新范畴、新表述。六是抽象形象和具象形象结合，抽象虚化概念和形象实体表达结合。如：通过"绿水青山就是金山银山"等隐喻，用人们熟悉的概念去构建不太熟悉的概念，使抽象的理念具体化、形象化，更易理解。七是他说和自说结合，即中国主流对外媒体等官方叙事与知华友华海外叙事结合。如：在中国的留学生、在海外的中国留学生和华人以及外媒友人等讲述中国故事。

（二）主体间性和对话性

成功的话语传播需要和受众进行平等交流对话，而不仅是引导和影响受众。

传播者和受众都是主体，这种多元主体之间构成了"主体间性"关系。对话性指对外翻译和传播不是一元独白，而是多元主体间的交流与沟通，传播者和受众具有一定的平等性，尤其是尊重受众的主体性地位。巴赫金提倡对话是"平等意识之间相互关系的一种特殊形式"[②]。

---

① 《一部普通人的抗"疫"史诗：〈抗"疫"者说〉》，http://news.sohu.com/a/446673984_232127。
② 巴赫金：《巴赫金全集》，钱中文译，河北教育出版社1998年版。

因此，对话的一个显著特征是：讲述中国故事时，国家话语的对外译播从以"传播者为中心"向以"接受者为中心"转变，这里即以国外受众为中心。鉴于此，首先，传播者和受众基于跨文化差异进行对话。成功的国家话语对外译播是以国际受众所处的文化环境为中心，在自己的文化本色和多元文化差异中保持一种平衡。尤其是国际受众对翻译的理解，实际上是他们与译文、译文所隐含的原文社会环境中的诸多表述进行多重对话的过程。其次，传播涉及从传者编码到受众译码的过程，受众在与传者的对话中互动，其接受的最终意义产生于他与传者所提供的信息之间的主体间性活动。

讲好中国故事，需要了解目标受众的关注热点和话语取向，设置充足的对话性空间，尝试从微观、个体、生活化的角度创设多元对话。对话中需注意受众的认知能力、接受动机、群体共识等情况，便于其译码，尽量通过多元对话激活受众的情感共鸣与趋同，赢得认同。

（三）分众性和分类性

成功的话语传播不能一刀切，而是要分众分类，精准定位、细化传播。受众参与传播，影响传播效果，并呈现出移动化、社交化的能动性特点。因此需要制订"一国一策"的国际传播方案。具体而言，国家话语在规划、执行、监测、纠偏环节均应涵盖几个重点。一是针对不同的话题规划话语，如大国外交类、官方信息发布类、个人事迹宣传类。二是针对不同的语域梳理话语的建构策略，如报道类、建议类、阐释类、论辩类。三是根据不同的文化背景、交流模式和叙事习惯面向国际受众外译话语，如集体主义和个人主义文化，高权力距离和低权力距离文化，长期取向与短期取向文化，尤其是高语境文化和低语境文化。比如：高语境文化下体现中华民族谦虚美德的"韬光养晦"，易被外媒曲译为"hide one's ambitions and disguise its claws"（隐藏野心、收起爪子）等，与我国传递中国和平崛起、与世界各国合作共赢的美好愿望相悖，应特别注意在及时外译的同时，思考传播策略。四是针对不同的受众梳理话语传播策略并区别化监测，如响应派、踟蹰派、竞争派、抵触派。五是针对不同语境和交际关系纠偏话语，如：管理取向为忽视、维持、发展或提升关系等。

其中根据不同的文化背景、交流模式、叙事习惯展开分类叙事，具体如下。

一是文化背景。由于历史背景、文化习俗、生活环境、宗教信仰等不同，不同国家存在着文化差异。荷兰心理学家吉尔特·霍夫斯泰德（Geert Hofstede）（1991）提出了六个文化尺度[①]，用来衡量不同国家的文化差异。其中一个是集体主义和个人主义。我国以及亚洲、中东地区大部分国家属于集体主义文化。即国家是一种联系较为紧密的社会组织结构，人们以群体内外来区分，群体的利益优先被考虑，大于个人的利益。相对地，英语国家属于个人主义文化，指一种联系较为松散的社会组织结构，个人的利益优先被考虑。个人主义与集体主义程度取决于文化传统，"东方文化以儒家思想为基础，重群体、重道德、重实用，具有'家本位'观念和'天人合一'思想"[②]，家国情怀浓厚，强调兼容并蓄，和而不同。西方文化源于古希腊文化和犹太基督文化，重个体、重思辨、重自主动机，立足于个人主义。

此外，在 Hofstede 提出的权力距离等[③]方面，我国以及亚洲、中东地区大部分国家的权力距离程度较高，即高权力和低权力的人之间存在一定的距离，而大部分英语国家的权力距离程度较低，即人与人之间因权力高低而产生的距离相对而言比较小。在男性气质与女性气质方面，我国以及

---

① Hofstede, G. (1991). *Culture and organisations: Software of the mind*. London: McGraw Hill.

② 张薇、汪少华：《新冠肺炎疫情报道中刻意隐喻的认知力》，《天津外国语大学学报》2020 年第 2 期。

③ Hofstede, G. (1991). *Culture and organisations: Software of the mind*. London: McGraw Hill.

亚洲、中东地区大部分国家的女性气质更突出，更关注精神、情感和生活质量，而大部分英语国家的男性气质更突出，更关注物质、竞争和控制。在不确定性规避方面，我国以及亚洲、中东地区大部分国家的不确定规避程度较高，更注重稳定、安全和权威，而大部分英语国家的不确定规避程度较低，更喜欢挑战与冒险，认为业绩比稳定更重要。在长期取向与短期取向方面，我国以及亚洲、中东地区大部分国家着眼于未来的价值取向，而大部分英语国家着眼于眼前的价值取向。

二是交流模式。上述文化差异也影响着不同的国家在政治、经济、外交和社会交往中的交流模式。人类学家爱德华·霍尔（Edward Twitchell Hall Jr）结合社会文化背景，考察具体的语言交际活动时，于 1976 年提出了"高语境"和"低语境"①。前者指交流对语境的依赖程度较高，相比而言，后者程度较低。我国以及亚洲、中东地区大部分国家的高语境文化特征明显，偏向于间接的、隐性的、模糊的语言表达，因此，交流双方习惯于依靠语境来交际，一方认为对方可以根据交际的语境来推理他（她）的意图和所指。而大部分英语国家的低语境特征明显，偏向于直接的、显性的、清晰的语言表达。在语境内因共同的背景知识较少，因此，主要依靠信息编码来交流。一方的表达较为细致全面，也较为清晰。鉴于此，在东方文化中，交际者可能会传递较多深入人心的传统习惯和价值观，如"家国同构"理念，默认会被群组内成员接受；而在西方文化中，交际者多半会清晰地表达信息，体现一定的逻辑和理性，受众若接受叙事逻辑，便接受其观点。

三是叙事习惯。上述文化背景和交流模式差异使不同国家有各自的叙事习惯。第一，价值观叙事的差异。典型的是个体主义价值观和集体主义价值观，如：疫情防控期，我国 14 亿人口自觉居家隔离，海外华侨华人

---

① Hall, E.T. (1976). *Beyond culture*. New York: Anchor Press.

购买口罩等防护物资寄回祖国，个人利益服从集体利益、国家利益。我国"秉持马克思主义人权观，坚持生命至上、人民至上的理念，应收尽收，应治尽治，保障切实有效的人权"①。第二，时空观叙事的差异。萨皮尔沃夫假设曾提出，语言影响或决定文化。汉藏语系和印欧语系对时空观有较大的影响②，汉语属于汉藏语系，英语属于印欧语系。鉴于此，中国叙事较多体现空间性叙事思维，描写场面较多，具有丰富性。英语国家叙事较多体现时间性叙事思维。描写行动与事件较多，具有逻辑性。时空统一时，叙事会更加立体。因此，二者应融合，既吸引读者的兴趣，又使读者易于理解。此外，东方强调和谐性空间，体现了中和观念和道德和谐；而西方强调和谐性、背离性和中立性的多元化空间。③第三，虚实性叙事的差异。较为凸显的是神话故事的讲述，如：中国神话故事写虚多，朴素且具有"超自然"属性，修订较少，没有形成强烈的逻辑联系；西方神话写实多，较为细腻，经历修改和补充，形成较为完整的叙事体例，其涉及的人物、故事众多且有着较强的逻辑。④因此，也不难理解东方偏好宏大叙事，西方偏好微观叙事的这个显著特征。

由此可见，讲述中国故事时，话语的建构、翻译和传播应特别注意上述文化背景、交流模式和叙事模式的差异。比如：低语境文化下，路透社、《英国卫报》等英美主流媒体直译出的"have their heads bashed bloody"和"broken heads and bloodshed"不能忠实地再现和原文"头破血流"一致的隐喻寓意，会让受众产生中国人崇尚暴力的错误认知，唤起受众的恐惧反感。中央编译出版社的译文"find themselves on a collision course"能够忠实

① 陈曙光：《中西叙事的差异》，《中国社会科学报》2020 年 7 月 14 日。
② 王文斌：《论英汉表象性差异背后的时空特性——从 Humboldt 的"内蕴语言形式"观谈起》，《中国外语》2013 年第 3 期。
③ 吴家荣等：《中西叙事精神之比较》，安徽大学出版社 2011 年版。
④ 《神话体现了东西方文明怎样的"童真"与基因?》，https://www.chinanews.com.cn/cul/2022/ 04-06/9721459.shtml。

于原文的精神内涵。此外，高语境文化下体现中华民族谦虚美德的"韬光养晦"，易被外媒曲译为"hide our capabilities and bide our time（掩盖自己的能力，等待时机东山再起）"，"hide one's ability and pretend to be weak（隐藏能力、假装弱小）""hide one's ambitions and disguise its claws（隐藏野心、收起爪子）"等，与我国传递中国和平崛起、与世界各国合作共赢的美好愿望相悖，应特别注意在第一时间进行对外翻译的同时，思考传播策略。

二、叙事策略

国家话语提高其传播力的叙事策略主要围绕"价值引领——意义建构——关系管理——模态协同"来展开。

（一）价值引领

在讲述中国故事时，如果话语表达通过文本、图片、音乐、动画、视频等模态的表层表征隐含了一定的深层价值观，且与国际受众的价值观或意识形态相契合，或是能够激活国际受众的积极情感，产生共情，那么这种故事就比较容易入脑入心。实现价值引领的中国故事应采取"自上而下"的建构模式：道德价值观——深层架构——表层架构——叙事——共情。

在此过程中，首先应该建立架构。正如第三章所述，架构是我们用以思考的，一种有关世界运作的心理结构，作为思维的元素，架构使得人类去理解现实，去建构我们所认为的现实。[①] 架构塑造了我们推理的方

---

① Lakoff, G. (2006). *Whose freedom: The battle over American's most important idea*. New York: Farrar, Straus and Giroux.

式，甚至影响了我们的感知和行动，我们在使用架构时大部分情况是无意识的。① 讲故事必须真诚和直接，基于价值观建立架构（深层的、长期的、系统的，基于道德观的、概念的），而非基于事件传递信息（浅层的、短期的、临时的，基于政策的、语言的）。② 话语表达若想反映道德价值观，激活受众大脑中已有的世界观，须使用连贯的、系统的架构，可使用现存的长期的架构系统，让故事中的信息传递契合这个架构系统，并且为想传递的深层价值观设计长期的架构、道德系统和基本的政策域。③ 架构是一个自上而下的系统：由道德价值观及其基本原则来决定议题蕴含的概念隐喻和深层架构，表现为隐喻表达和表层架构，最后形成推论和叙事角色。④ 话语传播中的"隐喻架构模式"会激活一个意象、主线或故事线索，产生各种各样冥想的心理过程机制，如信息搜索、选择信息处理、解释歧义、隐喻推理、归因、拓展等，从而影响信息接收者的认知处理类型，派生出一定的舆情和态度。⑤

此类通过激活深层价值观实现了价值引领的成功故事较多。如：《海丝·粤桥》系列报道讲述了海外华侨华人漂洋过海的艰辛故事，传递了"以人为本""天人合一"的中国特色价值观，在文化传承中分享了中国在全

---

① Lakoff, G. (2006). *Whose freedom: The battle over American's most important idea*. New York: Farrar, Straus and Giroux.

② Lakoff, G. (2010). *Disaster messaging*. Retrieved from https://escholarship.org/uc/item/8pp2652d.

③ Lakoff, G. (2010). *Disaster messaging*. Retrieved from https://escholarship.org/uc/item/8pp2652d.

④ Lakoff, G. (2006). *Whose freedom: The battle over American's most important idea*. New York: Farrar, Straus and Giroux.

⑤ Ottati, V. C., Renstrom, R. A. & Price, E. (2014). The metaphorical framing model: Political communication and public opinion. In Landau, M. & Michael, D. (eds.) *The power of metaphor: Examining its influence on social life* (pp.179-202). Washington, D.C.: American Psychological Association.

球语境中应对全球公共议题所持的中国主张、中国智慧、中国方案。[①] 类似的还有《苏志伟：我在非洲当农民》《外派教师："一带一路"上的文化使者》等。

（二）意义建构

故事实现其价值引领，传达所设置的议题具体需通过一系列多样化的架构方式来进行意义建构。代表性的架构方式有：概念隐喻、概念整合、趋近化等，可通过话语的多模态表征（文本、图像、视频等符号模态组合）建构再现意义、互动意义和构图意义。意义建构过程涉及话语隐含的价值观、文化模式、意识形态、权力关系、伦理与社会结构、话语建构的社会现实等。

正如 Semino 所指出的，概念隐喻的选择取决于如何对一个具体的事件进行架构，哪些方面被前景化和背景化，哪些推理被促进，引起哪些评估性的和情感性的联系，有可能产生何种行为等。[②] 当目标域被特殊的或是所选择的源域建构时，它强化了目标的某个方面，这体现出一定的交际意图。

类似的还有 China Daily 在讲述"一带一路"故事时所提到的"'一带一路'朋友圈"，是共建"一带一路"与"微信"两个架构间存在映射关系，通过类属空间的投射，形成的从网络空间到现实空间的概念整合架构，产生了"全球朋友圈""合作共赢"等衍生表达，传递了中国的大国身份，中国与其他国家的合作共赢意愿。

（三）关系管理

语言具有调节社会关系的功能。对话语进行不同的选择，影响到不

[①] 董琳：《讲好中国故事的影像叙事策略——以广东广播电视台系列报道〈海丝·粤桥〉为例》，《中国电视》2018 年第 10 期。

[②] Semino, E. (2008). *Metaphor in Discourse*. Cambridge: Cambridge University Press.

同的关系管理。可根据关系倾向和语境变量去选择相关的关系管理策略。具体而言，根据管理取向，如关系提升倾向、关系保持倾向、关系忽略倾向和关系挑战倾向，根据管理维度，如面子、利益、权利与义务、交际目标等① 去选择话语，建立、促进、维持或推翻与受众之间的距离或某种关系。

鉴于此，需根据不同的目标受众进行分类传播。可以按照距离我国地理位置的远近来分类，或按照与我国的贸易额大小来分类。如：在讲述疫情防控故事时，以地理距离为标准，关注三类国家。第一类是距离中国比较近的国家，如朝鲜、越南、蒙古、俄罗斯、印度等；第二类是距离中国比较远的国家，如阿根廷、玻利维亚、巴拉圭、巴西、乌拉圭等②；第三类是远近适中的其他国家，如美国、英国、澳大利亚等。在讲述"一带一路"故事时，以贸易额量为标准，关注三类国家。第一类是与中国贸易额量较大的国家，如美国、日本、韩国、德国、越南等③；第二类是与中国贸易额量较小的国家，如梵蒂冈等；第三类是其他国家。也可综合分类，第一类是国际大国，如美国、俄罗斯、英国等；第二类是中国邻国，如印度、日本等；第三类是"一带一路"共建中小国家，如巴基斯坦、新加坡、泰国等。上述分类对应着不同的关系管理取向。

（四）模态协同

数字化时代的跨文化传播主体多元化，国家话语更应采用"创新媒介"的形式讲述中国故事。"将抽象的概念和理念通过文字、图片、短视频等不同模态的叙事元素进行图文传播，借助'全息媒体'形成语义连贯，强

---

① 陈新仁：《言语交际者关系管理模式新拟》，《外语教学理论与实践》2018 年第 3 期。
② 《离中国最近的国家和最远的国家分别是哪?》，https://www.52csw.com/zixun/120802.html。
③ 《2021 年中国与各国进出口贸易额》，https://www.shujujidi.com/caijing/744.html。

化系统表述"①，真实、全面、立体地展示国家形象。

可组合模态，协同优化，如：文字＋视频、文字＋图片、文字＋图片＋H5 页面排版，尤其是通过视频中的压缩、视角整合、联合注意、叙事嵌入等叙事技巧去实现意义共建。可尝试合力 AR、VR 等技术传播。同时，积极拓展传播载体、形态和平台，可通过动漫、音乐、电影等文艺作品，通过短视频等，通过国内的"三微一端"和国外"GTFA"实现协同传播。网络短视频作为一种容易跨越文化间藩篱的新兴媒介形态，更容易被海外受众所理解和接受。②

第三节　拓展国家话语能力提升的具体路径

在讲好中国故事的大背景下，针对不同语境，如：国内官方与国外主流媒体表达不一致（此为重点）、国内官方与民间表达不一致、国内民间与民间表达不一致等，从话语资源、话语队伍、话语技术、话语制度四个保障要素，提出话语规划、话语执行、话语监测、话语纠偏能力在不同情境中的具体提升策略，如图 5.1 所示。

一、规划能力提升

存在上述不一致，尤其是在国外主流媒体与国内官方表达不一致时，可重点从话语资源和话语队伍层面提升规划能力。

---

① 张薇：《专业与公共：审计话语研究的基本维度与方法建构》，《南京社会科学》2020 年第 2 期。

② 《跨文化传播中讲好中国故事的短视频叙事探索——李子柒短视频海外走红的启示》，https://m.gmw.cn/baijia/2021-02/08/34609161.html。

（一）数据库建设规划

需建立储备助力于话语建构、翻译和传播能力提升的话语资源数据库。一是单语种数据库，可根据讲好中国故事的几类主题建专题语料库，梳理语料库中的高频词、主题词、相关词等，挖掘该主题话语中的特色隐喻，如"国家是

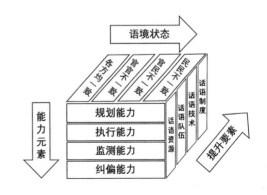

图 5.1　国家话语能力提升魔方策略

人""发展是旅程""制度是建筑""工作是打仗、下棋"等。二是双语或多语平行语料库。可标注直译、意译、换译、省译、合译等翻译方法，分析归化、异化等翻译策略，范畴对应、替换、转换等翻译技巧，梳理出不同专题故事文本的翻译特色及所塑造的中国形象。三是对外话语英译术语库。目前，"中国特色话语对外翻译标准化术语库"已于 2018 年 11 月发布，旨在通过打造国家级翻译术语平台向世界传播"中国知识"①。可对其进行增补和完善，分类别建专题术语库。

（二）人才队伍培养规划

需基于跨学科，做好"讲好中国故事"的多类人才培养规划，应至少包括话语人才、翻译人才、新闻人才、外交人才、国际传播人才。

一是话语人才规划。建立话语人才队伍，服务于"构建人类命运共同体"话语体系、"一带一路"话语体系和全球治理话语体系建设。二是翻译人才规划。整合我国和外籍翻译专家队伍，优势互补，精诚合作，做好

---

① 　魏向清、杨平：《中国特色话语对外传播与术语翻译标准化》，《中国翻译》2019 年第 1 期。

对外翻译的规划。三是新闻人才规划。后真相时代需要专业化新闻人才队伍，不仅分析报道的能力突出，而且舆论引导和纠偏能力突出，以塑造有利的国际舆论环境。四是外交人才规划。需建立擅长外交、能够消解西方污名化话语的人才，推行中国特色大国外交。五是国际传播人才规划。包括"自说"与"他说"相结合，即国内对外传播队伍和国际友人传播队伍结合，以践行"双轮驱动"策略①。

二、执行能力提升

存在上述不一致，尤其是在国外主流媒体与国内官方表达不一致时，重点从话语资源层面提升执行能力中的话语建构能力、话语翻译能力和话语传播能力。

（一）话语建构能力

一是通过多样化的话语认知策略去提升话语建构力。这主要通过隐喻、转喻、心理空间、话语空间、趋近化等认知策略来完成。二是通过跨学科协作构建中国对外话语体系。这主要通过语言学、传播学、管理学、政治学等多学科协作完成。三是通过组合拳在国际舆论引导和形象建构方面赢得话语竞争优势。这主要通过学术、大众、国际三种话语组合拳来完成。四是通过多群体合力，讲好中国故事。这主要通过我国主流对外媒体、自媒体在海外的中国留学生和华人、在中国的海外留学生、国外主流媒体等多种群体来完成。

---

① 文秋芳：《国际传播能力、国家话语能力和国家语言能力——兼述国际传播人才培养"双轮驱动"策略》，《河北大学学报（哲学社会科学版）》2022 年第 3 期。

（二）话语翻译能力

首先要提升及时性。比如："党的十九大报告实现同步翻译，外籍专家介入，确保外媒第一时间获得最为权威的'官方说法'，避免了以往因中外文本'延时'效应而导致的'断章取义''借题发挥'等现象的出现"[①]。其次要实现等效性。比如：实现译文和原文在概念上、寓意上、情感上的一致或趋同。经典的例子之一是："头破血流"的译法。应关注其隐喻寓意惨败，而非字面义"头打破了，血流满面"。因此，中央编译出版社的译文"find themselves on a collision course"展示了外来势力的惨败，忠实于原文的精神内涵。然而，路透社、《英国卫报》等英美主流媒体直译出的"have their heads bashed bloody"和"broken heads and bloodshed"未忠实地再现和原文一致的隐喻寓意，凸显了"撞破头颅，鲜血淋漓"的可怕场景，让受众产生中国人崇尚暴力的错误认知，唤起受众的恐惧反感。

（三）话语传播能力

首先应设置好对外宣传议题。主动设置议题、"正面"结合"负面"设置议题，如通过"投我以木桃，报之以琼瑶"等中国特色谚语和格言激活合作架构、和谐架构等蕴含中国特色的新架构，去呈现事实，凸显抗疫中的合作共赢。其次应主动回应国际重要议题。尤其是针对国际社会的疑虑，及时把握议题传播的时机、分寸和实效。如善用"田径赛"而非"角斗赛"传递疫情防控的国际合作理念，并与国际通行的认知、规范对接，与对象国、地区社会文化习俗对接，在接地气聚人气中实现议题表达，提高议题话题的吸引力、感染力、影响力、穿透力[②]。如善用欧洲名言"一棵树挡不住寒风"，中亚名言"生存的力量在于团结"，非洲名言"独行快，

---

① 王沛楠等：《十九大国际舆情与新闻发布效果分析》，《对外传播》2017 年第 12 期。
② 崔玉英：《增强议题设置能力，向世界讲好中国故事》，《对外传播》2015 年第 1 期。

众行远"等外国名言达成国际合作共识。最后应实现模态方法多样化。运用多模态呈现"可视化、数据化、图像化"的中国故事。如：《光明日报》英语频道和 Facebook 主页上用"虚拟对白＋动画"的形式推送相关新闻。

三、监测能力提升

存在上述不一致，尤其是在国外主流媒体与国内官方表达不一致时，重点从话语技术层面提升监测能力。

关键在于提升监测的智能化程度、精准化程度和互动化程度。智能化程度在于多维度采集与分析数据，对文本进行智能化的词频统计、情感识别和传播路径分析，如分析意见领袖、文本间评论转发态势、语义正负向情感等；实现谣言等语言问题预警的多元智能化。精准化程度在于"通过事理图谱、热点聚类、文本分类等学习方法，对舆情事件的发展脉络、特征分布、风险等级进行自动阶段性总结，并给出趋势预测"[1]。互动化程度在于可从舆情监测转向民调聆听，收集传播效果反馈，根据反馈来调整话语传播策略。

以重大突发事件背景下讲好中国防疫故事为例，针对谣言遍布的状况，可运用自然语言处理技术和社交网络分析法进行智能化的信息监测、甄别和预警。[2] 首先，智能化追踪信息的传播源头，并交叉检验信源，判断消息的可靠性。一是借助大数据分析技术，追踪和分析信息的来源、发布时间、信息流动的网络结构和传播路径等；二是对比和分析消息来源的多个渠道，确定消息是否存在矛盾或不一致之处。其次，识别假信息，辨

---

[1] 《人工智能让舆情监测从信息检索走向内容多维度识别》，https://m.gmw.cn/baijia/2022-02/14/35515778.html。

[2] 信息监测、甄别和预警的具体方法引自张薇：《重大突发事件应时发声：对外媒体话语国际公信力的建构》，《江苏社会科学》2023 年第 4 期。

别伪信息，并甄别谣言。一是运用自然语言处理技术进行文本分析，识别文本中的关键词、实体、情感等信息，通过语义分析判断文本中是否存在谣言、不实信息等；二是基于社交网络分析识别和跟踪信息在社交网络中的传播路径和影响力。通过对媒体账号、个人账号、大 V 等被关注、转发、评论等的情况进行分析，形成网络图，识别出关键节点和传播路径，辅助判断信息的真实性和可信度。最后，分辨信息的事实真相，判断舆论善恶。重点在于分析信息传递的价值观，信息所引起的舆论情感倾向。可以使用文本挖掘技术进行情感分析，判断文本的情感倾向，并设计预警指标体系。

四、纠偏能力提升

存在上述不一致，尤其是在国外主流媒体与国内官方表达不一致时，重点从话语资源和话语制度层面提升纠偏能力。

（一）舆论纠偏

舆论纠偏指"对某些新闻事件尤其是形成舆论热点或重大舆情的事件……在舆论博弈中还原事实真相消除负面影响，从而建立正确的舆论导向。"[1]纠偏主体因舆论场域的不同分为权威部门对官方舆论场的传者所进行的外部纠偏和民间舆论场的普通民众所进行的自我纠偏，这里主要涉及前者。从官方舆论场的传者对国际舆论进行外部纠偏而言，一要抢占话语时机，避免舆论引导失语。主流媒体在社会热点事件发生时应积极地表达观点，并注重打造自身意见领袖的角色，引领舆论走向。二要传播口径一致，实现媒体深度融合。各大官方媒体之间、官方媒体内部各平台之间应

---

① 陈燕：《社交媒体语境下舆论纠偏的多重维度》，《青年记者》2020 年第 17 期。

查证真伪，言行一致，协作传播。三要针对特征纠偏，利用大数据分析国际受众特征，建立用户画像，以便于有针对性地进行纠偏。

（二）话语纠偏

分类纠偏和治理话语，如谣言、"低级红高级黑"、语言暴力、语言歧视等。尤其是针对外媒的污名化，可采用架构策略进行话语纠偏。一是运用再架构消解负面话语的消极影响。如：在讲述"一带一路"故事时，通过"顺风车""搭便车""合唱""交响乐""互联互通"等表达激活合作共赢架构，去破解外媒所谓"一带一路"是"马歇尔计划""布雷顿森林体系""修昔底德陷阱"等污名。这不仅仅靠语言和文字，而且更依靠观念，需要基于概念重新建立架构，并且长期不断地重复和强化新建的架构，直到它们在受众的大脑神经突触中固化下来。[1] 二是运用新架构创建中国特色话语，并以此设置国际性议题。如：通过"落其实思其树，饮其流怀其源"等中国特色谚语和格言激活合作架构、和谐架构、包容架构等蕴含中国特色的新架构，去呈现事实，凸显"一带一路"共建共享、合作发展的理念，打造平台，加深与共建国家的合作伙伴关系。创建中国特色的话语，推介中华文明的专属语汇、概念和表达系统，如：基于具有中国特色的父慈子孝（国内）、天下一家（国际）道德家庭观和"天下—国家—家庭—个人"四个层面的表达系统。[2] 三是整合架构建立融通中外的话语体系。既要充分尊重受众国家的概念体系、叙事习惯和接受方式，创新对外传播模式，又要全面体现中华优秀传统制度文化，基于此打造融通中外的新概念新范畴新表述。

---

[1] Lakoff, G. (2004). *Don't think of an elephant! Know your values and frame the debate*. Hartford: Chelsea Green Publishing.

[2] 汪少华：《Lakoff 架构理论的本土化与中国话语架构体系的创建》，《中国外语》2022 年第 1 期。

（三）传播纠偏

后真相时代，主流媒体在舆论引导方面面临着更多挑战和更高要求。想要实现较好的传播纠偏效果，一要增加纠偏渠道，通过传统媒体和新兴媒体多渠道第一时间同时曝光信息。如：《人民日报》等及时利用抖音、快手等平台发布信息，安定民心。二要聚焦中心议题，避免"搭车效应"干扰。在尊重受众传播主体性的同时监测舆论，及时传播权威声音。三要对话社会媒体，避免使用单向说教语态，以实现多维度立体式传播。

第六章
讲好中国故事之"经济高质量发展"国家话语分析

第一节　经济高质量发展故事的话语建构分析

一、语言特征描述

本节以 *China Daily* 有关经济高质量发展的报道为例，对其语料进行分段收集，总计四个阶段，如表 6.1 所示。第一阶段为 2017 年 10 月 18 日党的十九大召开至 2018 年 3 月 5 日十三届全国人大一次会议；第二阶段为 2018 年 3 月 6 日至 2019 年 6 月 28 日 G20 峰会；第三阶段为 2019 年 6 月 29 日至 2021 年 2 月 25 日全国脱贫攻坚表彰大会；第四阶段为 2021 年 2 月 26 日至今。

划分这四个阶段的依据是，自我国从经济高速增长阶段转入高质量发展阶段后具有一定影响力的重要事件及会议。对比英国国家书面语料库（British National Written Corpus，BNC），本书历时梳理出 *China Daily* 有关经济高质量发展的报道在四个阶段较为凸显的语言特征。统计发现，自 2017 年以来，不同的报道在不同的阶段，在主流方向上是一致的，但在特定国际国内背景下根据官方意图又凸显了各自特征。

表 6.1 *China Daily* 有关"经济高质量发展"报道的语料收集情况①

时间阶段	关键词	篇幅数	词数
2017.10.18—2018.3.5	新发展理念（The new development philosophy） 供给侧结构性改革（结构改革）（supply-side structural reform）	208	305397
2018.3.6—2019.6.28	可持续发展（sustainable development） 全面深化改革（to deepen reform across the board/in all aspects）	118	111331
2019.6.29—2021.2.25	精准扶贫（targeted poverty reduction） 脱贫攻坚战（the battle against poverty）	116	196746
2021.2.26 至今②	高水平开放（high-standard opening up） 碳达峰碳中和（peak carbon emissions and carbon neutrality）	37	31597
总计		479	645071

（一）历时主题特征

1. 第一阶段

第一阶段的报道选取了 208 篇，总计 305397 词。报道中"economy""infrastructure""country""governance""law""unity"等词出现的频率较高。2017.10.18—2018.3.5 这一阶段是中国进入高质量发展时期的初始阶段，开始提出本国对于经济发展独到的观点与概念，涉及高质量发展的改革创新。同时，也凸显了中国在促进世界经济高质量发展进程中的主要作用。该小型语料库与 BNC 书面语料库做参照对比后，得出图 6.1 语义域图。

从图 6.1 可以看出，比较凸显的语义域有：商业类、政治类、更替类、法律类、环境类、成本类等，研究结合语境和词汇共现情况，可以梳理出以下几组有意义的语义域（见表 6.2）。表中的"O1"和"% 1"表示这些

---

① 该表格中的篇数和词数为语料收集后，筛选剔除与该主题相关度低的文章，得出的数据。

② 截至 2022 年 7 月 1 日该专著撰写之日，后几章同。

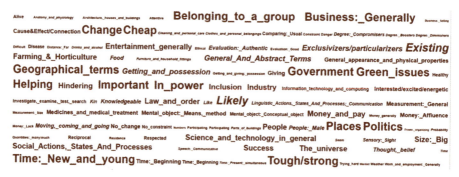

图 6.1 *China Daily* **经济高质量发展报道第一阶段的语义域图**①

语义域在 *China Daily* 第一阶段的语料库中的频率和相对频率，"O2"和"%
2"表示这些语义域在 BNC 书面语料库中的频率和相对频率，其超常使用
频率见"+"所示，其显著性程度见"LL"值（LL 值 ≥ 6.63 说明显著性高）。
按照 LL 值，较为凸显的语义域排列如下。

表 6.2 *China Daily* **经济高质量发展报道第一阶段的语义域表** ②

Item	O1	% 1	O2	% 2	LL	LogRatio	Semtag
G1.1	2801	1.29	1084	0.11 +	5414.11	3.55	Government
G1.2	1585	0.73	554	0.06 +	3195.96	3.70	Politics
S1.2.5+	742	0.34	119	0.01 +	1894.01	4.82	Tough/strong
W5	573	0.26	88	0.01 +	1476.63	4.88	Green issues
S1.1.3+++	62	0.03	0	0.00 +	212.09	9.13	Participating
A9	71	0.03	5	0.00 +	208.00	6.01	Getting and giving; possession
S7.4	38	0.02	10	0.00 +	84.85	4.11	Permission
I1.1	1117	0.52	1235	0.13 +	1059.01	2.04	Money and pay
S2	1654	0.76	2728	0.28 +	937.29	1.46	People
I1.1+	263	0.12	99	0.01 +	514.41	3.59	Money: Affluence

① 该图从 Wmatrix 软件中直接导出。本章中图 6.2、图 6.3、图 6.4、图 6.6 以及表 6.6、
表 6.7、表 6.8、表 6.9 情况相同。

② 该表格中各项数值源于 Wmatrix 软件中导出的统计数据。选取标准为 LL 值 ≥ 6.63 的
语义域，这些语义域较为凸显。由于篇幅所限，仅列出 10 条比较有代表性的隐喻性
和非隐喻性词汇。下文中表 6.3—表 6.5 参照同样标准。

如表 6.2 所示，政治类、环境保护类、货币流通类、参与类等词出现的频率较高。其中往来类语义域主要包括"exchange"等词。这类词语体现出我国正在向外输出独特的发展概念，并开始呼吁世界参与到人类命运共同体的建设中，实现全球范围内的高质量经济发展。

2.第二阶段

第二阶段的报道选取了 118 篇，总计 111331 词。报道中"development""principle""should""need""initiative"等表达出现的频率比较高。2018.3.6—2019.6.28 这一阶段的中国高质量发展话语主要承接了上一阶段的概念与措施，并进一步发展与深化。这一阶段的报告体现出我国全面深化改革的过程，其主要表现在供给侧结构性改革与实体经济改革中。供给侧结构性改革强调调整经济结构，优化供给，为后续高质量对外开放打下了良好的产业基础。实体经济改革强调了制造业对经济发展的重要作用，通过不断释放实体经济活力，稳固高质量发展经济下盘。这些改革措施体现了政府在推行高质量发展中的重要引领作用，由上至下，全面推动高质量经济发展顺利实现。该小型语料库与 BNC 书面语料库做参照对比后，得出图 6.2 语义域图。

图 6.2　*China Daily* 经济高质量发展报道第二阶段的语义域图

从图 6.2 可以看出，比较凸显的语义域有：世界类、社群类、互助类、政府类、人民类、社会性行动类、强化提升类、新生类等。结合语境和词汇共现情况，梳理出以下几组有意义的语义域（见表 6.3）。

表 6.3　*China Daily* 经济高质量发展报道第二阶段的语义域表

Item	O1	% 1	O2	% 2	LL	LogRatio	Semtag
A2.1+	1646	2.12	2031	0.21 +	3860.07	3.36	Change
S8+	1279	1.65	2020	0.21 +	2590.52	3.00	Helping
G1.1	878	1.13	1084	0.11 +	2058.36	3.36	Government
S5+	939	1.21	2602	0.26 +	1210.05	2.19	Belonging to a group
W1	313	0.40	300	0.03 +	833.03	3.72	The universe
S1.1.1	278	0.36	746	0.08 +	369.76	2.24	Social Actions
X5.1+	99	0.13	140	0.01 +	214.78	3.16	Attentive
X9.2	30	0.04	12	0.00 +	108.47	4.98	Success and failure
S1.2.5++	23	0.03	15	0.00 +	71.59	4.28	Tough/strong
A11.1++	11	0.01	5	0.00 +	38.41	4.80	Important

如表 6.3 所示，变革类、互助类、世界类、社会性行动类、聚焦类等词出现的频率较高。其中 Attentive 语义域包括"focus"等词。这类词语体现出中国的政府行为与公共政策正在谋求国际社会认可，也表现出我国对于自己制度优越性的自信和对推动经济高质量发展的信心。

3. 第三阶段

第三阶段的报道选取了 116 篇，总计 196746 词。报道中"poverty""rural""agriculture""growth""people""improvement"等词出现频率较高。2019.6.29—2021.2.25 这一阶段是中国推行精准扶贫政策、致力全面脱贫的决胜时期，也是高质量发展建设的重要阶段。该阶段的报道突出了中国目前尚存的贫困问题，聚焦农村建设与改革，推动城乡协同发展。在这一阶段，中国提出了许多促进经济高质量发展的新措施，如进一步增加城镇居民收入，缩小城乡差距，推行扶农助农政策，扩大就业人数等。2021年宣布我国扶贫脱贫工作圆满收官。该小型语料库与 BNC 书面语料库做参照对比后，得出图 6.3 语义域图。

从图 6.3 可以看出，比较凸显的语义域有：缺乏财富（贫困）类、乡村农业类、社群类、人民类、社会性行动类、成功类等。结合语境和词汇

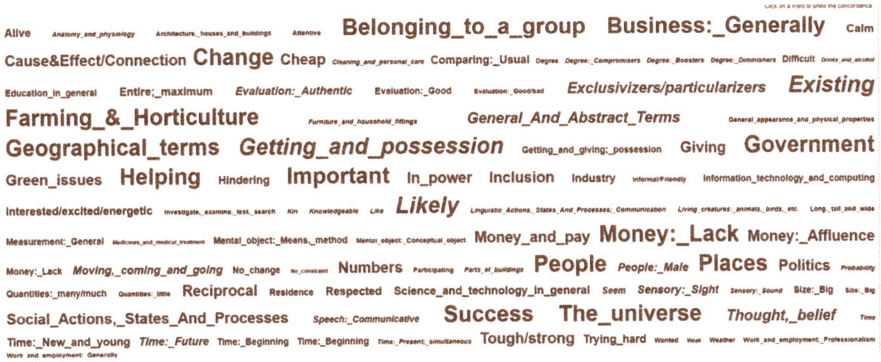

图 6.3 *China Daily* 经济高质量发展报道第三阶段的语义域图

共现情况，梳理出以下几组有意义的语义域（见表 6.4）。

表 6.4 *China Daily* 经济高质量发展报道第三阶段的语义域表

Item	O1	% 1	O2	% 2	LL	LogRatio	Semtag
I1.1-	3198	1.88	165	0.02 +	10970.75	6.81	Money: Lack
F4	1302	0.76	270	0.03 +	3625.33	4.80	Farming & Horticulture
W1	710	0.42	300	0.03 +	1583.30	3.77	The universe
S1.2.5+	382	0.22	119	0.01 +	950.14	4.21	Tough/strong
N5.1+++	167	0.10	0	0.00 +	638.89	10.91	Entire, maximum
I3.2	79	0.05	10	0.00 +	242.87	5.51	Work and employment
S1.2.1+	112	0.07	78	0.01 +	196.12	3.05	Informal/Friendly
A5.1++	351	0.21	507	0.05 +	343.91	2.00	Evaluation: Good
X2.6	12	0.01	2	0.00 +	35.06	5.11	Expect
S1.2.3+++	5	0.00	0	0.00 +	19.13	5.85	Selfish

从表 6.4 可以看出，比较凸显的语义域有：扶贫类、乡村类、就业类、和谐类、正向评价类、乐观积极类、公平类等。其中 Money：Lack 语义域主要包括"low-income""poor/poverty""impoverish"等词；Entire，maximum 语义域主要包括"extreme（poverty）"等词；Informal/Friendly 语义域主要包括"harmony"等词；Evaluation: Good 语义域主要包括"better""improvement"等词；Expect 语义域包括"optimistic"等词；Self-

ish 语义域包括 "fair" 等词。这些词体现出我国扶贫工作在世界范围受到了广泛关注，中国的脱贫事业为全世界贫困地区脱贫致富提供了良好范本。

4. 第四阶段

第四阶段的报道选取了 37 篇，总计 31597 词。报道中 "free-trade" "circulation" "cooperation" "support" "opportunities" "ecological" 等词出现的频率较高。这些体现了 2021.2.26 至今这一阶段是 "十四五" 开局之年，在高质量发展方面有多项突破。中国实行了更高水平的对外开放，与全球多个国家达成了友好合作，以支持高质量发展建设。在对外开放的同时将中国经济发展的利好输送至他国，致力于建设共商共建共享的高质量发展全球氛围。同时在发展过程中经济与环境两手抓，持续贯彻了自高质量发展观提出以来的概念与承诺。该小型语料库与 BNC 书面语料库做参照对比后，得出图 6.4 语义域图。

图 6.4 *China Daily* 经济高质量发展报道第四阶段的语义域图

表 6.5 *China Daily* 经济高质量发展报道第四阶段的语义域表

Item	O1	% 1	O2	% 2	LL	LogRatio	Semtag
G1.1	322	1.35	1084	0.11 +	947.40	3.61	Government
W1	106	0.44	300	0.03 +	341.00	3.86	The universe

Item	O1	% 1	O2	% 2	LL	LogRatio	Semtag
A2.1-	47	0.20	72	0.01 +	195.32	4.75	No change
A9	19	0.08	5	0.00 +	117.79	7.29	Getting and giving
E6+	26	0.11	292	0.03 +	28.49	1.87	Confident
X2.6	3	0.01	2	0.00 +	15.80	5.95	Expect
I2.1	272	1.14	1086	0.11 +	726.42	3.36	Business: Generally
S8-	31	0.13	260	0.03 +	46.95	2.29	Hindering
A1.4	42	0.18	285	0.06 +	33.93	1.59	Chance, luck
N3.2+	193	0.81	1046	0.11 +	421.87	2.92	Size: Big

如表 6.5 所示，世界类、稳定类、贸易类、机遇类、增长类、阻碍类等词出现的频率较高。其中 No change 语义域主要包括"stable"等词；Hindering 语义域主要包括"barrier"等词；Chance，luck 语义域主要包括"opportunities"等词；Size: Big 语义域主要包括"growth""expand"等词。这体现出该阶段的经济高质量发展契合世界发展趋势，我国抓住机遇迎接挑战，在合作中为世界贡献了中国智慧。

（二）历时凸显特征

为了做更精确的统计，得出更细化的发现，本研究又以 2018 年至今 *China Daily* 有关高质量发展报道的语料总库（645071 词）作为参照语料库，对比四个阶段的报道，试图发现细微的凸显特征。

1. 第一阶段

第一阶段的报道中有实际意义的较为凸显的语义特征有：Change，Law and order，Money: Cost and price 等。如 Law and order，这一类语义域的词汇分布见表 6.6。

如表 6.6 所示，"security""regulation""laws"等词出现频率较高，说明这个阶段的报道重点在于介绍中国在高质量发展建设中制定并完善相关法律制度，通过政策手段积极促进高质量经济发展有序开展。

表 6.6 *China Daily* 经济高质量发展报道第一阶段中的法律和秩序类词表

Word	Semtag	Frequency	Relative Frequency		Summary information:
law	G2.1	248	0.11	Concordance	Number of types shown: 101
security	G2.1	187	0.09	Concordance	Total frequency of types shown: 1168 (0.54%)
rules	G2.1	73	0.03	Concordance	Total frequency overall: 216870
rule	G2.1	71	0.03	Concordance	
legal	G2.1	60	0.03	Concordance	Number of items shown with a given frequency:
regulations	G2.1	53	0.02	Concordance	
laws	G2.1	48	0.02	Concordance	
regulation	G2.1	46	0.02	Concordance	Frequency Types Tokens
discipline	G2.1	42	0.02	Concordance	1 38(37.62%) 38 (3.25%)
judicial	G2.1	28	0.01	Concordance	2 16(15.84%) 32 (2.74%)
protocol	G2.1	27	0.01	Concordance	3 14(13.86%) 42 (3.60%)
trials	G2.1	21	0.01	Concordance	4 4 (3.96%) 16 (1.37%)
securities	G2.1	21	0.01	Concordance	5 4 (3.96%) 20 (1.71%)
trial	G2.1	16	0.01	Concordance	6 4 (3.96%) 24 (2.05%)
courts	G2.1	10	0.00	Concordance	7 4 (3.96%) 28 (2.40%)
legislation	G2.1	9	0.00	Concordance	8 1 (0.99%) 8 (0.68%)
disciplinary	G2.1	8	0.00	Concordance	9 1 (0.99%) 9 (0.77%)
legislative	G2.1	7	0.00	Concordance	10 1 (0.99%) 10 (0.86%)
punish	G2.1	7	0.00	Concordance	> 10 14(13.86%)941(80.57%)
enacted	G2.1	7	0.00	Concordance	
punishment	G2.1	7	0.00	Concordance	
court	G2.1	6	0.00	Concordance	

2.第二阶段

第二阶段的报道中有实际意义的较为凸显的语义特征有：Change，Future，Mental object: Concept object 等。如 Mental object: Concept object，这一类语义域的词汇分布见表 6.7。

表 6.7　*China Daily* 经济高质量发展报道第二阶段中的理念类词表

Word	Semtag	Frequency	Relative Frequency		Summary information:
principle	X4.1	42	0.05	Concordance	Number of types shown: 34
dream	X4.1	42	0.05	Concordance	Total frequency of types shown: 330 (0.43%)
vision	X4.1	41	0.05	Concordance	Total frequency overall: 77583
issues	X4.1	34	0.04	Concordance	
theory	X4.1	28	0.04	Concordance	Number of items shown with a given frequency:
theme	X4.1	22	0.03	Concordance	
thought	X4.1	14	0.02	Concordance	
ideals	X4.1	11	0.01	Concordance	Frequency Types Tokens
issue	X4.1	10	0.01	Concordance	1 8(23.53%) 8 (2.42%)
dreams	X4.1	8	0.01	Concordance	2 4(11.76%) 8 (2.42%)
ideological	X4.1	8	0.01	Concordance	3 3 (8.82%) 9 (2.73%)
ideas	X4.1	7	0.01	Concordance	4 1 (2.94%) 4 (1.21%)
topics	X4.1	7	0.01	Concordance	5 3 (8.82%) 15 (4.55%)
idea	X4.1	6	0.01	Concordance	6 2 (5.88%) 12 (3.64%)
concepts	X4.1	6	0.01	Concordance	7 2 (5.88%) 14 (4.24%)
ideology	X4.1	5	0.01	Concordance	8 2 (5.88%) 16 (4.85%)
concept	X4.1	5	0.01	Concordance	9 (0.00%) (0.00%)
theories	X4.1	5	0.01	Concordance	10 1 (2.94%) 10 (3.03%)
ideal	X4.1	4	0.01	Concordance	> 10 8(23.53%)234(70.91%)
view	X4.1	3	0.00	Concordance	
criteria	X4.1	3	0.00	Concordance	

由此可见，第二阶段的报道重在凸显在高质量发展建设中中国对未来的设想，即高质量发展的预期成果。"principle""dream""vision"等词说明中国高质量发展遵循着既定规划，正朝着所期望的目标不断进步。

3. 第三阶段

第三阶段的报道中有实际意义的较为凸显的语义特征有：Money: Lack, Farming & Horticulture，People 等，如 Money: lack，这一类语义域的词汇分布见表6.8。

表 6.8 *China Daily* **经济高质量发展报道第三阶段中的扶贫类词表**

Word	Semtag	Frequency	Relative Frequency	
poverty	I1.1-	2276	1.34	Concordance
poor	I1.1-	512	0.30	Concordance
impoverished	I1.1-	309	0.18	Concordance
poverty_line	I1.1-	67	0.04	Concordance
in_need	I1.1-	12	0.01	Concordance
needy	I1.1-	5	0.00	Concordance
impoverishment	I1.1-	3	0.00	Concordance
low-income	I1.1-	3	0.00	Concordance
penury	I1.1-	3	0.00	Concordance
destitute	I1.1-	2	0.00	Concordance
poverty.	I1.1-	2	0.00	Concordance
under-developed	I1.1-	2	0.00	Concordance
beggars	I1.1-	1	0.00	Concordance
destitution	I1.1-	1	0.00	Concordance

Summary information:

Number of types shown: 14
Total frequency of types shown: 3198 (1.88%)
Total frequency overall: 170243

Number of items shown with a given frequency:

Frequency	Types	Tokens
1	2(14.29%)	2 (0.06%)
2	3(21.43%)	6 (0.19%)
3	3(21.43%)	9 (0.28%)
4	(0.00%)	(0.00%)
5	1 (7.14%)	5 (0.16%)
6	(0.00%)	(0.00%)
7	(0.00%)	(0.00%)
8	(0.00%)	(0.00%)
9	(0.00%)	(0.00%)
10	(0.00%)	(0.00%)
> 10	5(35.71%)	3176(99.31%)

由此可见，第三阶段重在强调中国在高质量发展中，将扶贫工作摆在重要位置，以逐步提高最低收入标准的方法促进整体经济水平的提高。其中"poverty""poor""impoverished"等词体现了在高质量发展建设中，我国尤其重视贫困人口的发展问题，只有彻底解决贫困问题，我国的高质量发展才能迈上新台阶。

4. 第四阶段

第四阶段的报道中有实际意义的较为凸显的语义特征有：Business: Market，Size: Big，Chance: Luck 等，如 Business: Market，这一类语义域的词汇分布见表6.9。

如表 6.9 所示，"trade""market""imports"等词出现频率较高，说明这个阶段的报道强调了中国的经济高质量发展同国际市场进行了深入的经济交流，以此在带动国内经济繁荣的同时，与世界共享中国经济高质量发

表 6.9　*China Daily* 经济高质量发展报道第四阶段中的贸易类词表

Word	Semtag	Frequency	Relative Frequency	
trade	I2.2	142	0.59	Concordance
market	I2.2	58	0.24	Concordance
imports	I2.2	27	0.11	Concordance
trading	I2.2	26	0.11	Concordance
free_trade	I2.2	26	0.11	Concordance
import	I2.2	26	0.11	Concordance
markets	I2.2	16	0.07	Concordance
exports	I2.2	11	0.05	Concordance
circulation	I2.2	11	0.05	Concordance
export	I2.2	10	0.04	Concordance
market-oriented	I2.2	9	0.04	Concordance
protectionism	I2.2	8	0.03	Concordance
agency	I2.2	5	0.02	Concordance
consumer	I2.2	5	0.02	Concordance
seller	I2.2	4	0.02	Concordance
customer	I2.2	3	0.01	Concordance
retail	I2.2	3	0.01	Concordance
market-based	I2.2	3	0.01	Concordance
supply_chains	I2.2	2	0.01	Concordance
consumers	I2.2	2	0.01	Concordance
market environment	I2.2	2	0.01	Concordance

Summary information:

Number of types shown: 48
Total frequency of types shown: 430 (1.80%)
Total frequency overall: 23919

Number of items shown with a given frequency:

Frequency	Types	Tokens
1	23(47.92%)	23 (5.35%)
2	7(14.58%)	14 (3.26%)
3	3 (6.25%)	9 (2.09%)
4	1 (2.08%)	4 (0.93%)
5	2 (4.17%)	10 (2.33%)
6	(0.00%)	(0.00%)
7	(0.00%)	(0.00%)
8	1 (2.08%)	8 (1.86%)
9	1 (2.08%)	9 (2.09%)
10	1 (2.08%)	10 (2.33%)
> 10	9(18.75%)	343(79.77%)

展的成果，构建人类命运共同体。

二、表层架构分析

（一）隐喻性表层架构

1. 自然

在讲好中国经济高质量发展故事的国家话语中，自然隐喻的使用属于较为典型、常见的话语特征之一。具体表达有"sea""ocean""pool""storms""dark days"等。按源域特征和情感色彩又可以分为正面影响类和负面影响类，例如以"headwinds"突出发展过程中遇到的逆境、困难；以"spring"暗示希望、曙光等情感色彩。

例 6.1：Recently, the property market has been experiencing a slowdown, with some of the country's leading developers *mired* in financial difficulties.（*China Daily*, January 13, 2022）

例 6.2：The reason why economic globalization has *encountered head-*

winds is its lack of inclusiveness. Only with inclusiveness can different countries and groups enjoy the dividends of globalization.（*China Daily*，November 15, 2017）

例6.3：The strength of China over the last four decades of unstoppable growth and prosperity has to be reconducted to a type of governance that guarantees stability and responsiveness to changes in the external environment, giving the country the opportunity to navigate successfully *even through the harshest storms*.（*China Daily*，December 29, 2020）

在例6.1中，"mire（泥沼）"常在各种语言环境下代表困境，此处对房地产市场采用自然隐喻，体现了房地产产业持续的、难以脱离的财务困境。且本句没有采用过于严肃的表达，如"difficult position"等，说明作者并没有全盘否定这样的状况，该隐喻既展示了房地产业身处的困境，同时也激发了受众解决困难的信心。在例6.2中，"headwinds"意为顶风、逆风；有处境不顺、遭受压力之意。此处用自然隐喻生动地展示了经济全球化遭受阻力的境遇，并指明原因，给出方向，暗示我们要做到相互包容理解。将处境隐喻为自然现象削减了其中的苦难意味，更加注重问题的探索和解决，体现了中国的大国风范。在例6.3中，"storms"指暴风雨，常隐喻大环境的恶劣，前进道路的艰险。"storms"凸显了四十多年来中国成长、发展、保持稳定的艰辛和不易，以及在短时间内取得了巨大的发展成就。

2.建筑

在各阶段的报道中，"foundation""blueprint""tool"等建筑类词汇的高频出现，具体对应着相关政策方针的现实意义和指导作用，并提示了在发展过程中需要如同建筑房屋一般做好规划、运用工具，并持之以恒地开展建设。

例6.4：Therefore, China must bear in mind the new stage of development, apply the new development philosophy, build a new development *landscape* and promote high-quality development. It must vigorously enhance its capacity for independent innovation and realize innovation-driven growth to lay a more secure and reliable *foundation* for building a modern socialist country in an all-round way.（*China Daily*, July 1, 2022）

例 6.5：Tian Lihui, director of the Institute of Finance and Development at Nankai University in Tianjin, said that the carbon trading system will become an important *milestone* of China's green development and help to form new financial markets.（*China Daily*, June 24, 2021）

例 6.6：The carbon peak and neutrality goals have *mapped out a blueprint* for China's green and low-carbon transformation for coming decades.（*China Daily*，November 23，2021）

在例 6.4 中，将中国当下及未来的发展隐喻为建筑，也就是把持续发展的过程当作建造建筑的过程。在运用新发展理念、构建新发展格局、推动高质量发展中，实现创新驱动增长的自主创新能力是全面建设社会主义现代化国家坚实可靠的基础。例 6.5 将碳交易系统喻为里程碑，生动形象地表现了碳交易系统在中国实现绿色发展中的重要地位。碳排放交易对于遏制碳排放增长具有积极作用，是一个国家发展过程中的重大标志性事件，具有开创性的重大意义。在例 6.6 中，"blueprint"（蓝图）意为对未来的美好设想，以及为实现这些设想所进行的规划，体现了中国已经为未来实现绿色低碳发展的目标制定好了详细的规划，并开始为其不懈努力。

3. 人物／生命机能

对于一些政策所带来的积极效应，话语中常常采用和人物／生命机能相关的隐喻表述，突出其积极作用，有助于读者产生具身认知，如："a lucky child""beef up""lifeline"等表达。话语中常常将国家喻作人，以人特有的特征、动作去形容国家的举措，例如，"embrace"代表开放包容、支持欢迎的态度；"robust"象征体制的健全有力等。

例 6.7：Policy support must be *beefed up*, and policy measures should be swiftly rolled out wherever needed, to keep major economic indicators within an appropriate range and ensure stable overall economic performance.（*China Daily*, May 24, 2022）

例 6.8：Liu Cigui, Party secretary of Hainan, said the island' ecological resources are its best capital and biggest advantage. Hainan should not only be *a lucky child* endowed with good ecological resources, but also an excellent student of green development, he said.（*China Daily*, May 24, 2019）

例 6.9：Ethnic unity is *the lifeline for* the people of all ethnic groups, Xi said, and the sense of the community for the Chinese nation is key to realizing ethnic unity.（*China Daily*，March 6, 2022）

例 6.7 将政策的实施喻为人体生命机能，需要受到一定的刺激才能够发挥其最大作用。这里将加强政策支持当作一种刺激行为，强调了政策发挥作用对于经济持续发展的重要性，这也是为了保持良好经济增长的有效手段。例 6.8 中"a luky child"（幸运儿）是指天生资质很好的苗子，这里凸显了海南拥有得天独厚的良好生态资源，暗示了海南应该坚持绿色发展，充分利用自身的资源优势，在不伤害环境的基础上进行发展，既要发展，也要坚持生态理念。在例 6.9 中，为了突出民族团结的重要性，使用了"lifeline"（生命线）的隐喻，直截了当地指出民族团结是我们这个国家人民生存发展的必要条件，也指出我国对于民族团结的重视程度。生命线是对民族团结这一本体的具象化表达，但是这个表达掷地有声，便于让西方受众理解民族团结对于中国人民的实际意义，认可我国的民族团结政策。

例 6.10：This *robust governance* system has become a role model for Asia-Pacific states to follow.（*China Daily*, June 2, 2022）

例 6.11：China immediately *embraced* the still nascent concept of environmental protection and inaugurated a half-century sustainability *journey* that no one could have envisioned back then. Although a latecomer that is still going through its uniquely fast and condensed industrialization process, China has demonstrated remarkable willingness not only to learn, but also to cooperate with the international community on finding solutions to all daunting environmental threats.（*China Daily*, June 17, 2022）

在例 6.10 中，"robust" 本意为"结实的、强壮的"，在这里用来形容我国的治理体系，赋予我国治理体系以人的机能，体现了我国治理体系的稳固性与可靠性，也显示出我国能够成为其他国家效仿的对象的原因。用"robust" 来形容治理体系简单易懂，无需对此体系进行赘述，这个单词已经足够有力度，便于受众理解我国治理体系广受好评的原因。在例 6.11 中，用拥抱的概念来表示认可与接受，加强了主体的主动性，即中国十分乐于接受这些环保概念并主动将其纳入我国可持续发展的进程中，体现了中国对绿色发展的积极主动与实现目标的决心。同时，将中国的可持续发展历程喻作一段旅程，稍微弱化了其中的艰难困苦，更加注重向外展现我们的成果，意在让受众感受到中国对可持续发展的不断强化。

4. 家庭

在报道中，"family""home" 等词建构的家庭隐喻较为常见。面向国内时，往往旨在突出某政策、某环境的支持和包容如同家庭般温暖；面向国外时，往往出现于领导人讲话，即将世界、地球隐喻为一个大家庭，旨在激活各个国家作为"家庭成员"的参与感，共同塑造美好家园。

例 6.12：Zhongguancun Science Park *was home to* about 2,000 advanced manufacturing enterprises in 2021, which generated more than 920 billion yuan in combined revenue. The park has contributed about one-third of the total industrial revenue of the country's IC sector.（*China Daily*, November 21, 2022）

例 6.13：By 2035, there will be a fundamental improvement in the environment; the goal of building a Beautiful China will be basically attained. We will actively tackle climate change, and *protect our common home* for the sake of human survival.（*China Daily*，November 11，2017）

在例 6.12 中，家庭常常在各种文化和语境中代表温馨、支持，此处将中关村科技园区喻为家，凸显了国家对先进制造企业的大力支持，能够增强企业和城市间的情感纽带，该园区也贡献了我国集成电路产业总收入的三分之一。在例 6.13 中，世界生态环境问题日益突出，中方积极行动，和世界各国一起参与到保护地球的事业当中。"protect our common home"（保护共同的家）激活了家庭隐喻，让受众明确感受到每个国家都是不可或缺的家庭分子，应携手共克时艰，传递了人类命运共同体的理念。

5. 旅程

报道中，与旅程相关的表述出现频率较高，如"journey""launch""steer"等，这些表达激活了旅程架构，具体体现为，政策推进、发展等架构与旅程架构形成映射，激活了"政策推进是旅程""发展是旅程"的概念隐喻。经济发展、政策推进的起止性、阶段性和目的性等特征也像旅程一样，是一系列过程，需不断规划方向、付出努力，迎接机遇和挑战。

例 6.14：Xi proposed focusing on increasing grain production and *launching inclusive projects* to help ensure the food security of developing countries.（*China Daily*, March 2, 2022）

例 6.15："Today, the global development process has hit major *roadblocks*, the momentum of international development cooperation is being weakened, and development gap between the North and the South keeps widening," said Xi, urging that "We should respond to people's concerns, pursue the larger interests of all countries, and *steer* global development to a new era to deliver benefit to all."（*China Daily*, June 24, 2022）

在例 6.14 中，"launch"激活了旅程隐喻，暗示了在扶贫道路上开辟的新路径、新起点以及新要求。"inclusive"更传达出中国在扶贫事业上对世界性贫困问题的关注和帮助。在实现自身经济高质量发展的同时，向世界贡献中国智慧和中国力量，与其他国家共同走好这段旅程。在例6.15中，"steer"本义指掌舵，激活了航行的旅程隐喻，强调面对旅程中的"roadblocks"（困难），需要掌舵引领，也侧面反映了方向和方法的重要性。即，在全球发展走向新时代的进程中，打造普惠并非轻松之事，也并非仅靠一己之力所能达成，需要各国携手将经济发展的大船驶向远方。

6. 战斗

在报道中，"guard""fight""war"等表达激活了战斗隐喻，凸显了经济发展中的困难，以及克服困难的坚定信念。

例6.16：Xi urged the officials of the region to strengthen their awareness of the risks, raise their capability for strategic thinking, and take effective measures to *guard against* various dangers and risks to ensure the security of the country's northern border.（*China Daily*, March 6, 2022）

例6.17：Since 2012, China has *fought a decisive battle* against poverty that is unprecedented in scale and intensity, and has benefited the largest number of people in human history.（*China Daily*, April 9, 2021）

例6.18：*A complete victory* has been secured in the fight against poverty as scheduled, the people's wellbeing has been further improved, social stability has been maintained, steady progress was made in modernizing national defense and the armed forces, and China's major-country diplomacy has advanced on all fronts.（*China Daily*, November 12, 2021）

在例6.16中，"guard"激活了战斗、守卫的隐喻性架构。此处，运用大部分文化语境下都有对应范畴的守卫概念，凸显了对风险的防范和应对能力，体现出地方治理所要担负的责任，以及对人民平安生活的坚强保障。例6.17将脱贫喻为打决定性的战役，能够使读者更好地理解全面建成小康社会所需付出的巨大努力，引起国际受众的共鸣，提升中国经济高质量发展的国际影响力。同理，在例6.18中，"victory"激活了脱贫攻坚战，其全面胜利能够使国际受众更深切地体会到中国为提高人民福祉所付出的艰辛，以及为高质量发展和现代化建设所做出的杰出贡献。

7. 其他

报道中，出现频率较高的还有舞台类词，如"role"；竞赛类词，如"front runner"，以及"race""momentum"等表达。

例 6.19：While the issue of income gaps widely exists in a large number of countries, numerous studies worldwide have proved that as a country grows in size economically, its income gaps are not likely to narrow naturally, which means public policy does *have a critical role to play* in this aspect and in achieving high-quality growth, said Su Jingchun, an associate professor at the Chinese Academy of Fiscal Sciences, who has spent years studying income distribution. (*China Daily*, November 13, 2021)

例 6.20：Furthermore, a new era of industrial revolution is *gaining momentum*. Digital economies are growing more rapidly. (*China Daily*, June 21, 2022)

例 6.21：China has established an integrated quantum communication network measuring over 10,000 kilometers in total length, cementing the country as *a global front-runner* in the field, said Zhou Lei, quantum communication expert and a delegate to the 20th National Congress of the Communist Party of China. (*China Daily*, October 22, 2022)

在例6.19中，"role"激活了舞台隐喻，指明了公共政策在弥补收入差距方面的调节作用，"critical role"更是反映出政府主导的重要性和不可或缺，符合我国国情，能够使受众深入了解我国政府主导在经济发展调节中的重要作用。经济高质量发展如同大型舞台，缩小收入差距如同上映的节目，而国家政策和自然调节作为演员在其中均扮演着独到的角色，演出目的均为收入差距的缩小。例 6.20 中的"momentum"激活了竞赛隐喻，中国正迎来数字经济发展的新时代，全新的工业革命使得中国在高质量发展的赛道上获得了动力。"momentum"生动形象地展现了产业革新是中国数字经济优质发展的助推器。例 6.21 中，"a global front-runner"激活了竞赛隐喻，中国已在综合量子通信网络领域巩固了其全球领先的地位。此外，中国在碳达峰、碳中和这一社会经济转型的比赛中也遥遥领先，经常有"a front runner in carbon neutral production"等表达。碳达峰、碳中和是中国高质量经济发展中的必经赛道，"a front runner"等表达能够生动地展现中国绿色发展的理念和责任担当。

（二）非隐喻性架构

在报道中，公平、合作、帮助、机遇类词出现的频率较高。

1.公平、合作

在经济高质量发展的进程中，中国一直信奉公平的原则，遵守着市场的各项规则，同时也希望公平原则得到全世界的遵守。"站在赛场上的每一个人，国际舞台上的每一个国家，无论大小、强弱、贫富，都是平等的，理应受到公平公正对待。"[①]

例 6.22：China-EU *cooperation* in green and low-carbon areas will accelerate the realization of China's carbon goals, which is in line with sound and stable development of bilateral relations in the long run.（*China Daily*，January 18，2022）

例 6.22 中的"cooperation"激活了合作这个非隐喻性架构，指出了中欧在绿色发展中所做出的共同努力，在合作中加速了中国碳目标的实现。在经济高质量发展的同时，通过对外合作与交流，不断促进国内经济与生

---

① 孙敬鑫：《开展田径赛，不搞角斗赛》，《大众日报》2021 年 2 月 9 日。

态发展，体现了中国的大国外交政策。

2.帮助、机遇

例 6.23：The *subsidy* for retaining employees under unemployment insurance will be extended to all hard-hit enterprises participating in the plan.（*China Daily*，May 24，2022）

在例 6.23 中，报道中的"subsidy"一词意为津贴、补贴，是"帮助"这一概念的细化及具象化。其激活的帮助架构传递了在我国经济高质量发展的进程中，国家层面给予社会层面、个人层面的帮助数不胜数，下发的作为最实在且最实用的一种补贴与补助，稳岗补贴为人们创造美好生活提供了强有力的支持。因此，"subsidy"作为"帮助"的典型例子，体现的是国家对人民群众的重视，以及国家对高质量发展稳扎稳打的做法。

例 6.24：China stands ready to work with Russia and all other countries to explore development prospects, *share growth opportunities* and make new contributions to deepening global development cooperation and building a community with a shared future for mankind, Xi said.（*China Daily*，June 21，2022）

在全球化进程中，不能仅仅依靠独善其身来维持经济发展，而是要通过合作共享的方式让高质量发展成果普惠全世界，因此中国乐于同其他国家分享发展机遇，完成人类命运共同体的构建。

在例 6.24 中，"growth opportunities"代表着发展的新希望和无限可能，也意味着发展过程中的不断进取。"opportunities"紧跟"share"之后，展现出中国对于发展机遇并非抱着"占有即胜利"的想法，而是会与合作伙伴共同分享、共同发展，这隐含了共赢的深层价值观，向国际受众传达了中国的新发展理念。

第二节　经济高质量发展故事的话语翻译分析 ①

一、概念对等

（一）概念对等的翻译策略

1. 异化

例 6.25：原文：2008 年国际金融危机发生后，中国采取负责任的宏观经济政策，成为世界经济"稳定器"，为拉动全球复苏作出重要贡献。

译文：In the wake of the international financial crisis of 2008, China adopted a responsible macro policy, remained a "*stabilizer*" for the world economy and made important contribution to global recovery. (*China Daily*，June 19，2022)

例 6.26：原文：我们坚信，寒冬阻挡不了春天的脚步，黑夜遮蔽不住黎明的曙光。

译文：We remain convinced that winter cannot stop the arrival of spring and darkness can never shroud the light of dawn. (*China Daily*, January 26, 2021)

例 6.25 运用异化的策略，即保留原文的特点，使读者向译者靠拢。政治话语背后往往承载国家立场、政治主张，因此译者在翻译过程中极为重视译文的"忠诚度"，追求高度还原原文承载的立场和主张，否则会带来不可估量的后果。② 为实现概念对等，译文需要呈现与原文一致或对等的概念，若存在对应的英文概念，且受众对其表述接受度较高，译者只需

---

① 本节中所使用的例句大多为《中国日报》(*China Daily*) 双语版，或领导人讲话双语版，英文出处已标明。个别表述如被重复提到，并非简单重复，而是在分析上各有侧重。后几章同。

② 赵祥云：《新形势下的中央文献翻译策略研究——以〈习近平谈治国理政〉英译为例》，《西安外国语大学学报》2017 年第 3 期。

遵循异化策略即可实现认知等效中的概念对等。"稳定器"在跨文化语境下含义基本相同，都是减少机械主体震动，纠正偏斜的器械，译入语受众可以通过"stabilizer"来理解中国在金融危机的震荡中稳定全球经济的重要作用。此句采用异化策略直接传递原文信息，高效生动地再现了中国为世界经济复苏作出的贡献。例 6.26 采用了异化的策略，原文中"春天""寒冬""黑夜""黎明"等概念将美好未来的必然到来与自然界冬去春来、昼夜交替建立联系，译入语世界中的对应概念同样具备以上特征，翻译时保留这些概念，忠于原文同时强化了国家话语的表现力，引发译入语读者与源语读者的同频共振。

2. 归化

例 6.27：原文：如今，全国大地上吹响精准扶贫的号角，扶贫的春风也吹到了瑶寨。在汪家姐妹花的带领下，六段瑶寨村民们脱了贫，生活越来越好。

译文：But now, Liuduan Yao village *has benefite*d from nationwide poverty alleviation efforts. Led by the Wang sisters, the villagers of Liuduan Yao village have risen out of poverty and seen their lives improve.（*China Daily*, August 26, 2020）

该语段采用归化策略，即译文尽量实现本土化，使译者向读者靠拢。"吹响号角""春风"均属于改革开放之后中国政治话语中的常见概念，分别代表着某项事业、项目的开展及其带来的积极影响。拓展隐喻理论指出，语境是理解隐喻的关键组成部分，隐喻不仅是概念性的（conceptual），也是语境性的（contextual），其中物理环境（physical environment）塑造了隐喻意义的形成，物理环境包括植物群、动物群、景观、温度、气候等。① 中国受众和英国受众对"春风"的感受明显不同，英国最宜人的

---

① Kövecses, Z. (2020). *Extended conceptual metaphor theory*. Cambridge: Cambridge University Press.

季节为夏季，春季仍然阴冷多雨，"春风"的概念并不能指代温暖和希望。因此，在此例的翻译过程中，译者遵循归化策略将贯彻落实精准扶贫的积极影响直接展现出来，免去"春风""号角"的概念在不同语境下产生歧义的可能。

（二）概念对等的翻译方法

1. 逐词翻译

例 6.28：原文：构建高质量伙伴关系，共创全球发展新时代。

译文：Foster High-quality BRICS Partnership, Usher in a New Era for Global Development.（President Xi's Remarks at the 14th BRICS Summit, June 23, 2022）

该语段采用了异化策略下的逐词翻译方法。逐词逐句翻译论坛主题，语言表达精简凝练。这也得益于原文作者在构建主题时采用了中英受众都能理解的概念表达，例如"伙伴关系""新时代"等，为实现概念对等打下了先行基础，有助于实现"忠实度"和"可读性"的良好结合。

2. 直译

例 6.29：原文：希望工程实施 30 年来，帮助数以百万计的贫困家庭青少年圆了上学梦、成长为奋斗在祖国建设各条战线上的栋梁之材。希望工程在助力脱贫攻坚、促进教育发展、服务青少年成长、引领社会风尚等方面发挥了重要作用。

译文：Over the past 30 years, Project Hope has helped millions of young people from poor families realize their dream of going to school and grow into pillars of society on all fronts, *Xi said, speaking highly of the program's important role in assisting poverty relief, boosting education, helping youth growth and forming social ethos*.（*China Daily*, November 25, 2019）

该语段采用了异化策略下的直译方法。希望工程是中国以救助贫困地区失学少年儿童为目的的一项公益事业。"希望"这一概念在中国和英语世界被广为接受，此例对"希望工程"的成就以及作用采取直译方法，适当调整英文句式结构，忠于原文内涵译成"Project Hope"，便于译入语受众领会、感受我国这一教育公益项目的进展和突破。句式上也采用近似原文表达的排比句式以及动宾搭配结构，做到形式上的对应，以此实现概念对等。

3．意译

例 6.30：原文：过去一百年，党向人民、向历史交出了一份优异的答卷。

译文：Over the past century, the Party has *secured extraordinary historical achievements* on behalf of the people.（*China Daily*, November 18, 2021）

该语段采用归化策略下的意译方法。"答卷""考试"是中国政治话语的特色概念表达，1949 年 3 月 23 日，中共中央及所属机构离开西柏坡，迁往北平，临行前毛泽东用"赶考"的概念来阐释这次历史性的出发。"毛泽东对周恩来说：今天是进京赶考的日子，进京赶考去。周恩来说：我们应当都能考试及格，不要退回来。毛泽东说：退回去就失败了。我们决不当李自成，我们都希望考个好成绩。"[1]因此，国内受众能够清晰理解原句中"答卷"概念所指，而译入语受众对于这一概念的历史经纬和发展历程知之甚少，并不能产生相近的理解。因此该句采用转义的手法，对该词汇和喻义进行处理（熊兵，2014：85），舍弃这一文化负载性较高的表达，直接展现其原本喻义"实现卓越历史性成就"，以意译方法实现概念对等。

例 6.31：原文：中国拥有强大的中央规划和执行能力，过去各个五年计划中制定的环境目标也都悉数完成，这种独特的经验和能力使中国能够实现发展与保护自然资源之间的必要平衡，也向世界证明了只有脚踏实地才能实现雄心壮志。

译文：China has the unique experience and capabilities to achieve this nec-

---

[1]　丁丁、李凯：《新中国成立——改天换地兴伟业》，《人民日报》2021 年 2 月 8 日。

essary balance domestically, demonstrating to the world how important it is *to equip ambitions with step-by-step actions*. (*China Daily*, June 17, 2022)

该语段采用归化策略下的意译方法。"脚踏实地"和"雄心壮志"在中文语境中属于范畴含义层级较高的类别，其基本层次为"做出实际行动"和"目标、远大抱负"。翻译中，通过将这一范畴层级转移，以更为基本的层次"step-by-step actions"和"ambitions"向受众展示，符合认知的经济性原则①，且不易产生误解，搭建了概念对等的认知桥梁。这也体现了我国官方话语传播过程中对受众意识的重视，尽可能通过翻译渠道来化解译入语受众的误读误解和抵触心理。

例 6.32：原文：防止"一刀切"。

译文：avoid *a one-size-fits-all approach*。(*China Daily*, March 7, 2022)

该语段采用归化策略下的意译方法。同样指要坚持具体问题具体分析，如果采用相同的与"刀"有关的表述、以中国人习惯的"一刀切"加之译入语受众，可能会令译文读者对中国产生和"暴力"相关的错误认知。因此，运用意译法中的套译法，借用目标语中含义高度相似的惯用语进行表述，②以类似穿衣穿鞋的尺码不合替换"一刀切"的概念表述，以此实现概念对等，有助于译入语受众理解、认可我国具体问题具体分析的主张。

例 6.33：原文：坚决割除毒瘤、清除毒源、肃清流毒。

译文：We remain firm in *fighting corruption, removing its roots, and clearing away its negative influence*. (*China Daily*, March 5, 2022)

该语段采用归化策略下的意译方法，直接对原文进行解释性翻译。译

---

① 龙新元、李秋霞：《"政治等效 + 认知趋同"：认知翻译观视阈下的政治文本翻译研究》，《天津外国语大学学报》2020 年第 5 期。

② 熊兵：《翻译研究中的概念混淆——以"翻译策略"、"翻译方法"和"翻译技巧"为例》，《中国翻 译》2014 年第 3 期。

文对"毒""瘤"等疾病概念进行解释,用政治概念"腐败"让受众理解原文实际所指,这体现了在中英不同的文化环境下,为方便读者理解做出的有效调整。同时对于"毒"的不同阶段也给予了具体化描述,让那些在非中文语境环境下生活的西方受众了解我们需要清除打击的内容。

4. 仿译

例 6.34:原文:在危机中育新机、于变局中开新局。

译文:We need to foster new opportunities amidst crises, *open up new horizons on a shifting landscape*.(President Xi Jinping's Special Address at the 2022 World Economic Forum Virtual Session, January 17, 2022)

该语段英译采用归化策略下的仿译方法。从叙事类型来看,中方更偏向宏大叙事,而西方偏好微观叙事,即将表达具体化、可感知化。通过将"变局"仿译为"动荡的地形","开新局"仿译为"拓展新视野",本句有效地实现了"局面"这一抽象概念的仿译及扩充,并将其具体化,使其更易于理解,达到概念对等,在照顾到受众认知能力的同时也满足了审美上的需求。

(三)概念对等的翻译技巧

1. 分译

例 6.35:原文:中国坚持人民至上、生命至上,筑牢疫情防控屏障,巩固疫情防控成果,最大程度保护人民生命健康,也最大程度稳住了经济社会发展基本盘。

译文:*Putting the people and their lives first, China has built a strong line of defense against the virus, and consolidated the gains made in COVID-19 response*. Thanks to these efforts, we have protected people's lives and health and ensured overall stable performance in economic and social development to the maximum extent possible.(*China Daily*, June 22, 2022)

该语段英译采用归化策略下的分译技巧，将原句中一个完整句子分作两个句子来翻译。"人民至上、生命至上"在翻译过程中采用"put the people and their lives first"即"将人民及其生命放在第一位"，同时以"Thanks to"作为第二个译句的开头，更加强调了中国"以民为本"的重要地位。此外，对于"筑牢疫情防控屏障"也采用"build a strong line of defense"近乎直译的方法，让受众直接联想到将疫情和病毒隔离在外的情形，更显强调作用，以此实现概念对等。这体现了我国在抗疫过程中始终回应人民关切，始终保障人民需求，继而为经济发展提供了稳定的社会基础。

2. 增译

例 6.36：原文：所谓水深鱼归、水多鱼多，这是涵养了税源，培育壮大了市场主体。

译文：*It's like building a deeper pool to farm more fish.* Our tax and fee cut and refund measures have helped to nurture business growth and create more sources of tax revenue.（*China Daily*, March 13, 2022）

该语段英译采用归化策略下的意译方法与增译技巧。此处翻译在"水深鱼归、水多鱼多"后另起一句，并将其目标域"减税降费、补助资金"增译出来，显化目标域和源域的联系，保证了英文语义的连贯一致，在体现中国智慧的同时准确清晰地传达政策信息。这有助于提升受众对于减税降费深刻意义的理解，实现概念对等的认知效果。

例 6.37：原文：下半年，我们将召开中国共产党第二十次全国代表大会，描绘下一个阶段中国发展蓝图。

译文：In the second half of this year, the Communist Party of China will convene its 20th National Congress, which *will chart the course* for the next phase of China's development.（*China Daily*, June 22, 2022）

该语段英译遵循归化策略，运用了增译技巧。本句将"描绘发展蓝图"增译出"规划方向"的指引含义，既使用了旅程类的隐喻，将本来抽象的

"蓝图"概念具体化，使译文读者能够更好地理解党的二十大召开的伟大意义，增进对中国的了解；又使句式和内容更有表现力，是在忠于原文本意的同时作出的升华。

例 6.38：原文：三是深化供给侧结构性改革，实体经济活力不断释放。加大"破、立、降"力度。推进钢铁、煤炭行业市场化去产能。

译文：Third, we deepened supply-side structural reform and steadily unleashed the dynamism of the real economy. We strengthened work to *cut ineffective supply, foster new growth drivers, and reduce costs in the real economy.* We made progress in using market mechanisms to cut capacity in the steel and coal industries. (*China Daily*, March 18, 2019)

该语段英译采用归化策略，运用了增译技巧。首先，此处"破、立、降"概念以三个高度凝练的动词说明供给侧结构性改革所要实现的三个层面的飞跃，即削减低效产能、打造新增长点以及降低成本。如仅追求字词对应，将与"破、立、降"对应的英文单词"break""foster""reduce"罗列出来，译入语受众则无法获得和源语受众相近的认知。因此，译句中采用的"cut""foster"以及"reduce"均是在意义上高度契合中文原文而非拘泥单字，做到了对概念的有效补充，有效地传达了我国高质量发展所凸显的内容。

3.减译

例 6.39：原文：深入研究党为中国人民谋幸福、为中华民族谋复兴的百年历程，深刻认识党同人民生死相依、休戚与共的血肉联系，更好为人民谋幸福、依靠人民创造历史伟业。

译文：We need to revisit the Party's century-long journey in pursuit of happiness for the Chinese people and rejuvenation for the Chinese nation. We must always bear in mind that the *Party and the people are inextricably connected and rise and fall together.* It is only with such understanding that we Party members can better devote ourselves to the benefit of the people and rely on them in our endeavor for greater accomplishments. (*China Daily*, November 17, 2021)

该语段英译采用归化策略下的意译方法与减译技巧。"生死相依、休戚与共"语义存在部分重叠，因此采用直译"紧密联系、不可分割、共同进退"来达到组合效果。此外，"血肉联系"字面意思为血和肉之间相互联结，在中国特色政治话语中指两者有着紧密联系。经过频繁使用，该表述中的概念映射已不为人注意，人们在使用该隐喻表达时的感受和联想通常是类似甚至是相同的。由是，"血肉联系"已沉淀、凝固、稳定为亡喻，或可称现代汉语中的熟语隐喻。熟语中的隐喻是人们长时记忆中凝固化和常规化的概念映现①，受众可直接理解其喻义。因此译文为达到认知等效，无须翻译喻体②，再现"紧密联系"的概念即可。若直译该表述，词语"血"与"肉"则会激活暴力、血腥的场景，唤起译入语受众恐惧、反感、厌恶的情感，不能实现认知等效中的情感相近。因此在译"血肉联系"时，做出减译，采用意译直接将"不可分割"的正面含义展现出来，有效避免了认知上不对等的情况发生。

例 6.40：原文：对推动全党进一步统一思想、统一意志、统一行动，团结带领全国各族人民夺取新时代中国特色社会主义新的伟大胜利，具有重大现实意义和深远历史意义。

译文：This review will help *build a broader consensus and stronger unity in will and action* among all members and rally and lead Chinese people of all ethnic groups in achieving new and great success in building socialism with Chinese characteristics in the new era. (*China Daily*, November 17, 2021)

该语段英译采用归化策略下的意译方法与减译技巧。原文中"统一思

---

① 张辉：《熟语及其理解的认知语义学研究》，军事谊文出版社 2003 年版。
② 龙新元、李秋霞：《"政治等效＋认知趋同"：认知翻译观视阈下的政治文本翻译研究》，《天津外国语大学学报》2020 年第 5 期。

想、统一意志、统一行动"如果采用直译的方法,将"统一"译出三次,可能会被翻译得较为冗杂且部分意思重复,因此本文选择减译的方法,在不改变原文意思的前提下简洁凝练地翻译为"build a broader consensus and stronger unity",易于理解。"具有重大现实意义和深远历史意义"在本文中并没有直译为"has great practical significance and far-reaching historical significance",而是意译为"building socialism with Chinese characteristics in the new era",有"在新世纪建设中国特色社会主义"的意思,采用减译和意译的方法,贴合了译入语受众的阅读习惯。

4.转换

例6.41:原文:截至目前,中国银行境外机构覆盖62个国家和地区,其中包括41个"一带一路"共建国家,是在全球和"一带一路"布局最广的中资银行之一。

译文:To date, BOC's overseas institutions have covered 62 countries and regions, including 41 involved in the Belt and Road Initiative. *It has the most expansive global footprint* among Chinese banks.(*China Daily*, January 28, 2022)

该语段英译采用归化策略及转换技巧。此处将"布局最广"译为"拥有最多的足迹",以具体的"足迹"概念对抽象的"布局"进行替换,译入语受众更易理解和接受。这一替换也很好地承接了上文的"覆盖"概念,让整句语义连贯流畅,将中资银行不断迈进、为"一带一路"发展作出贡献的姿态展现出来,体现了合作共赢的多边发展理念。

例6.42:原文:内地无论是在资源环境,还是在各种自然禀赋,以及产业条件等方面,也都跟香港的专业服务可以找到一个契合点。

译文:Hong Kong can *leverage* the resources, natural advantages, and industrial benefits of the Chinese mainland while offering its professional services in various sectors in exchange, said Zhang.(*China Daily*, December 18, 2021)

该语段英译采用归化策略及转换技巧。原文和译文采用了不同的范畴对中国内地和中国香港之间的资源服务合作模式进行了隐喻化叙事。"契合点"原本指齿轮相互匹配契合的地方，原文意为事物双方相投，志同道合之处。若仍译作"齿轮"概念会给译文读者造成认知障碍，因此译者进行了转换，将"契合点"译成"leverage"——杠杆效应，与原句试图表达的平衡性达成了认知趋同，取得了概念对等的效果。

二、寓意对等

（一）寓意对等的翻译策略

1. 异化

例 6.43：原文：要先把"蛋糕"做大，然后通过合理的制度安排把"蛋糕"分好，水涨船高、各得其所，让发展成果更多更公平惠及全体人民。

译文：To use an analogy, we will first make the pie bigger, and then divide it properly through reasonable institutional arrangements. *As a rising tide lifts all boats*, everyone will get a fair share from development，and development gains will benefit all our people in a more substantial and equitable way.（*China Daily*, January 18, 2022）

该语段采用异化的策略。"水涨船高"生动形象地表现出提升发展成果总量并做好分配工作的积极影响，普惠民众。在翻译过程中对应保留下来这一地道表述，旨在"翻译本土"，彰显文化自信，也达到了直观说明的效果。这种直译还有助于知识文化的迁移，提高翻译的效度和温度，在讲好中国高质量发展故事的同时传播优秀中华文化。

2.归化

例 6.44：原文："众力并，则万钧不足举也。"

译文：As we say in China, *"When people pull together, nothing is too heavy to be lifted."*（President Xi Jinping's Speech at the Leaders Summit on Climate, April 22, 2021）

该语段采用归化的策略，体现了典故中具有中国文化特色的源域，"其英译或难以再现源域，但译文的隐喻寓意应和原文保持一致或对等。"① 原文典故意为"众人一齐出力，即使万钧之重也能举得起来"，这种典故因其文化性和时代性在英译时往往难以还原源域，例如中国古代重量单位"钧"等，因此翻译时侧重对其寓意进行匹配和再现："一起用力没有什么难以举起来"，归化策略的使用更有助于读者精准理解典故本身含义和典故使用者的意图。

（二）寓意对等的翻译方法

1.逐词翻译

例 6.45：原文：中国古人讲："法者，治之端也。"

译文：Ancient Chinese believed that *"the law is the very foundation of governance".*（*China Daily*, January 26, 2021）

该句采用异化策略下的逐词翻译方法。原文典故句式较为简单，可以直接对应到英文中"主系表"的句式结构，因此实现了"形、意"上的对等，同时将"端"进行概念层级上的转换，精确匹配到原文想传达的"法律是治理的基础"的含义，让译文读者能够较好接受这一典故含义以及感受到用典人的意图，实现译文忠于原典内涵，达到了隐喻寓意对等。

2.直译

例 6.46：原文：中方秉持"授人以渔"理念，通过多种形式的南南务实合作，尽己所能帮助发展中国家提高应对气候变化能力。

---

① 吴瑾宜、汪少华：《中国特色话语英译的认知等效探讨》，《贵州社会科学》2022 年第 5 期。

译文：As we in China often say, *It is more important to show people how to fish than just giving them fish.*" China has done its best to help developing countries build capacity against climate change through various forms of results-oriented South-South cooperation. (President Xi Jinping's Speech at the Leaders Summit on Climate, April 22, 2021)

该语段英译采用异化策略下的直译方法。原句只保留中国古语"授人以鱼，不如授人以渔"的后半部分，但源语受众可自行体悟完整寓意。本句增译将其含义扩充完整，再现了典故中潜藏的逻辑关系，译入语受众得以借助典故的隐喻寓意理解中方帮助发展中国家提高应对气候变化能力的原因，从而深刻感受到中国的负责任大国形象。

3. 意译

例 6.47：原文："前事不忘，后事之师。"

译文：We in China believe that "history, if not forgotten, can serve as *a guide for* the future". (*China Daily*, June 22, 2022)

该语段英译采用归化策略下的意译方法。"师"在古代汉语中带有"传道、授业、解惑"的功能，在传统儒家思想中，并非专门从事教学行业才可为师。原文意指可以从历史中汲取经验，突出的是历史对于当下和未来的指引作用。而如果以现代汉语的思维去对应，在英语中，teacher 仅为一种职业，采用 teacher 去译无形中缩小了原文的概念范畴，甚至可能因此带来理解偏差。因此将核心含义"指导"翻译出来便于受众更好地接受中国这句古话，对应在英文语义中有"导游""引路人"含义的"guide"一词，构建起隐喻，在保证原文含义的同时契合目标语受众的认知习惯。

4. 减译

例 6.48：原文："万物各得其和以生，各得其养以成。"生物多样性使地球充满生机，也是人类生存和发展的基础。保护生物多样性有助于维护地球家园，促进人类可持续发展。

译文：As a Chinese saying goes, "*All beings flourish when they live in harmony and receive nourishment from Nature*." Biodiversity makes Earth full of vigor and vitality, and lays the foundation for human survival and development. Protecting biodiversity helps protect Earth, our common homeland, and contributes to humanity's sustainable development. （President Xi Jinping's Keynote Speech at Leaders' Summit of the 15th Meeting of the Conference of the Parties to the Convention on Biological Diversity, October 12, 2021）

该语段英译采用归化策略下的减译方法。该句出自战国思想家荀况所著《荀子》的《天论》篇。意思是天下万物，各自得到各自的和气而生成和成长。本句典故采用中文里常见而英文难以对等的互文句式，因此在"形意"方面做出取舍，用并列句达到部分对等的效果。同时对"生""成"重叠的含义进行整合，表达为"flourish"，而"和""养"又忠于典故含义未作变动，大大提升译入语读者接受度，属于"半译典行为"。

（三）寓意对等的翻译技巧

1. 转换技巧

例 6.49：原文：口言之，身必行之。中国人民讲求以和为贵、协和万邦。

译文：*A commitment, once made, should be delivered*. We Chinese believe that peace is most precious and that there should be harmony among all nations. （*China Daily*, November 11, 2017）

该语段英译采用归化策略及转换技巧。"口言之，身必行之"出自《墨子》，原文为："政者，口言之，身必行之。今子口言之，而身不行，是子之身乱也。子不能治子之身，恶能治国政？"告子对墨子说自己能治理国家、处理政务，墨子告诉他，"政务，嘴上说，身体也必定要实行。"① 这里运用了转换法，将"口言之"这一动作转换为具体的内容，用"commitment"做主语，强调身体力行的重要性，在逻辑关系上遵从了原典故内含的条件关系，但又并未拘泥于具体字词，而是精选核心含义，将"言"的内容明确并作为主语，部分"求真"。兑现承诺属于各个文化背景下普遍认可的价值观，因此在还原用典意图、满足读者接受度方面难度较小，能够较好地让读者感受到中华民族一诺千金的传统美德，有效提升了中国文化在国际舞台上的传播力，实现高质量的"务实"。

2. 增译

例 6.50：原文：中国人讲"烈火见真金"。16 年来，面对惊涛骇浪、风吹雨打，金砖这艘大船乘风破浪、勇毅前行，走出了一条相互砥砺、合作共赢的人间正道。

译文：The Chinese people often say, "*True gold can stand the test of fire.*" Over the past 16 years, the giant ship of BRICS has sailed forward tenaciously against raging torrents and storms. Riding the wind and cleaving the waves, it has embarked on a righteous course of mutual support and win-win cooperation. (*China Daily*, June 23, 2022)

该语段英译采用了归化策略及增译技巧，通过运用增译的技巧实现了寓意对等。原文指在烈火中烧炼才能看出金子的真假，比喻在关键时刻最能考验出人的品质。如不增译出"考验"的含义，一是不符合英文的逻辑外显和完整表达的习惯，二是不符合读者的认知习惯。将"真金"作为主语，以简单的"主谓宾"结构简化了中文原有的条件逻辑，使句子清晰简练。译者将"见"字原本的含义翻译出来，而不是寓于表面直接翻译出来，通过增译补充解释了"烈火见真金"的真正意思，实现了寓意对等。

---

① 方勇译注：《墨子》，中华书局 2018 年版。

例6.51：原文："治国之道，富民为始。"

译文：The key to governance of a country is to *improve its people's lives*. (President Xi Jinping's Speech at the National Poverty Alleviation Summary and Commendation Conference, February 25, 2021)

该语段英译采用了归化策略及增译技巧，实现了寓意对等。中国的高质量发展是全方位、多领域的高质量发展。本句古语第一因其时代性，对于提升百姓的物质生活水平有所侧重，第二是和脱贫攻坚话题紧密结合。在中国的文化和语义背景下，受众不容易局限于"富"，而更容易着眼"道"这一蕴含着综合色彩的词，完成对"治国"与综合提升人民生活水平的联系。但在英文语境下，governance仅能表现治理的含义，语义范围较中国的"治"更窄。如果仍仅翻译出"富民"，目标语言受众容易建立"治理国家只需要提升人们物质水平"的联系，未能全面理解我国高质量发展的理念。因此在增译的过程中对"富民"做出语义的延展，明确传达我国对改善人民综合生活水平的重视。

三、深层架构对等

（一）深层架构对等的翻译策略

1.异化

例6.52：原文：要携手合作，不要相互指责；要持之以恒，不要朝令夕改；要重信守诺，不要言而无信。

译文：In this process, we must *join hands*, *not point fingers at each other*; we must maintain continuity, not reverse course easily; and we must honor commitments, not go back on promises. (President Xi Jinping's Speech at the Leaders Summit on Climate, April 22, 2021)

该语段采用异化的策略。"指责"在英文语境下可以有多种译法，例如"accusation""criticism""find fault with"等，但这些都存在正式程度、范围宽广等方面的细微差异。因此，译文运用受众熟知的身体隐喻，将"指责"形象化，不仅避免了采用诸如"accusation""criticism"等词导致语义范围不一的不足，还使得表达丰满形象，提升传播力。"携手合作"译成"join hands"同样运用了身体隐喻，两者前后呼应实现认知等效，体现我国对求合作、谋发展的重视，实现深层架构中情感和道德的对等。

2. 归化

例6.53：原文：我们要同舟共济，共同实现合作共赢。

译文：We should *tide over difficulties together* and jointly pursue win-win cooperation.（*China Daily*, June 22, 2022）

该语段采用归化策略。"tide"作为动词，英文含义指 to flow as or in a tide[①]，此处翻译考虑到不同民族、受众对于"同舟"可能存在认知分歧，即便存在相近含义表述也有所不同，因此归化策略的使用在此处能够更好地弥补语义上的差别，最大限度地再现原文的含义和意图，这传递了"一同渡过困难"的价值观。同时选取"共同迎接浪潮"的源域，更加贴近英文读者的思维习惯和表达习惯，且增译出"困难"，清晰明了地传达了团结协作的道德价值观，实现了深层架构的对等。

（二）深层架构对等的翻译方法

1. 意译

例6.54：原文：铸牢中华民族共同体意识，既要做看得见、摸得着的工作，也要做大量"润物细无声"的事情。

---

① Merriam-Webster. (n.d.). Tide. In Merriam-Webster.com dictionary, Retrieved August 7, 2022, from https://www.merriam-webster.com/dictionary/tide.

译 文：To foster a strong sense of community for the Chinese nation, we should not only deliver work that can be seen and felt, but also make much *"inconspicuous and subtle efforts"*.（*Global Times*, March 7, 2022）

该语段英译采用意译的方法实现了深层架构对等。"润物细无声"出自《春夜喜雨》。原句："好雨知时节，当春乃发生。随风潜入夜，润物细无声。""润物细无声"引申为默默奉献，属于中文语境下高文化负载性的表达。译文表达铸牢中华民族共同体意识需要将其转化为日常行为，因此这种行为就变成了"不显眼的"和"细微的"，通过意译的翻译方法再现了蕴含中国精神、中国文化的表达典故，从道德和情感上实现了深层架构对等。

例 6.55：原文：但是，我坚信，只要心往一处想、劲往一处使，同舟共济、守望相助，人类必将能够应对好全球气候环境挑战，把一个清洁美丽的世界留给子孙后代。

译文：Yet I am confident that as long as we *unite in our purposes and efforts* and work together with solidarity and mutual assistance，we will rise above the global climate and environment challenges and leave a clean and beautiful world to future generations.（President Xi Jinping's Speech at the Leaders Summit on Climate, April 22, 2021）

该语段英译采用了归化策略下的意译方法，实现了深层架构对等。原文中"心往一处想、劲往一处使"这一具有中国特色且较为复杂的短句在本文简洁译为"unite in our purposes and efforts"，并不改变原文意思且简洁明了。如采用直译成"think of one thing and make effort to one thing together"则略显生硬且无法体现原文的意义，不及本文译法生动自然。"同舟共济"比喻在困难的环境中同心协力，战胜困难。在本文中指中国和其他各国齐心协力共克时艰，采用喻义直叙的方式，形象地描绘出了中国和各国的互相需要、互相帮助。"守望相助"指"抵御盗贼，互相帮助"，即邻近各村落之间守护、瞭望，互帮互助，以对付来犯的敌人或其他灾患。① 在本文中比喻各国团结合作以抵御共同困难风险，采用喻义直叙的方式，直接明了，易于理解。

例 6.56：原文：实践一再证明，任何以邻为壑的做法，任何单打独斗的思路，任何孤芳自赏的傲慢，最终都必然归于失败！

译文：We have been shown time and again that to *beggar thy neighbor, to go it alone, and to slip into arrogant isolation* will always fail. (*China Daily*, January 25, 2021)

该语段英译采用了意译的方法实现了深层架构对等。beggar thy neighbor 指以邻为壑，含义为 relating to or being an action or policy that produces gains for one group at the expense of another。本句中"单打独斗"抛弃了中文重叠的含义结构，直接根据意义译为"独自发展"。"孤芳自赏"成语原义指将自己看作独有的花并自我欣赏，存在隐喻，即指自命清高的人，也指脱离群众。译文根据领导人讲话致辞这一独特的文体特征，重视话语传达的高效性和对国家形象的塑造。"以邻为壑、孤芳自赏"这些中国特色话语中的典故蕴含了中国智慧，使译入语受众体悟到原文合作、包容的情感和道德元素，实现了深层架构在情感和道德方面的对等②，以准确、简明、有力的表达传达中国主张，这背后体现的是我国国家话语的力量。因此直接译为"滑向傲慢的孤立"，符合中文原义，凸显了翻译的力度。准确传达了单边主义、保护主义的危害，也展现了中国在发展道路中的担当和包容。

例 6.57：原文：我们要坚持和衷共济，维护世界和平与安宁。

译文：First, we need to *uphold solidarity* and safeguard world peace and tran-

---

① 方勇译注：《孟子》，中华书局 2010 年版。

② 吴瑾宜、汪少华：《中国特色话语英译的认知等效探讨》，《贵州社会科学》2022 年第 5 期。

quility.（President Xi Jinping's Remarks At the 14th BRICS Summit, June 23 2022）

该语段英译采用归化策略下的意译方法，实现了深层架构对等。"和衷共济"比喻同心协力、克服困难。"衷"在汉语中指内心，如采用直译的方法向目标语受众去解释"内心"，则增加了翻译和理解的认知成本。因此转而采用意译，将"秉持团结"的价值观直接向目标语受众展现，清晰准确地传达了习近平总书记提倡的合作共赢、实现人类命运共同体的理念。深刻阐述了我国高质量发展并不是局限于国内的、单边的，而是着眼世界，谋求共同发展。

2. 减译

例 6.58：原文：让人民过上好日子，是我们一切工作的出发点和落脚点。

译文：To secure a better life for our people is *what we aim to achieve in everything we do*. （*China Daily*, November 13, 2017）

该语段英译采用了归化策略下的减译方法，实现了深层架构对等。"出发点和落脚点"存在一定的语义重叠，同时具有较高的语境程度。因此在翻译时，舍弃这一喻体，直接突出"我们所作一切是为了让人民过上好日子"这一喻义，凸显了原文包含的务实，体现了话语中所蕴含的价值观在道德层面上的对等。这高度还原了原文的政治文化元素，也向译文读者精确传达了我国对于人民生活水平的高度重视，体现高质量发展中对人民生活水平的关切。

3. 仿译

例 6.59：原文：各国削减壁垒、扩大开放，国际经贸就能打通血脉；如果以邻为壑、孤立封闭，国际经贸就会气滞血瘀，世界经济也难以健康发展。

译文：Efforts to reduce tariff barriers and open wider will *lead to inter-connectivity* in economic cooperation and global trade, while the practices of beggaring thy neighbor, isolation and seclusion will only result in *trade stagnation* and an unhealthy world economy.（*China Daily*, November 7, 2019）

该语段采用归化策略下的仿译方法，实现了深层架构的对等。"血脉""气血"属于中国文化特有的表达，源于传统中医理论。采用归化策略更有助于跨越文化上的鸿沟。因此本句在翻译时，突出其喻义即"国际贸易提升互联互通、以邻为壑导致贸易停滞"的含义，舍弃中医相关的源域，跨越了翻译中难以调和的鸿沟，保障了读者对我国贸易方面开放包容主张的理解，有助于提升我国国家话语在国际舞台上的被认可和接受程度。

（三）深层架构对等的翻译技巧

1. 转换

例 6.60：原文：反对恃强凌弱，不能谁胳膊粗、拳头大谁说了算，也不能以多边主义之名行单边主义之实。

译文：The strong should not bully the weak. Decision should not be made by simply *showing off strong muscles or waving a big fist*. Multilateralism should not be used as pretext for acts of unilateralism.（*China Daily*, January 26, 2021）

该语段采用归化策略及转换技巧。此处采用"胳膊粗、拳头大"的具体形象描述恃强凌弱，在英译中更是对其进行补充，将形容词转化为动词，描述了"炫耀肌肉""挥舞拳头"的画面，更加形象地还原了恃强凌弱的含义，不易产生理解偏差。将"胳膊"转化为更为具体的"肌肉"，直观且贴近译入语读者的认知思维，传达了中方坚持的义利观和道德观，以此实现深层架构的对等。

四、感情色彩对等

（一）感情色彩对等的翻译策略

1. 异化

例 6.61：原文：脱贫攻坚战取得了全面胜利，中国完成了消除绝对贫困的艰巨任务。

译文：Victory in the *battle against poverty* is complete, and China completed the arduous task of eliminating extreme poverty.（President Xi Jinping's Speech at the National Poverty Alleviation Summary and Commendation Conference, February 25, 2021）

该语段采用了异化策略。不同文化语境下，不同受众对于宣战、战胜困难存在概念认知上的重合，因此"脱贫攻坚战"在此处运用了战役隐喻，早期西方媒体在报道中也常用战役隐喻使报道更具有动员性，或者使情感表达更加强烈。战役隐喻具有对抗性和紧迫性，译文中的"脱贫攻坚战"说明了中国在精准扶贫、实现全面建成小康社会方面具有坚定的信念，证明实行的政策是有效的，以此实现感情色彩对等。

2. 归化

例 6.62：原文："相通则共进，相闭则各退"。

译文：Economies make *progress* through exchange and inter-connectivity and *fall behind* because of *seclusion and closedness*.（President Xi Jinping's Keynote Speech at the Opening Ceremony of the First China International Import Expo Shanghai, November 5, 2018）

该语段采用归化策略。"相闭"在原文中指经济体之间不通往来，门户关闭，存在一定程度的隐喻色彩，因此采用"closedness"还原该隐喻、展现原文含义；同时运用增译方法，补充"seclusion"这一在英文语境中感情色彩对等的词语，突出门户关闭后与世隔绝、孤立无援的状态，展现出"相闭"的严重后果和不可取。此外，译文中"progress"表达了前进、进步的含义，相对的"fall behind"意为落后、跟不上，在此语境下，二者却带有明显的感情色彩。为了使译入语受众更好地理解原文的意思，采用归化翻译策略，将难以理解的"相通则共进、相闭则各退"归化为合作使人进步与封闭使人落后，体现了我国在谋求高质量发展过程中所秉持的开放包容、携手共进的深层价值理念。

（二）感情色彩对等的翻译方法

1. 直译

例 6.63：原文：中国一直是全球可持续发展议程的积极参与者和贡献者，如今，已经是时候承担起全球绿色议程"引领者"的角色。

译文：As a good participant and contributor to the global sustainability agenda, it is now the time for China to be more active and become *a torchbearer* in the global green agenda.（*China Daily*, June 17, 2022）

该句采用异化策略下的直译方法。"引领者"作为一个抽象化的概念，不容易让受众明确理解其所代表的含义；翻译文本中将"引领者"替换为"火炬手"，化抽象为具体。火炬手在西方文化中具有神圣的意义，具体到奥林匹克文化，火炬手是指负责传递奥林匹克圣火、展现奥林匹克精神的人员，因此可以看作褒义词。译文中将中国承担的角色直译为火炬手，实际上是对中国为世界发展作出努力的一种肯定。正是如此，中国更应该将促进全球发展的奉献精神传递下去，有了传递这一概念，翻译成"引领者"则不适用，译文体现了我国对外翻译的正向输出，在文化价值观上实现了感情色彩对等。

2. 意译

例 6.64：原文：我是本地人，对家乡有一种故土情怀，有政府这么好的政策引导，也想在家乡闯出自己的一番事业。

译文：I am a local, I *feel some kind of belonging to my hometown*. With the local government administering such *good* policies, it also made me want to create my own business opportunities in my hometown.（*China Daily*, July 7, 2020）

该语段英译运用意译的方法，实现了感情色彩对等。"故土情怀"是富有中国特色的表达，家国情怀是中华传统文化的精髓所在。① 与西方罗马法治文明不同，以血缘关系为纽带的宗法制贯穿了整个中国古代史，宗法血缘关系构成了中国古代社会的基层社会关系。② 在文化观念不对等的情况下，译者采用意译的方法更加合适。此处译文侧重还原表述者的感情色彩和立场，因此译为"归属感"，准确实现了整句感情色彩的对等，避免译文读者解读失当。归属感是能够被各个语境下人们理解、共情的表达，也拉近了读者和此处叙事者的距离，能够帮助受众体会到中国人民回归家乡、奉献家乡的深厚情愫。

3. 仿译

例 6.65：原文：……对于更多的人来说，励精图治，发愤图强，以中国的繁荣昌盛为己任，尽短时间使整个国家"脱贫"，尽短时间使中国立于发达国家之林。

译文：China lags behind developed countries in some areas. I will leave it to the historians to explore the reasons why. The people are interested in more urgent and practical matters. *Working hard to strengthen the country*, they have made a thriving and prosperous China their mission. They are dedicated to helping China escape from backwardness as quickly as possible and want to ensure that China will soon stand among the ranks of developed nations.（Up and out

---

① 詹德斌：《试析中国对外关系的差序格局——基于中国"好关系"外交话语的分析》，《外交评论（外交学院学报）》2017 年第 2 期。

② 曾宪义、马小红主编：《礼与法：中国传统法律文化总论》，中国人民大学出版社 2012 年版。

of Poverty, 外文出版社，2016)

　　该语段英译采用归化策略下的仿译方法，实现了感情色彩的对等。"励精图治"意为努力振奋精神，治理好国家或干好事业，其更为具象的含义层级为"不断努力，提升综合国力"。因此翻译时将励精图治的概念生动化、具体化，展现中国人民为国家而奋斗奉献的美好姿态。同时原文中"脱贫"的实际概念大于"物质上脱贫"，侧重的是整个国家在各个方面飞跃性的进步。译文精确把握到背后含义，首先采用"escape"这一有力的动词，还原"尽短时间"的含义；其次运用"旅程"隐喻化翻译的手法，用"摆脱滞后"对应"各方面的进步"。句式上的调整使得英文语段可读性更强，更好还原了原文昂扬的感情色彩。

（三）感情色彩对等的翻译技巧

　　1. 增减译

　　例 6.66：原文：要提倡公平公正基础上的竞争，开展你追我赶、共同提高的田径赛，而不是搞相互攻击、你死我活的角斗赛。

　　译文：We should advocate fair competition, *like competing with each other for excellence in a racing field, not beating each other on a wrestling arena.*（*China Daily*, January 26, 2021）

　　该语段采用归化策略下的增、减译技巧，实现了感情色彩对等。本句首先对原句进行逻辑和句式上的整理，"开展田径赛""不搞角斗赛"实际上分别对应前句的具体要求，是概述和具体的关系，因此增译"like"，使句子间的逻辑链更加清晰，有助于译文读者理解。此外，对于"你追我赶、你死我活"这类带有相对负面感情色彩的表达，采用减译使译文简洁明了，仅传达核心含义以避免误解误读。对田径场增译"追求卓越"，补充其感情色彩和外延内涵，这是典型的从产出和接收双重角度斟酌的翻译典范。

2.转换

例 6.67：原文：党和人民百年奋斗，书写了中华民族几千年历史上最恢宏的史诗。

译文：The endeavors of the Party and the people over the past century *represent the most magnificent chapter* in the millennia-long history of the Chinese nation.（*China Daily*, November 12, 2021）

该语段采用归化策略下的转换技巧。"书写恢宏史诗"属于政治文本中常见的高文学性、高情感性的表述，也是中国宏大叙事下的产物。史诗的本质也是文学题材，篇章则是文学书目的常见构建方式，因此整体上二者呈现宏观和具体的关系，在翻译时将其范畴下移，匹配西方微观叙事口径，以极为通俗常见的书的篇章"chapter"，即史诗更为具体的概念层级进行传达，能够减轻译入语受众的认知成本，突出了党和人民百年奋斗的壮美姿态和伟大成就。

第三节　经济高质量发展故事的话语传播分析

本节主要通过对外媒有关经济高质量发展的话语进行批评架构分析，首先描述外媒话语的语言特征，然后归纳出积极的和消极的表层架构，重点考察经济高质量发展话语的对外传播状况。

一、语言特征描述

下文考察的媒体主要是英语国家媒体，如英国的《泰晤士报》（*The Times*）、《卫报》（*The Guardian*），美国的《今日美国》（*USA Today*）、《纽约时报》（*The New York Times*）。以"双碳""双循环""高质量发展""扶贫""可持续发展"这些关键词的英译版为检索词，检索到的相关报道篇数详情如表 6.10 所示。

表 6.10　英语国家媒体有关"经济高质量发展"的报道情况 ①

序号	术语（中文）	术语（英文）	英国 The Times	英国 The Guardian	美国 USA Today	美国 The New York Times	总数
1	双碳	*peak carbon emissions and carbon neutrality*	2	19	0	2	23
2	双循环	*dual circulation*	4	1	0	0	5
3	高质量发展	*high-quality development*	6	0	0	0	6
4	扶贫	*poverty reduction*	2	0	26	3	31
5	可持续发展	*sustainable development*	65	45	46	8	164
总计			79	65	72	13	229

具体分布比例如图 6.5 所示。

梳理语料，通过数据分析，发现关于"高质量发展"，报道中主流方向一致，同时在一定的国际背景下根据官方意图具有各自的特征。*The Guardian* 比较重视健康环境等问题，因此"双碳"和"可持续发展"占比较大。*The Times* 和 *The New York Times* 属于综合型报纸媒体，涉及多方面内容，其中 *The New York Times* 作为美国高级报纸有一定的公信力，其相关报道在上述四类报纸中所占比重较小，*The Times* 注重客观和事实。显然，可持续发展是全世界均关注的话题，因此在二者中占比相对较大。*USA Today* 的报道大多具有轻松愉快的风格，简短精

---

① 该表格中的篇数和词数为语料收集后，筛选剔除外媒转述性的文章，得出的数据。图 6.5 情况相同。

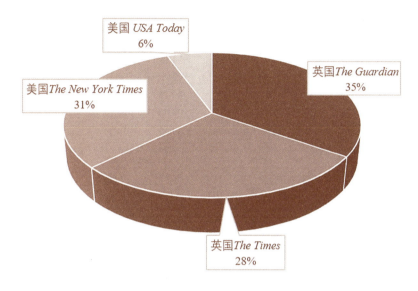

图 6.5 英语国家主要媒体有关 "经济高质量发展" 的报道分布比例

练且更加关注民生，因此关于扶贫的报道数量明显多于另外三类主流报刊。报道中主要凸显了低碳环保、精准扶贫、高质量发展、新能源运用等相关信息。报道中 "China" "climate" "world" "development" "global" "economic" "environment" "cooperation" 等词出现的频率较高。该小型语料库与 BNC 参照语料库做对比后得出语义域图 6.6。

经过 Wmatrix 的初步统计，可以看出，比较凸显的语义域有：地理、金钱、经济、交流、变化等。结合语境和词汇共现情况，可以梳理出以下几组有意义的语义域。

表 6.11 "经济高质量发展" 相关的外媒评论语料语义域表

Item	O1	% 1	O2	% 2	LL	LogRatio	Semtag
W5	212	0.52	225	0.02+	770.30	2118.41	Green issues
Z2	1389	3.38	14502	1.50+	674.05	125.51	Geographical names
W4	273	0.66	770	0.08+	612.34	734.76	Weather

续表

Item	O1	%1	O2	%2	LL	LogRatio	Semtag
G1.1	492	1.20	3542	0.37+	452.18	227.04	Government
W1	236	0.57	912	0.09+	420.05	509.27	The universe
M7	627	1.52	5888	0.61+	376.11	150.72	Places
I1.1-	111	0.27	242	0.02+	291.08	979.93	Money: Lack
A2.1+	394	0.96	3939	0.41+	209.28	135.50	Change
W3	336	0.82	3466	0.36+	167.29	128.24	Geographical terms
Q2.1	530	1.29	7024	0.73+	138.57	77.66	Speech: Communicative
I2.1	233	0.57	2634	0.27+	94.37	108.27	Business: Generally
F4	105	0.26	912	0.09+	72.37	171.07	Farming & Horticulture

如表 6.11 所示，环保类、地理类、政府类、资金类、商业交易类、农业类等词出现的频率比较高。具体而言，环保这一项包括的词汇有："green""recycle""energy"等，商业交易这一项包括的词汇有："buy""sell""bargain"等。总体而言，外媒的报道表明了其对中国的发展政策持中立态度。如 *The New York Times* 在 2015 年提到了"renewable energy""less carbon-intensive energy""energy efficiency"等，指出政府在市场调节方面有助于保护环境，增加对可再生能源和碳密集度低的能源的开发和使用，以及投资使能源利用效率提升。这里强调的是中美双方作为两个最大的污染排放国，应当携手合作共同应对未来的问题。又如 *The Guardian* 在 2020 年有关贸易方面的报道中，用了"game changer"这个表述，指出美国贸易战中对关税的制定将有利于向中方出售牛肉，因此制定者得到一个"game changer"的称号，实质上是对政策的调侃。报道中用相对客观的态度阐述了双方关系。从报道时间变化可以看出，随着国际局势的变化，报道的内容和导向随之变化，相比 2015 年偏向积极的表达，2020 年的报道较为负面。

图 6.6 "经济高质量发展"相关的外媒评论语料语义域图

二、积极的表层架构

（一）机会类

在支持"可持续发展"倡议的外媒报道中，"opportunity""chance""potential"等词高频出现，激活了机会架构。

例 6.68：Officials have pinned their hopes of economic recovery on Chinese consumers, part of the "*dual circulation*" policy promoted by *China*'s leader, Xi Jinping, as a way to insulate the country from trade disputes and other external risks.（*The Guardian*，October 1，2020）

在例 6.68 中，习近平总书记推动的"dual circulation"激活的是机会架构，如"have pinned their hopes of economic recovery on Chinese consumers"，国外官员们将经济复苏的希望寄托在中国消费者身上，这是总书记推动的"双循环"政策的一部分，是使中国免受贸易争端和其他外部风险影响的一种方式。"双循环"新发展格局中"以国内大循环为主体"，要求把经济高质量发展的立足点主要放在国内；"国内国际双循环相互促进"则要求我们在发展好内循环的同时更要主动引领、积极参与更高层次的国际交流与合作。因此，外媒对中国疫情后的"双循环"政策推动经济发展给予一定的肯定与支持。

例 6.69：Amid rising public sentiment against pollution, however, Xi claims to have made sustainable growth a top priority. He also harbours an ambition to reshape the world order and aspires to be a global leader to rival Washington, or even to overtake the US, especially after President Trump withdrew from the Paris climate deal and left a leadership void. President Biden has since rejoined the global agreement but Xi has seen the *chance* for China to be an influential player. (*The Times*, April 22, 2021)

在例 6.69 中，英国媒体直述了习近平主席的观点，并使用了较多的机会类表达，激活了机会架构，如"have made sustainable growth a top priority""harbours an ambition to reshape the world order""seen the *chance* for China to be an influential player"等，在公众对污染问题的情绪日益高涨的情况下，习近平主席称已将可持续增长作为重中之重。中国作为最大的发展中国家，大国外交也必须要体现责任观，因此需要承担重塑世界秩序的责任。"rival"译为"赶上""超过"，尤其是目标一致时想超过他人，在情感方面更偏向于正面。报道中用"rival"和"overtake"等词表明了中方在承担责任方面具有异乎寻常的进取心。英国媒体的相关表达均表现了其对中国可持续发展前景的肯定与认可。

例 6.70：As countries of global influence, both China and the UK need to contribute more to human progress. There is *enormous potential* for cooperation on biodiversity and climate between the two, including working with the rest of the world to promote policy dialogue, coordination and practical cooperation. The people in both countries *stand to gain*. So will all life on Earth. (*The Guardian*, October 2, 2021)

在例 6.70 中，外媒指出作为具有全球影响力的国家，中国和英国都需要为人类进步作出更多贡献。两国在生物多样性和气候方面的合作潜力巨大，包括与世界其他地区合作促进政策对话、协调和务实合作。中英应加强在新能源、低碳城市、绿色金融、"一带一路"等领域的合作，助力两国绿色复产，带动全球绿色复苏。外媒使用的机会类表达如"enormous potential""stand to gain"激活的是机会架构，表明了外媒对于中国带头推动可持续发展的积极态度。

例 6.71: The UK environment minister Zac Goldsmith said "We have an enormous *opportunity* at this year's biodiversity conference in China to forge an *agreement* to protect at least 30% of the world's land and ocean by 2030. I am hopeful our *joint ambition* will curb the global decline of the natural environment, so vital to the survival of our planet."（*The Guardian*, January 11, 2021）

通过引述英国环境部长的表述，英媒对在中国举办的生物多样性大会表达了肯定和支持，并且采用"opportunity"等词激活了机会架构。在例 6.71 中，"opportunity"激活了机会架构。外国媒体指出在中国举行的生物多样性大会是一次非常好的契机，有助于保护世界上的陆地和海洋资源，遏制全球自然环境的恶化。在中国举办的生物多样性大会探讨的不仅仅是世界上部分地区的自然生态环境，更是全球每一处的生态环境，这与世界各国息息相关。自然环境是人类追求更高层次发展的基础，此次大会的召开关乎着世界整体的未来发展，意义重大。

例 6.72：Hove said Beijing saw a "*huge investment opportunity*" in exporting low-carbon technology such as high-speed rail, solar power or electric vehicles to developing nations in Africa, south Asia and Latin America. "This is a 20–30-year mission to develop [clean] markets," he said.（*The Guardian*, January 19，2017）

在例 6.72 中，霍夫说，北京看到了向非洲、南亚和拉丁美洲的发展中国家出口高速铁路、太阳能或电动汽车等低碳技术的"巨大投资机会"，这是一项 20—30 年的使命，旨在开发清洁市场。"huge investment opportunity"等表达体现出英媒对北京高速铁路、太阳能或电动汽车等低碳技术，以及对中国推动开发清洁市场的认可。

（二）友谊类

在支持全球化倡议的外媒报道中，友谊类词高频出现，如"phenomenal relationship"激活了友谊架构，见例 6.73。

例 6.73：Anthony Scaramucci, a Trump transition aide and the only member of Trump's team to attend the forum, said the administration wants to work with China. "We want to have *a phenomenal relationship* with the Chinese, but if they really believe in globalization and the words of Lincoln, then we need to find a way to get more symmetry in trade deals," he said.（*USA Today*, January 18，2017）

在例 6.73 中，"have a phenomenal relationship"激活了友谊架构，表达出美国对于中美建立友谊的期许，特朗普过渡助手安东尼·斯卡拉穆奇（Anthony Scaramucci）是特朗普团队中唯一一位参加论坛的成员，他说，政府希望与中国合作。上文指出，"我们希望与中国建立一种非凡的关系，但如果他们真的相信全球化和林肯的话，那么我们需要找到一种方法，在贸易协议中实现更大的对称性。"这表达了在 2017 年，美国在全球化大背景下愿与中国建立友谊，在经济贸易上实现合作的积极态度。

（三）帮助类

在支持"扶贫"倡议的外媒报道中，"strengthen""help"等帮助类词高频出现，如例 6.74。

例 6.74：We are also doing what we can to *help* build up climate response capabilities in developing countries. From supporting Africa in monitoring the climate system with satellite technology and building low-carbon pilot zones in south-east Asia, to introducing energy-saving bulbs to small island countries, China's cooperation with less developed regions of the world has produced tangible results. (*The Guardian*，October 27，2021)

例 6.74 是外媒转述的中国表达：我们还在尽我们所能帮助发展中国家提升气候应对能力。从支持非洲用卫星技术监测气候系统，在东南亚建设低碳试验区，到向小岛屿国家推介节能灯泡，中国与世界欠发达地区的合作取得了实实在在的成果。帮助类词"help"的出现，表达了中国助力世界欠发达地区发展的努力。

（四）合作类

英媒在关于"中国将履行其气候承诺"的报道中，提出中英两国应当加强合作和交流，携手应对气候问题，促进双方发展。通过"work together"等表达激活了合作架构，表达了其对中国气候承诺的肯定。

例 6.75：China and the UK should *work together* to implement the important understanding between the leaders of the two countries, so as to strengthen the synergy between Cop15 and Cop26, contribute to a successful conference in Glasgow, and promote full and effective implementation of the Paris agreement. (*The Guardian*, October 27，2021)

在例 6.75 中，"work together"激活了合作架构。在中英合作关系中，英媒对其表示了肯定和支持。在面对气候问题的挑战时，中英应共同努力，落实好两国领导人达成的重要共识，推动相关会议取得成功，同时也要推动《巴黎协定》全面有效落实。两国在气候问题上有许多共同的目标和相互补充的资源。两国的共同努力不仅会使彼此受益，而且也将对全球应对气候挑战的策略产生影响，这些均体现了外媒对中英合作的积极评价。此外，在这篇报道中，英媒也转述了习近平主席根据气候问题提出的一些政策和号召，并通过"joint effort""sustainable development"等表达激活了合作架构，表示了肯定。中英等国在生态方面有着许多共同目标，生态的维护和发展需要世界各国的努力。没有哪个国家能够脱离生态而存在，在这种情况下，各国更要与志同道合的国家建立伙伴关系，促进世界和谐发展。

例 6.76：The party *cares about* the future of humanity, Xi says, and he wants to *move forward* "with all progressive forces around the world" in the realms of global development and to preserve global order, and peace. (*The Guardian*, July 1，2021)

在例 6.76 中，英媒在"中国共产党成立一百周年庆典"的报道中，通过转述习近平主席的话语，中肯地传达出了中国希望世界各国携手共建和谐秩序的美好诉求，"cares about""move forward"等表达了其对中国的肯定。习近平主席倡导世界所有进步力量共同推动全球发展，维护国际秩序与和平。国际秩序的共建和维护需要世界各国的努力，而这也正是世界友好相处，促进地区和平、进步和繁荣的精神所在。没有一个国家能够脱离世界独立存在，正如没有一个国家能够免于全球挑战一样，任何一个国家也没有资源或者单独解决它们的能力。无论在何种情况下，世界各个国家都需要携手共进，加强合作，方能实现共同利益的最大化。

第七章
讲好中国故事之"一带一路"国家话语分析

第一节 "一带一路"故事的话语建构分析

本节以 *China Daily* 有关"一带一路"的报道为例,对其语料进行分段收集,总计五个阶段,如表 7.1 所示。第一阶段为 2013 年 9 月 7 日共建"一带一路"提出至 2015 年 12 月 24 日亚洲基础设施投资银行成立,第二阶段为 2015 年 12 月 25 日至 2017 年 1 月 22 日美国总统特朗普决定退出 TPP,第三阶段为 2017 年 1 月 23 日至 2018 年 11 月 5 日首届中国国际进口博览会召开,第四阶段为 2018 年 11 月 6 日至 2021 年 7 月 1 日中国共产党成立 100 周年,第五阶段为 2021 年 7 月 2 日至今。划分这五个阶段的依据是自提出至今的历时发展过程中具有一定影响力的国内外大事件。如:亚洲基础设施投资银行的成立为"一带一路"基础设施建设提供了资金支持和保障;美国退出 TPP 对"一带一路"产生了影响;首届中国国际进口博览会召开为"一带一路"各国展示发展成就、促进合作提供了新平台;以及习近平总书记在庆祝中国共产党成立 100 周年大会上提出,在新征程上"推动共建'一带一路'高质量发展,以中国的新发展为世界提供新机遇"①。对比英国国家书面语料库 British National Written Corpus,

---

① 习近平:《在庆祝中国共产党成立 100 周年大会上的讲话》,《人民日报》2021 年 7 月 2 日。

简称 BNC），历时梳理出 *China Daily* 有关"一带一路"的报道在五个阶段较为凸显的语言特征。通过统计，发现自共建"一带一路"提出以来，不同阶段的报道主流方向一致，在一定的国际国内背景下根据官方意图也凸显出各自的特征。

表 7.1 *China Daily* 有关"一带一路"报道的语料收集情况 [①]

	时间阶段	篇幅数	词数
China Daily 语料	2013.9.7—2015.12.24	285	174942
	2015.12.25—2017.1.22	244	141406
	2017.1.23—2018.11.5	6132	5435417
	2018.11.6—2021.7.1	3059	1151883
	2021.7.2 至今	796	710061

（一）历时主题特征分析

1.第一阶段

第一阶段的报道选取了 285 篇，总计 174942 词。这一阶段是共建"一

图 7.1 *China Daily*"一带一路"第一阶段报道的语义域图 [②]

---

① 该表格中的篇数和词数为语料收集后，筛选剔除与该主题相关度低的文章，得出的数据。

② 该图从 Wmatrix 软件中直接导出。本章中图 7.2、图 7.3、图 7.4、图 7.5 以及表 7.6、表 7.7、表 7.8、表 7.17 情况相同。

带一路"提出的初始阶段，报道中主要凸显了复兴民族、建立新秩序的信息。报道中"recovery""revive""world order""strategy"出现的频率较高。该小型语料库与 BNC 书面语料库做参照对比后，得出图 7.1 语义域图。

从图 7.1 可以看出，比较凸显的语义类有：商业、交流、帮助、参与、交通工具、建筑、机遇等。结合语境和词汇共现情况，可以梳理出以下几组有意义的语义域（见表 7.2）。表中的"O1"和"％1"指示这些语义域在 *China Daily* 第一阶段的语料库中的频率和相对频率，"O2"和"％2"指示这些语义域在 BNC 书面语料库中的频率和相对频率，其超常使用频率见"+"所示，其显著性程度见"LL"值（LL 值≥ 6.63 说明显著性高）。按照 LL 值，语义域排列如下。

表 7.2 *China Daily*"一带一路"报道第一阶段的语义域表 [①]

Item	O1	％1	O2	％2	LL	LogRatio	Semtag
M3	2440	1.39	2171	0.22 +	3505.09	2.64	Vehicles and transport on land
S8+	3197	1.83	4225	0.44 +	3259.63	2.07	Helping
A9	274	0.16	11	0.00+	939.16	7.11	Getting and giving: possession
S1.1.3+	675	0.39	918	0.09 +	667.92	2.02	Participating
A1.8+	680	0.39	1624	0.17 +	296.74	1.21	Inclusion
S1.1.2+	459	0.26	905	0.09 +	281.48	1.49	Reciprocal
A1.4	341	0.19	664	0.07 +	213.22	1.51	Chance, luck
H1	703	0.40	2580	0.27 +	86.00	0.59	Architecture, houses and buildings
S5+	1385	0.79	5811	0.60+	80.99	0.40	Belonging to a group
X2.5+	168	0.10	551	0.06 +	31.97	0.75	Understanding

如表 7.2 所示，交通类、帮助类、参与类、包容类、合作类、机遇类、

① 该表格中各项数值源于 Wmatrix 软件中导出的统计数据。选取标准为 LL 值≥ 6.63 的语义域，这些语义域较为凸显。由于篇幅所限，仅列出 10 条比较有代表性的隐喻性和非隐喻性词汇。下文中表 7.2、表 7.3、表 7.4、表 7.5、表 7.6 参照同样标准。

建筑类、友谊类等词出现的频率较高。

2. 第二阶段

第二阶段的报道选取了 244 篇，总计 141406 词。这一阶段是在亚洲基础设施投资银行成立之后，国际上对共建"一带一路"的关注愈来愈多。报道中"win-win""cooperation""peace""sustainability""benefit""driving the high road""flying into bright future track""fast track"等表达出现的频率比较高。一方面在于澄清部分国际受众对共建"一带一路"的质疑和曲解，另一方面重在传递中国在经济高速发展的过程中意与其他国家互惠互利、合作共赢等积极的意向，通过古丝绸之路唤醒共建国家共同记忆，培育共同的集体情感，提升"丝绸之路"共同体的向心力和凝聚力，凸显"一带一路"本身所蕴含的丰厚文化宝藏和造福共建国家人民的美好愿景，以增强对外传播的感召力。该小型语料库与 BNC 参照语料库做对比后，得出图 7.2。

图 7.2 *China Daily*"一带一路"报道第二阶段的语义域图

从图 7.2 可以看出，比较凸显的语义类有：商业、交流、帮助、参与、交通工具、建筑、合作、机遇、积极评价等。结合语境和词汇共现情况，梳理出以下几组有意义的语义域，见表 7.3。

表 7.3 *China Daily*"一带一路"报道第二阶段的语义域表

Item	O1	% 1	O2	% 2	LL	LogRatio	Semtag
M3	2281	1.61	2171	0.22 +	3821.37	2.85	Vehicles and transport on land
S8+	2579	1.82	4225	0.44 +	2748.11	2.06	Helping
A9	192	0.14	11	0.00 +	708.58	6.90	Getting and giving; possession
S1.1.3+	597	0.42	918	0.09 +	678.43	2.15	Participating
I2.2	1073	0.76	2738	0.28 +	636.98	1.42	Business: Selling
A1.8+	597	0.42	1624	0.17 +	317.10	1.33	Inclusion
S1.1.2+	331	0.23	905	0.09 +	174.19	1.32	Reciprocal
A1.4	221	0.16	664	0.07 +	96.84	1.19	Chance, luck
A5.1+	645	0.46	2905	0.30 +	84.60	0.60	Evaluation: Good
H1	541	0.38	2580	0.27 +	54.02	0.52	Architecture, houses and buildings

如表7.3所示，交通类、帮助类、交流类、参与类、商业类、包容类、合作类、机遇类、积极评价类、建筑类等词出现的频率较高。

3. 第三阶段

第三阶段的报道选取了 6132 篇，总计 5435417 词。这一阶段是在特朗普政府退出 TPP 以后，有些国家对"一带一路"的态度有所转变。我国继续加强宣传共建"一带一路"的原则和宗旨，主动引导国际舆论。"air route""navigate""drive new stage""healthy commander"出现频率比较高。这一阶段的报道中，有关各国见证共建"一带一路"的成绩，并给予积极评价的比较多。报道中"climate""China""change""energy""emissions""development""technologies""gas""greenhouse""renewable""cooperation""ecosystems""resources"等词出现的频率较高。该阶段报道突出绿色发展与合作，尤其关注气候变化、节约能源、低碳减排，以及对新能源的开发利用与合作。同时继续推进中国与"一带一路"共建的其他发展中国家开展科技合作，提高绿色经济意识，强调发展农业并关注自然灾害对粮食生产的影响，不断探索生态建设与经济发展相平衡的新方案。不断加强地域间合作，实现技术转型，更好地节约回收和开发再利用，以最终形成可持续发展与互利共赢的局面。该小型语料库与 BNC 书面语料库做参照对比后，得出图 7.3。

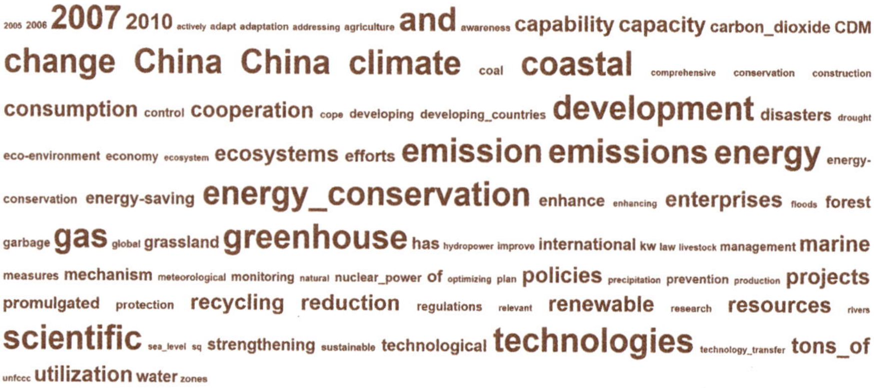

图 7.3 *China Daily*"一带一路"报道第三阶段的语义域图

从图 7.3 可以看出，比较凸显的语义类有：变化、发展、气候、气体排放、能源等。值得关注的变化在于该阶段对技术的强调，旨在突出科技对绿色发展的贡献力，强调技术成果的转换与应用。对能源的关注除了节能减排与控制温室气体排放，也逐渐关注新能源开发的技术革新。和词汇共现情况，梳理出以下几组有意义的语义域，结合语境见表 7.4。

表 7.4 *China Daily*"一带一路"报道第三阶段的语义域表

Item	O1	% 1	O2	% 2	LL	LogRatio	Semtag
W4	209	1.95	770	0.08 +	888.91	4.62	Weather
A2.1+	329	3.07	3939	0.41 +	739.23	2.92	Change
W5	112	1.05	225	0.02 +	587.76	5.49	Green issues
F4	130	1.21	912	0.09 +	409.75	3.69	Farming & Horticulture
Y1	122	1.14	778	0.08 +	404.51	3.82	Science and technology

续表

Item	O1	% 1	O2	% 2	LL	LogRatio	Semtag
W3	182	1.70	3466	0.36 +	273.72	2.25	Geographical terms
S8+	136	1.27	4225	0.44 +	110.10	1.54	Helping
G1.1	115	1.07	3542	0.37 +	94.37	1.55	Government
I4	45	0.42	674	0.07 +	84.65	2.59	Industry

如表 7.4 所示，气候变化类、绿色发展类、科技类、帮助类、政府调控类等词出现的频率较高。

4. 第四阶段

第四阶段的报道选取了 3059 篇，总计 1151883 词。据相关报道，2018 年 11 月 5 日举办的"首届中国国际进口博览会吸引了来自 172 个国家和地区的参展商前来参加，其中，'一带一路'共建国家和地区参展踊跃，达到三分之一，进博会成为连接'一带一路'的贸易高速路，加速中

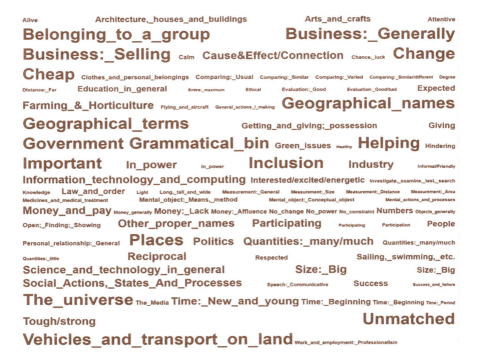

图 7.4 *China Daily*"一带一路"报道第四阶段的语义域图

国和这些国家的经贸合作"①。这在该阶段的相关报道中也有所体现。将该小型语料库与 BNC 书面语料库做参照对比后，得出图 7.4。

由此可见，该阶段报道除了继续强调共建"一带一路"旨在推动发展与合作，还突出了经贸合作议题，涉及市场机遇、商品交易、金融服务、农业交通等方面。同时，继续推进中国与"一带一路"共建的其他发展中国家的基础设施建设合作，尤其是陆上交通设施建设仍然是一大关注重点。此外，也可看出相关主体对共建"一带一路"持积极态度，期待多领域的合作以促进自身经济社会发展。结合语境和词汇共现情况，梳理出以下几组有意义的语义域，见表 7.5。

表 7.5　*China Daily* "一带一路" 报道第四阶段的语义域表

Item	O1	% 1	O2	% 2	LL	LogRatio	Semtag
I2.1	10897	1.00	1086	0.11 +	8309.85	3.17	Business: Generally
I1.1	5937	0.54	1235	0.13 +	2870.37	2.11	Money and pay
A1.8+	7064	0.43	457	0.05 +	3628.67	3.21	Inclusion
I2.2	9877	0.90	2864	0.29 +	3368.67	1.63	Business: Selling
M3	8154	0.75	2115	0.22 +	3173.65	1.79	Vehicles and transport on land
S1.1.2+	2838	0.26	471	0.05 +	1635.16	2.44	Reciprocal
F4	2658	0.24	270	0.03 +	2010.16	3.14	Farming & Horticulture
I1.1-	1577	0.14	165	0.02 +	1177.04	3.10	Money: Lack
X2.6+	1438	0.13	261	0.03 +	776.56	2.31	Expected
M5	938	0.09	269	0.03 +	324.39	1.65	Flying and aircraft

从图 7.4 可以看出，比较凸显的语义类有：商业、资金和支付、陆上交通、农业、航空等。同时，报道中"business""trade""investment""cooperation""companies""market"等词出现的频率较高。

---

① 周武英：《进博会加速"一带一路"经贸合作》，《经济参考报》2018 年 11 月 8 日。

5. 第五阶段

第五阶段的报道选取了 796 篇，总计 710061 词。报道中"development cooperation""economic""trade""pandemic""Hongkong""investment"出现的频率较高。该阶段报道突出与绿色发展相关的项目融资等，不断推进可持续经济发展。同时继续推进中国与亚非地区在经济、医疗、技术方面的合作，并强调发挥中国香港在东盟（东南亚国家联盟）和中国大陆之间的商品贸易中的积极作用，不断促进中国香港大湾区贸易往来。与此同时，中国将投入更大力度对可再生能源开展投资，向参与共建"一带一路"的发展中国家的绿色和低碳发展注入动力。该小型语料库与 BNC 书面语料库做参照对比后，得出图 7.5。

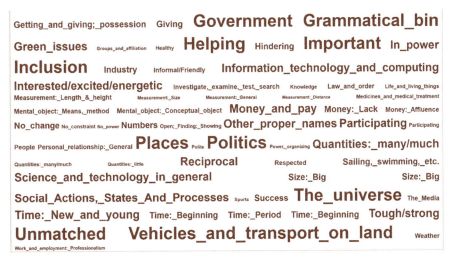

图 7.5 *China Daily*"**一带一路**"**报道第五阶段的语义域图**

从图 7.5 可以看出帮助类、改变类、友谊类、包容类、交通类、因果 / 联结类、绿色环保类、科技类、合作类等词出现的频率较高。结合语境和词汇共现情况，梳理出以下几组有意义的语义域，见表 7.6。

表 7.6 *China Daily*"一带一路"报道第五阶段的语义域表

Item	O1	%1	O2	%2	LL	LogRatio	Semtag
S8+	11871	1.79	2020	0.21 +	12115.61	3.12	Helping
A2.1+	7959	1.20	2031	0.21 +	6457.40	2.53	Change
S5+	6474	0.97	2602	0.26 +	3564.62	1.88	Belonging to a group
A1.8+	2714	0.41	457	0.05 +	2783.58	3.13	Inclusion
M3	4833	0.73	1152	0.22 +	2418.76	1.76	Vehicles and transport on land
A2.2	4468	0.67	1891	0.19 +	2324.06	1.80	Cause & Effect/ Connection
W5	1510	0.23	88	0.01 +	2150.66	4.66	Green issues
Y1	1997	0.30	415	0.04 +	1839.04	2.83	Science and technology
S1.1.2+	2060	0.31	471	0.05 +	1793.79	2.69	Reciprocal
S1.2.5+	1304	0.20	119	0.01 +	1671.73	4.02	Tough/Strong

从表 7.6 可以看出，比较凸显的语义域有：帮助、变化、包容、绿色问题、科技、互惠等。

（二）历时凸显特征分析

为了做更精确的统计，得出更细化的发现，本研究又以 2013.9.7 之后 *China Daily* 有关"一带一路"报道的语料总库（7613709 词）作为参照语料库，对比五个阶段的报道，试图发现细微的凸显特征。统计结果表明：第一阶段的报道中有实际意义的较为凸显的语义特征有：strong obligation or necessity，sports，reciprocal 等。如 strong obligation or necessity 这一类语义的词汇分布见表 7.7。

如表 7.7 所示，"should""need""must""have to" 等情态动词和 "responsibility""necessary""promise""obligation" 等词出现频率较高，说

表 7.7 *China Daily*"**一带一路**"报道第一阶段中的义务类词表

Word	Semtag	Frequency	Relative Frequency		Summary information:
should	S6+	372	0.21	Concordance	Number of types shown: 40
need	S6+	80	0.05	Concordance	Total frequency of types shown: 780 (0.45%)
needs	S6+	72	0.04	Concordance	Total frequency overall: 174942
must	S6+	48	0.03	Concordance	
needed	S6+	30	0.02	Concordance	Number of items shown with a given
responsibility	S6+	22	0.01	Concordance	frequency:
have_to	S6+	21	0.01	Concordance	
commitment	S6+	15	0.01	Concordance	Frequency Types Tokens
necessary	S6+	14	0.01	Concordance	1 15(37.50%) 15 (1.92%)
essential	S6+	14	0.01	Concordance	2 5(12.50%) 10 (1.28%)
responsibilities	S6+	12	0.01	Concordance	3 2 (5.00%) 6 (0.77%)
has_to	S6+	12	0.01	Concordance	4 1 (2.50%) 4 (0.51%)
promise	S6+	8	0.00	Concordance	5 2 (5.00%) 10 (1.28%)
promised	S6+	8	0.00	Concordance	6 (0.00%) (0.00%)
promises	S6+	7	0.00	Concordance	7 1 (2.50%) 7 (0.90%)
much-needed	S6+	5	0.00	Concordance	8 2 (5.00%) 16 (2.05%)
had_to	S6+	5	0.00	Concordance	9 (0.00%) (0.00%)
imposing	S6+	4	0.00	Concordance	10 (0.00%) (0.00%)
've_got_to	S6+	3	0.00	Concordance	> 10 12(30.00%) 712(91.28%)
essentially	S6+	3	0.00	Concordance	
impose	S6+	2	0.00	Concordance	
obligations	S6+	2	0.00	Concordance	
promising	S6+	2	0.00	Concordance	
necessarily	S6+	2	0.00	Concordance	

明这个阶段的报道重点在于向国内外介绍加入共建"一带一路"的必要性。

第二阶段的报道中有实际意义的较为凸显的语义特征有：belonging to a group，giving，plant 等。如 giving 的分布见表 7.8。

表 7.8 *China Daily*"**一带一路**"报道第二阶段中的付出类词表

Word	Semtag	Frequency	Relative Frequency		Summary information:
provide	A9-	75	0.05	Concordance	Number of types shown: 74
provided	A9-	52	0.04	Concordance	Total frequency of types shown: 627 (0.44%)
contribute	A9-	34	0.02	Concordance	Total frequency overall: 141406
give	A9-	31	0.02	Concordance	
providing	A9-	28	0.02	Concordance	Number of items shown with a given
offers	A9-	27	0.02	Concordance	frequency:
offer	A9-	27	0.02	Concordance	
given	A9-	24	0.02	Concordance	Frequency Types Tokens
provides	A9-	22	0.02	Concordance	1 23(31.08%) 23 (3.67%)
offering	A9-	18	0.01	Concordance	2 12(16.22%) 24 (3.83%)
gives	A9-	17	0.01	Concordance	3 5 (6.76%) 15 (2.39%)
issued	A9-	17	0.01	Concordance	4 3 (4.05%) 12 (1.91%)
offered	A9-	17	0.01	Concordance	5 4 (5.41%) 20 (3.19%)
contributing	A9-	16	0.01	Concordance	6 (0.00%) (0.00%)
contributed	A9-	15	0.01	Concordance	7 3 (4.05%) 21 (3.35%)
supply	A9-	12	0.01	Concordance	8 1 (1.35%) 8 (1.28%)
contribution	A9-	12	0.01	Concordance	9 3 (4.05%) 27 (4.31%)
lack	A9-	12	0.01	Concordance	10 1 (1.35%) 10 (1.59%)
partnerships_with	A9-	11	0.01	Concordance	> 10 19(25.68%) 467(74.48%)
partnership_with	A9-	10	0.01	Concordance	
presents	A9-	9	0.01	Concordance	
distribution	A9-	9	0.01	Concordance	
contributions	A9-	9	0.01	Concordance	
provider	A9-	8	0.01	Concordance	

由此可见，第二阶段的报道重在凸显共建"一带一路"为其他国家提供的服务，belong to a group 词类中的"bilateral""joint""partnership""together""partnerships""coexistence"也说明共建"一带一路"把共建各国看成一个团体，凸显了合作共赢。

第三阶段的报道中有实际意义的较为凸显的语义特征有：participation，evaluation，success，animal 等。如 evaluation 的分布见表 7.9。

表 7.9 *China Daily*"一带一路"报道第三阶段中的积极评价类词表

Word	Semtag	Frequency	Relative Frequency	
best	A5.1+++	32	0.02	Concordance
excellent	A5.1+++	11	0.01	Concordance
perfect	A5.1+++	10	0.01	Concordance
ideal	A5.1+++	9	0.01	Concordance
ideally	A5.1+++	6	0.00	Concordance
supreme	A5.1+++	5	0.00	Concordance
world-class	A5.1+++	5	0.00	Concordance
optimize	A5.1+++	4	0.00	Concordance
elite	A5.1+++	3	0.00	Concordance
optimizing	A5.1+++	3	0.00	Concordance
top_10	A5.1+++	2	0.00	Concordance
top_three	A5.1+++	2	0.00	Concordance
greatest	A5.1+++	2	0.00	Concordance
best-quality	A5.1+++	1	0.00	Concordance
optimization	A5.1+++	1	0.00	Concordance
top_five	A5.1+++	1	0.00	Concordance
unsurpassed	A5.1+++	1	0.00	Concordance
top_500	A5.1+++	1	0.00	Concordance
at_its_peak	A5.1+++	1	0.00	Concordance
masterly	A5.1+++	1	0.00	Concordance
best_practice	A5.1+++	1	0.00	Concordance

Summary information:
Number of types shown: 28
Total frequency of types shown: 109 (0.06%)
Total frequency overall: 172127

Number of items shown with a given frequency:

Frequency	Types	Tokens
1	15(53.57%)	15(13.76%)
2	3(10.71%)	6 (5.50%)
3	2 (7.14%)	6 (5.50%)
4	1 (3.57%)	4 (3.67%)
5	2 (7.14%)	10 (9.17%)
6	1 (3.57%)	6 (5.50%)
7	(0.00%)	(0.00%)
8	(0.00%)	(0.00%)
9	1 (3.57%)	9 (8.26%)
10	1 (3.57%)	10 (9.17%)
> 10	2 (7.14%)	43(39.45%)

下文将具体分析 *China Daily* 报道在话语中如何选择使用隐喻性和非隐喻性表达，针对提取出的隐喻性架构和非隐喻性架构，在比较五个阶段报道特征的同时，通过表层架构和深层架构分析，探讨我国讲好"一带一路"故事时的话语选择、译介和传播策略。

二、表层架构分析

报道中选择使用了大量的隐喻性表达。如前文所述，隐喻性架构即含有隐喻性思维的架构，从隐喻性源域架构到目标域架构的映射形成概念隐喻。概念隐喻的本质是用一个事物去理解另一个事物[1]。Kövecse（2002）发现，概念隐喻的最常见的源域包括：人类的身体、动物、植物、建筑、食品、力量等日常事物。[2] 最常见的目标域包括一些概念范畴，如：情感、道德、思想、人类关系、时间等抽象的概念。[3] 这些常见的源域在共建"一带一路"的表达中均有所体现，其中较为凸显的源域有旅程、舞台、建筑、生物、家庭等。

（一）隐喻性表层架构

1. 旅程

在报道中，与旅程相关的表达出现的频率比较高。如"move history award""step up""landmark""speed up""move closer""flow to destination""make headway""green routes""push forward"等。这些表达激活了旅程架构。从旅程架构到"一带一路"架构上的映射形成了"'一带一路'是旅程"这个概念隐喻，即"financial process is a journey or a trip to a destination（经济进展是一个旅程或通往目的地的旅途）"。五个阶段的报道中出现的具体词汇的型符和分布比例如表7.10所示。

从表中"一带一路"五个阶段的报道中梳理出的隐喻性表达的型符数据可以看出，*China Daily* 五个阶段的报道在旅程隐喻的分布上无显著差异。其中，"方法是路径""状态是位置""目标是目的地""路径图式"这几个隐喻所占比重较大，分别为35.33%、15.47%、13.75%、12.34%。说明官方媒体着重描述共建"一带一路"采取的路径及其发展

[1] Lakoff, G. & Johnson, M. (1980). *Metaphors we live by*. Chicago: University of Chicago Press.

[2] Kövecses, Z. (2002). Cognitive-linguistic comments on metaphor identification. *Language & Literature, 11*(1), 74-78.

[3] Evans, V. (2006). *Cognitive linguistics*. Edinburgh: Edinburgh University Press.

状态和目标，这是顺利实施共建"一带一路"的基本保障。出现频率较高的隐喻性词汇有："progress""goal""start""forward""aim""route""corridor""move"等。

表 7.10　*China Daily*"一带一路"报道中的旅程隐喻 ①

隐喻类型	百分比	词汇	第一阶段型符	第二阶段型符	第三阶段型符	第四阶段型符	第五阶段型符
SOURCE-PATH-GOAL schema（路径图式）	12.34%	path	28	26	32	29	27
		progress	60	55	58	58	56
		crossroad	4	2	3	5	3
		landmark	3	5	5	8	6
		goal	79	34	53	37	35
		total	174	122	151	137	127
STATES ARE LOCATIONS（状态是位置）	15.47%	start	105	77	84	80	78
		launch	64	100	99	103	101
		total	169	177	183	183	179
CHANGE IS MOTION（改变是移动）	11.48%	headway	4	6	4	9	7
		step	63	37	53	40	38
		forward	74	58	57	61	59
		ahead	38	12	13	15	13
		total	179	113	127	125	117
PURPOSES ARE DESTINATIONS（目标是目的地）	13.75%	direction	21	11	30	14	12
		destination	35	28	41	31	29
		aim	108	100	128	103	101
		total	164	139	199	148	142

① 本表格为基于软件统计词语的型符后，自制的表格。制作方法参考了 Jonathan Charteris-Black & Timothy Ennis（2001）的范例，本章中的表 7.11、表 7.12、表 7.13、表 7.14、表 7.15 情况相同。

续表

隐喻类型	百分比	词汇	第一阶段型符	第二阶段型符	第三阶段型符	第四阶段型符	第五阶段型符
MEANS ARE PATHS（方法是路径）	35.33%	route	356	300	286	303	301
		roadmap	9	1	3	4	2
		avenue	4	2	3	5	3
		corridor	72	89	110	92	90
		total	441	392	402	404	396
DIFFICULTIES ARE IMPEDIMENTS（困难是障碍）	1.79%	block	3	5	4	8	6
		obstacle	4	6	7	9	7
		difficulties	13	7	6	10	8
		total	20	18	17	27	21
EVENTS ARE MOVING OBJECTS（事件是移动）	9.84%	move	60	23	41	26	24
		speed	87	38	61	41	39
		accelerate	23	22	34	25	23
		total	170	83	136	92	86
total			1317	1044	1215	1116	1068

具体而言，共建"一带一路"的报道体现了三个层次的隐喻，由具体到抽象分别是：经济发展 / 共建"一带一路"的实施是旅程；路径意象图式；事件结构隐喻。

第一，经济发展 / 共建"一带一路"的实施是旅程。源域有一些明显的角色，例如，旅程包含旅行者、交通方式、路线、沿线的风景和障碍物。类似的，目标域包含"一带一路"伙伴，"一带一路"实施的方式、实现的进展、遇到的困难等。共建"一带一路"的参与者成为旅友（partner），借助优越的交通工具（rail, fast track），根据规划的路线前行（green routes），旅友间互相提供帮助和便利（give a ride）。这些概念隐喻有一定的体验基础，并植根于我们每天与世界的互动中。在源域和目标域之间有一个隐喻性链接，包含许多明显的对应和映射。这些映射见图7.6。

源域：旅程	映射	目标域：共建"一带一路"
旅客	⟶	中国和其他伙伴国家
交通工具	⟶	"一带一路"中的经济发展
覆盖的距离	⟶	发展经济实现的进展
遇到的障碍物	⟶	发展经济遇到的困难
岔路口	⟶	转折点
目的地	⟶	共建"一带一路"的目标

图 7.6 "'一带一路'是旅程"的概念映射图

如图 7.6 所示，旅程中的参与者，即旅客对应着中国和其他伙伴国家；交通工具对应着共建"一带一路"中的经济发展；覆盖的距离指中国及其他国家在发展经济中实现的进展、完成目标的情况；遇到的障碍物指中国等在发展经济中遇到的困难，方向指发展目标；岔路口指转折点，在旅程中遇到岔路口，选择方向指中国等国家在发展经济时遇到困难所作出的决定；旅程的目的地指共建"一带一路"的目标。在源域旅程中，旅行者有可能迷路，他们有可能偏离路径，有可能选择了别的路径，有可能成功到达终点，也有可能没有到达终点等。他们有不同的个性特征，在旅程中起到不同的作用，有起规划旅程和引导作用的游客，例如中国；有积极参与的游客，例如中东和中亚地区；也有不甚配合的国家，例如美国、日本和印度。在起点乘坐交通工具向一个方向前行，完成旅程就是实现了目标。旅程可能是坐热气球，可能是潜水，可能是步行。有轻松顺利的旅程可能会获得成功，困难的充满障碍的旅程可能会引起失败。在旅程中如果可以搭便车（take a ride）则有助于事半功倍，尽快到达终点，实现目标。

上述概念隐喻的源域与目标域之间的一一映射会产生蕴含（entailments）和推理（inferences），派生出大量的隐喻性表达。在源域中有的事件在目标域"一带一路"中也可以被推理出来。如例 7.1、例 7.2 和例 7.3。

例 7.1："Internally, China needs to *speed up* the implementation of single-window system and boost trans-department and cross-regional cooperation. Externally, an enhanced customs cooperation among the Belt and Road countries will further promote international trade," Liu said.（*China Daily*, May 28, 2015）

例 7.2：Xi said the world economy, plagued by sluggish global trade and investment, is moving along a twisted *path* to recovery. He said it faces challenges including rising protectionism and fragmentation of rules due to emergence of various regional trade arrangements. China will work with other parties... to address both the symptoms and root causes so that the world economy can move along a *path* of strong, sustainable, balanced and inclusive growth.（*China Daily*, September 4, 2016）

例 7.3：The road connectivity, trade and investment, and mutual understanding between China and its *partner* countries are fast improving. In the Belt and Road Initiative, which embodies responsibility, win-win cooperation and genuine pursuit of common development, the world can find a Chinese answer - in the form of balanced, equitable and inclusive development - to the challenges facing the world today.（*China Daily*, May 17, 2017）

旅程有一系列的过程，首先是开始旅程，如："launch projects""start a new stage of cooperation""start a new globalization process"。在旅程中会采取一定的路线，如"green routes""high speed information corridor""economic corridor""transport corridor""a twist path"等，如在例 7.2 中，受全球贸易和投资疲软困扰的世界经济正在走扭转复苏的道路。面对挑战，中国将与其他各方一起努力，使世界经济走上强大、可持续、平衡和包容性增长的道路（a path of strong, sustainable, balanced and inclusive growth）。在这条道路上，有时需要加速，推进行程。如例 7.1，对内对外，中国均需要加速，以推动跨部门和跨区域合作，加强 "一带一路" 共建国家的海关合作，进一步促进国际贸易。然后是有进展，如 "making steady progress""make marked progress""fruitful/rapid /concrete/steady progress""efficient and integrated progress""remarkable achievements/ concrete achievements"。向前移动代表有进展，做出了成绩，如："move forward""steps up""make headway""push forward"。旅途中会遇到障碍，有旅友相伴能够帮助克服困难，如例7.3，中国与其伙伴国之间的"互通"正在迅速改善。这些国家能够在共建"一带一路"中体现责任，合作共赢、共同发展，共同应对当今世界所面临的挑战。

第二，在报道中，"path"出现的频率很高，不乏"pave a path""a solid path""tramp a path""safeguard a path""bright path"等。Lakoff 和 Johnson 认为意象图式可以作为隐喻映射中的源域。意象图式是知识结构，从先前概念的体验式经验（pre-conceptual embodied experience）中直接浮现而来。这些结构在概念层面上有意义，因为它们源于身体经验层次。在旅程这个源域中，一个重要的意向图式是路径图式，又叫来源—路径—目标图式（SOURCE-PATH-GOAL schema）或移动图式（MOTION schema）。①② 这是最常见的意象图式之一，有坚实的经验基础。它的基本结构包括一个起点（starting point）或移动来源（SOURCE of motion），路径（PATH）和一个目标（GOAL），以及其他额外的元素，如：界标 / 射体（the trajector）、意图目标（intended goal）、界标（the trajectory）、交通工具（vehicle）、速度（speed）、遇到的困难（the difficulties it comes across）、有助的和无助的力量（the forces which act favorably or unfavorably）以及其他可能的界标（other possible trajectors）。这个简单的基本结构暗示了其他重要的概念，如在某个方向有进展（making PROGRESS）、向前移动（FORWARD MOTION）、远距离的旅行

①　Lakoff, G. (1987). *Women, fire, and dangerous things: What categories reveal about the mind*. Chicago: University of Chicago Press.

②　Johnson, M. (1987). *The body in the mind: The bodily basis of meaning, imagination, and reason*. Chicago: University of Chicago Press.

.(DISTANCE travelled）或是高速（speed）移动，路径包括连续的线性移动的空间点（spatial POINTS），可能包括凸显的地标（salient LAND-MARKS）。路径的特征是有十字路口或是岔路口（CROSSROADS or FORKS）。旅行者面临路口，可能会选择和最终目标一致或不一致的方向。面临障碍，可能会绕过去。报道中多次出现"forward""up"等词，这体现了一个普遍的空间和导向隐喻（spatial，orientation）。向前（forward）激活了感知的模拟器（perceptual simulators），如满意和高兴，与朝着渴望的目标移动相关。反过来，"back"激活的是沮丧或失望的模拟器，与远离渴望的目标相关。如在例 7.4 中，亚洲基础设施投资银行和丝绸之路基金呈现的经济合作正在稳步前进，大量的标志性项目正在实施。共建"一带一路"促进了教育、文化、科学、科技等方面的互动。

例 7.4：The financial cooperation represented by the Asian Infrastructure Investment Bank and the Silk Road Fund is making *steady headway*. A number of *landmark* projects are being implemented. People-to-people interactions in the fields of culture, education, science and technology, tourism and commerce are increasing. We should note that the outcomes in terms of speed and scale of the Belt and Road Initiative have been better than expected.（China.org.cn, September 26, 2016）

第三，参考 Lakoff 的事件结构隐喻（Event Structure Metaphor）[1]，在"'一带一路'是旅程"的概念隐喻中，有一系列隐喻构成了事件结构隐喻，具体见表 7.11。

---

[1] Lakoff, G. (1993). The contemporary theory of metaphor. In Ortony, A. (ed.) *Metaphor and thought* (pp. 202-251). Cambridge: Cambridge University Press.

表 7.11　旅程隐喻中的事件结构隐喻类型表 ①

类型	具体
STATES ARE LOCATIONS （状态是位置）	开始行动是开始一段路径
CHANGE IS MOTION （改变即移动）	取得的成绩是旅行的距离，或是距离目标的路程； 有成绩是向前移动； 成绩的数量是移动的距离； 没有能力去行动是没有能力去移动； 没有做出成绩就是向后移动
CAUSES ARE FORCES （起因是力量）	影响行动的力量是影响移动的力量； 对于行为的帮助是对于移动的帮助； 阻碍力量是使人反方向移动
PURPOSES ARE DESTINATIONS （目标是目的地）	成功是到达路径的末端； 缺乏目标就是缺乏方向
MEANS ARE PATHS （方法是路径）	实现目标的不同方法是不同的路径
DIFFICULTIES ARE IMPEDIMENTS TO MOTION （困难是移动的障碍）	旅程中缺汽油、缺乏蒸汽 是人、国家缺乏能量来源
EVENTS ARE MOVING OBJECTS （事件是移动的物体）	外部的事件是大的移动物体； 行为方式即移动方式 可以是小心的移动，或者是疾驰、跑步、跳跃、下降等； 行动的速度是移动的速度
LONG-TERM PURPOSEFUL ACTIVITIES ARE JOURNEYS （长期的有目标的活动是旅程）	计划是虚拟的旅行者，能够在预定的时间到达预先安排的目的地是成功的； 如果落在了计划之后，就需要赶上

如表 7.11 所示，在我们的文化里，生活被设想为有目的的事件，即我们在生活中应该有目标。在事件结构隐喻中，目标是目的地，有目的

---

① 该表格中的内容选自 The Contemporary Theory of Metaphor 这本专著（pp.202-251），略有筛选。

的行为是自我驱动的向目的地移动。有目的的生活是长期的，有目的的行为是旅程。生活中的目标是旅程中的目的地。那么一个国家的经济发展的行为是自我驱动的移动，总之，行为形成了移动的路径。选择一个方法去实现目标就是选择一个到达目的地的路径。经济发展中的困难就是移动中的障碍物。外部的事件是大的移动的物体，可以阻止朝向生活目标移动。报道中不乏"landmark""a fresh start""make headway""head start""reached the end""head for""reach local standard""uphill all the way""trade barrier""rocky road"等表达。"一带一路"中的旅程隐喻几乎利用了所有的事件结构隐喻的结构，经济发展被概念化为旅程。"一带一路"是中国的大事件，是旅程。发展经济是目的，如在例7.5中，亚洲、欧洲、非洲几个国家的旅行者之间建立了旅友关系，在丝绸之路经济带这同一个交通工具上，旅友有共同的目的地，即发展目标。为了一起高效到达共同的目的地，速度快的条件便利的旅行者可以帮助速度慢的条件不便利的旅行者，如例7.6的"提供便车"，中国欢迎其他国家搭乘我国经济快速发展的便车。

例7.5：The Belt and Road Initiative, which comprises the Silk Road Economic Belt and the 21st Century Maritime Silk Road, was brought up by Chinese President Xi Jinping in 2013, with the *aim* of building a trade and infrastructure network connecting Asia with Europe and Africa along the ancient Silk Road routes.（*China Daily*, May 12，2016）

例7.6：Chinese President Xi Jinping said at a symposium on the Belt and Road on Aug 17 that the initiative aims to benefit people along the routes and China welcomes all parties "*taking a ride*" on China's development.（*China Daily*, September 5, 2016）

在上述例子中，中国是这场旅行的引导者（China lead，take a lead）。经济发展是交通工具（vehicle），是"高铁"，说明中国经济发展十分迅速，并且愿意提供便车，带动别的国家。众所周知，汽车在弯道或变道时才容易实现超车，正如当经济处在高速发展的正常的轨道上时，后进的国家赶上发展中国家较为困难，但是当经济发展到一定的程度，处于转型期时，后进国家便有机会赶上或超过其他发达国家，改变以前的"中心——边缘"式依附现象。共建"一带一路"为中东、南亚等国家提供了这种"超车"机遇。后进国家的经济发展如果能够融入"一带一路"，统筹发展，便能够被带动，直接走中国最新最近的路，正如绕过特快、动车，直接提速到高铁。"搭便车""搭快车"所激活的价值观是经济发展中的义利观，这与丝路的历史和现代精神是一致的。正确的义利观不是我赢你输、我多你少，而是共赢，"达则兼济天下"。正因为"一带一路"倡议是开放、包容、共享的便车，所以自提出以来，有越来越多的国家表示积极响应。

此外，上述隐喻映射保存了源域的认知拓扑，即意象图式结构，与目标域的内在结构是一致的[1]。这些隐喻从一个更图式化的隐喻中继承一些结构，Lakoff 和 Turner（1989）称其为抽象层面的隐喻（generic-level metaphor）[2]。恒定性原则确保的是意象图式组织在隐喻性映射中是不变的，即源域的结构必须被映射保存，与目标域的映射一致，这就约束了潜在性的不兼容的映射。[3]隐喻可以透视一个概念或是概念域。潜在的矛盾在于：目标域拥有一个恒定性的"内在结构"，限制可以应用的隐喻性映射和蕴含。认知拓扑和固化的概念结构由已证明的映射保存。恒定性原则也预测了与目标域不相容的隐喻性蕴含不能够

---

[1] Lakoff, G. (1993). The contemporary theory of metaphor. In Ortony, A. (ed.) *Metaphor and thought* (pp. 202-251). Cambridge: Cambridge University Press.

[2] Lakoff, G. & Turner, M. (1989). *More than cool reason: A field guide to poetic metaphor.* Chicago: University of Chicago Press.

[3] Lakoff, G. (1993). The contemporary theory of metaphor. In Ortony, A. (ed.) *Metaphor and thought* (pp. 202-251). Cambridge: Cambridge University Press.

实现映射。这些均说明当源域被特殊的目标域结构化时，会强化目标域的一些方面，同时也隐藏了其他方面。旅程隐喻亦是如此：当"一带一路"被旅程结构化时，这强化了共建"一带一路"下的合作组织和共赢进展的一些方面（step-by step），同时也隐藏了经济竞争的另一面。"一带一路"行的是天下大道，其共享共赢的愿景是习近平总书记一直强调的理念，如例 7.7。

例 7.7 : The Belt and Road are not private exclusive *roads* but wide and open *avenues* for us all.（*China Daily*, May 18, 2016）

报道中一直强调这是一条通向美好的道路，即共同打造"绿色丝绸之路、健康丝绸之路、智力丝绸之路、和平丝绸之路"①。绿色、健康、智力、和平。正如例 7.7 的报道中所言，"一带一路"是开放宽广的大道，而不是私家小路。古丝绸之路是一条贸易和友谊的道路，如今的"一带一路"更是如此。"一带一路"建设不仅仅是关注我国的自身发展，而且是以此为契机，为更多国家提供便车，使他们有机会搭乘中国经济高速发展的列车，共同发展世界经济。中国愿意同各方一道，推动亚洲基础设施投资银行以及其他国际金融机构发挥作用，共同参与"一带一路"建设。

2. 舞台

在报道中，各种各样的"role"出现的频率比较高，这些表达激活了舞台架构。从舞台架构到"一带一路"架构上的映射形成了"共建'一带一路'是舞台"这个概念隐喻，如表 7.12 所示。

---

① 王义桅:《"一带一路"能否开创"中式全球化"》,《新疆师范大学学报（哲学社会科学版）》2017 年第 5 期。

表 7.12　*China Daily*"一带一路"报道中的舞台隐喻

隐喻类型	百分比	词汇	第一阶段型符	第二阶段型符	第三阶段型符	第四阶段型符	第五阶段型符
BELT AND ROAD IS A STAGE （共建"一带一路"是舞台）	54.02%	stage	15	23	32	26	24
		performance	6	19	27	22	20
		solo	12	3	3	6	4
		chorus	10	4	1	7	5
		show	43	44	42	47	45
		total	86	93	105	108	98
STATES ARE ACTORS （国家是演员）	45.98%	performer	2	1	9	4	2
		player	17	8	5	11	9
		important role	21	17	24	20	18
		pioneer role	4	0	0	0	0
		leading role	3	10	4	13	11
		positive role	6	5	4	8	6
		constructive role	6	0	4	0	0
		active role	0	6	11	9	7
		exemplary role	3	0	0	0	0
		bridging role	2	0	0	0	0
		strategic role	2	0	0	1	0
		special role	4	0	0	0	0
		decisive role	2	2	0	0	1
		vital role	4	4	4	7	5
		crucial role	6	2	3	5	3
		major role	2	2	2	2	3
		pivotal role	0	9	4	12	10
		proactive role	0	2	4	5	3
		catalytic role	2	2	0	5	3
		total	86	70	78	102	81
total			172	163	183	210	179

从以上数据可以看出，*China Daily* 五个阶段的报道在舞台隐喻的分布上略呈增高趋势，说明其愈来愈强调中国作为责任大国在世界舞台上扮演的角色。五个阶段均把"一带一路"描述成舞台，"一带一路"是场演

出，在不同的幕中，中国会扮演好相应的角色。如：在第一阶段主要着重于开创角色、示范角色、桥梁角色。第二阶段主要着重于领导角色、中枢角色、主动角色。第三阶段主要着重于杠杆角色、主力角色、积极角色。

舞台隐喻凸显了源域的一些明显的特征，例如，舞台包含演员、道具、节目、表演中的合作互动。类似的，目标域包含着共建"一带一路"的组织者中国和其他伙伴国家，中国和其他伙伴国家的经济发展、在共建"一带一路"中发生的事情、"一带一路"中国家之间的互动等。具体的映射见图7.7。

源域：旅程	映射	目标域：共建"一带一路"
演员	⟶	中国和其他伙伴国家
道具	⟶	中国和其他伙伴国家的经济发展
节目	⟶	在共建"一带一路"中发生的事情
角色	⟶	中国和其他国家所起的作用
完成预计演出	⟶	共建"一带一路"的目标
舞台设计	⟶	"一带一路"的规划
观众反应	⟶	其他国家对"一带一路"的观点

图7.7 "'一带一路'是舞台"的概念映射图

如图7.7所示，角色对应着中国和其他国家在共建"一带一路"中所扮演的角色，即所承担的责任和所起到的作用，完成预计演出对应着共建"一带一路"的目标；舞台设计对应着共建"一带一路"的规划；观众反应对应着其他国家对共建"一带一路"所持有的观点。尤其是在舞台上，演员有各自不同的角色，指所参与的分量不同。根据Goffman（1974），社会和剧院的舞台相似，个人是演员。[1] 其具体观点为：对于成功的表演者来说，个人必须有效地和他人合作，在观众面前表达合适的行为。个人之

---

[1] Goffman, E. (1974). *Frame analysis: An essay on the organization of experience*. Boston: Northeastern University Press.

所以规范他们的情感去匹配这种展示原则，其原因是受社会制度所影响的。个人遵守社会制度去和日常生活中的其他人交流。尽管如此，一些表演者和其他人能够进行合适的互动，然而一些人却无法进行。隐喻可以通过语言表达体现出参与者内在的情感，反映出语言、认知与社会实践之间的关系。个体在社会实践中有相应的身份、地位和角色，社会对个体有一定的行为规范要求，即角色期待。个体按照一定的角色期望，在社会实践中履行相应的职责，正如各个国家在共建"一带一路"中承担相应的责任。因此，舞台隐喻强化了三个方面：一是共建"一带一路"中中国的行为，二是中国的地位和身份，三是国际上对中国的期望。共建"一带一路"体现了中国的权利义务与行为规范，也能够反映出国际上对中国的行为期待。同时，每个国家在"一带一路"中有着不同的角色，每种角色都承担着相应的责任，尽职尽责地把事情做好需要态度和能力。

首先，舞台隐喻体现了中国在共建"一带一路"中扮演的角色。中国逐渐从过去更多是国际秩序的旁观者或参与者，转变为国际秩序的积极参与者、建设者、引领者。具体见例 7.8 和例 7.9。

例 7.8：As the national Belt and Road Initiative inspires more Chinese cities to go global, Yantai, a coastal city in Shandong province, is seeking a *"pioneer" role* on the international stage. "Cities are playing different roles in the initiative," said Meng Fanli, Party chief of Yantai. "Yantai will play a '*pioneer role*' and seek more cooperation on the *international stage*."（*China Daily*, November 18, 2015）

例 7.9：We should give full play to the *bridging role* of communication between political parties and parliaments, and promote friendly exchanges between legislative bodies, major political parties and political organizations of countries along the Belt and Road...We should enhance international exchanges and cooperation on culture and media, and *leverage the positive role* of the Internet and new media tools to foster harmonious and friendly cultural environment and public opinion.（*China Daily*，March 30, 2015）

　　例 7.8 中的"pioneer role"强调了中国在共建"一带一路"下在经济舞台上起到了开拓性与创新性的作用。中国正引领世界工业化进程和新的全球化进程。"一带一路"将推动中国成为新的领导型国家，通过探索新的合作模式去引领国际合作的方向，共享利益、共担责任、共建命运共同体。例 7.9 中的"bridging role"强调了中国在共建"一带一路"中发挥的桥梁作用。在这个开放合作的契机中，"一带一路"坚持走新型大国和平道路，关注中国、各地区以及世界的和平合作。"一带一路"提供了一个中国与合作伙伴达成理解和共识、推进合作共赢的沟通桥梁。在这个过程中，影响共建"一带一路"顺利实施的关键因素之一在于国际关系的建构。不同的国家，如东南亚国家、南亚国家、中东国家、中亚国家在经济利益和安全方面有不同的利益需求。因此，应针对不同需求，在国际关系的互动中，为共同的核心目标有针对性地进行沟通和合作。经济利益和安全方面等认同度高则有助于提高合作层次和扩宽合作面。

　　报道中的"leveraging role"（杠杆作用）、"instrument role"（工具作用）等体现了"一带一路"的创新合作模式。在这个模式中，培育"一带一路"的集体情感非常重要。一是通过回忆古丝绸之路的历史和文化精神，推动在地缘文明背景下的国家间共同合作和发展，激活积极情感，以传递中国积极的国家形象，增强"一带一路"的合作凝聚力，促进国际治理。根据建构主义的观点，国家在互动过程中会不断塑造和再塑造各自的身份和利益，因此在国际合作的过程中，国家可以建构集体认同。① 通过促进经济与人文合作为中国的发展创造稳定和平的国际环境，同时带动

---

① ［美］亚历山大·温特：《国际政治的社会理论》，秦亚青译，上海世纪出版集团 2008 年版。

"一带一路"共建国家的经济共同发展，即杠杆和工具作用。

在共建"一带一路"中，中国发挥的是特殊的、不可替代的作用，如"special role""unique role"。中国在和平崛起的过程中，提供便车，带动其他国家发展，通过共同治理来推进合作，同时充分尊重共建国家，给予共建国家足够的平等与重视。报道中多次强调，中国发挥的是主要的、关键的、起决定意义的作用，如"decisive role""vital role""crucial role""major role""key role""critical role"。发挥的是愈来愈大的、积极主动的、成功的作用，如"successful role""clear role""proper role""pivotal role""tank's role""proactive role""catalytic role"等。

例 7.10：President urges *proactive role* in implementing projects along routes to provide a 'sense of gain'：China is willing to give other countries "a ride" as it renews ties, via the Belt and Road Initiative, with nations along the old Silk Road routes, President Xi Jinping said on Wednesday.（*China Daily*, August 18, 2016）

例 7.11：The increasing influence will be a natural and inevitable result of China's *growing role* in shouldering more international responsibilities. The Belt and Road Initiative proposed by China does not have any strong ideological associations, and China positions itself as a part of the developing world that it is investing in, rather than from a position of ideological superiority.（*China Daily*, May 17, 2017）

在例 7.10 中，"proactive role"强调了中国在共建"一带一路"中的积极主动性。中国愿意和其他国家保持联系，提供便车，共同发展。例 7.11 中"growing role"说明中国在国际事务中的作用愈来愈大，作为发展中国家日益崛起，成为新兴大国。

其次，舞台上的演出有音乐会等节目。报道中有"'一带一路'不是一个人的表演，不是中国的独奏，不是零和游戏，不是私家道路，而是阳光大道，是交响乐"等表达，如例 7.12、例 7.13。

例 7.12：China is the initiator, but this is not a one man's *show*. The Belt and Road Initiative is about win-win cooperation and common development, not a *solo performance* or a zero-sum game. The Belt and Road are not private exclusive roads but wide and open avenues for us all.（*China Daily*, May 18, 2016）

例 7.13：The Belt and Road initiative is not a "solo" performed by China, but a "*symphony*" performed by many countries together, said a congratulatory letter delivered by Vice Premier Liu Yandong.（*China Daily*, March 31, 2017）

例 7.12 和例 7.13 中的"表演"和"交响乐"说明"一带一路"是各方共同受益的国际公共产品，它致力于优势互补、合作共赢，以深化共建各国伙伴关系，推动共建国家实现共同发展。交响乐是包含几个乐章的，带有故事情节的，多个管弦乐器共同演奏的乐曲。"一带一路"这个故事正如交响乐一样，有开始的乐章，奠定整个乐曲的基调；有第二乐章，是全曲的抒情中心；有舞曲性乐章，节奏欢快活跃、音乐富于变化；有结尾，是升华、总结性的。共建"一带一路"首先是中国基于古丝绸之路介绍"一带一路"的起源，然后是其包容思想、合作内容、共赢理念以及赢得的国际支持和好评，最后是其取得的成绩和发展趋向。因此，不同的国家承担不同的部分，和戏剧表演一样，只有搭配好才能够顺利完成演出。"交响乐""旋律""节奏"建构了积极的、光明的意象。这种表达强调了各国要协调合作，承担各自的责任。如：中塔两国间具有高度的政治互信、深入的务实合作和活跃的人文往来。

"交响乐"等表达凸显了国际合作和双赢发展中的开放包容，以结成责任共同体、利益共同体和命运共同体。它关注 21 世纪的和平与发展，为共同发展提供新动力，为构建人类命运共同体汇集正能量。与此同时，"一带一路"强调中国梦和世界梦的融合，通过共建"一带一路"，国家间的正常沟通更加密切、设施联通更加顺畅、贸易畅通更加便利、资金融通更加有效、民心相通更加密切。共建国家间经济走廊建设顺利开展，金融和投资合作大幅增长，人文交流更加密切，国际社会认同、支持、参与"一带一路"的热情越来越高，共识越来越多。① 通过"一带一路"的实践，全球化被注入了新的动力和内涵，能够更加包容持续、更加公正合理。②"交响乐""世界梦"的形成，得益于对"三共"和"五通"操作维度的不断落实。如今，共建"一带一路"已经成为各方积极参与推进的重要事业，为增进共建各国民众福祉提供了新的发展机遇。③

3. 生物

隐喻植根于我们的基本经验。人类最基本的经验之一是农业，我们种植的植物给我们提供了最基本的住所、食物、衣物等，因此"经济发展是植物生长"在商业和经济语篇中非常普遍。④ 在五个阶段的报道中，与植物相关的表达出现的频率均比较高。如"harvest""win-win fruits"等，见表 7.13。

---

① 《李辉大使在俄罗斯〈劳动报〉发表署名文章：〈"一带一路"——深化中俄合作的新平台〉》，https://world.people.com.cn/n1/2017/0513/c1002-29273037.html。
② 连俊：《"一带一路"是各方共奏的"交响乐"》，《经济日报》2017 年 5 月 8 日。
③ 连俊：《"一带一路"是各方共奏的"交响乐"》，《经济日报》2017 年 5 月 8 日。
④ Charteris-Black, J. & Ennis, T. (2001). A comparative study of metaphor in Spanish and English financial reporting. *English for Specific Purpose*s, 20(3), 249-266.

表 7.13 *China Daily*"一带一路"报道中的植物隐喻

隐喻类型	百分比	词汇	第一阶段型符	第二阶段型符	第三阶段型符	第四阶段型符	第五阶段型符
THE BEGINNING PERIOD OF "BELT AND ROAD" IS PLANTING A TREE ("一带一路"初始阶段是播种)	20%	seed	5	3	1	4	2
		seedling	6	3	1	4	2
		root	5	9	9	10	8
		total	16	15	11	18	12
THE DEVELOPING PERIOD OF "BELT AND ROAD" IS TREE GROW ("一带一路"发展阶段是生长)	13.05%	sprout	4	2	3	4	3
		bloom	1	2	4	4	2
		flower	0	2	3	4	3
		tree	0	0	4	2	0
		total	5	6	14	14	8
THE BENEFIT OF "BELT AND ROAD" IS HARVEST ("一带一路"成熟阶段是收获)	66.94%	fruit	20	23	25	26	24
		fruitful	5	8	12	11	9
		harvest	13	15	17	16	17
		total	38	46	54	53	50
total			59	67	79	85	70

从表 7.13 可以看出，五个阶段的报道中，植物隐喻均体现在三个方面："一带一路"的初始阶段是种植树苗，"一带一路"的发展阶段是树苗生长，"一带一路"的收益是大丰收。在具体分布上略有差异，第一阶段凸显播种，发出幼芽；第二阶段凸显发芽，植物生长、开花；第三阶段凸显植物结果，形成丰收。五个阶段都注重"根"，说明"联通"，尤其是"民心相通"这个基础一直被重视。这五个阶段植物类词语的表

述和"一带一路"五个阶段的发展相吻合，在分布上面呈现略微递增趋势。

这些表达激活了植物架构。从植物架构到"一带一路"发展架构上的映射形成了"'一带一路'倡议下的经济发展是植物生长"这个概念隐喻。源域有一些明显的角色，例如植物包含播种、灌溉、果实等过程。类似的，目标域包含着"一带一路"筹备，共建"一带一路"实现的进展、预期收获等。播种是"一带一路"的筹备和宣传（a tiny buried seed），盛开是"一带一路"在蓬勃发展（bloom），预期成果是果实（fruit）。植物隐喻的源域是根植于人们的日常经验的，在认知储存结构中比较好的代表。因此，比较容易在植物和经济发展间建立域间的系列对应和映射过程，具体如下：

源域：植物	映射	目标域：共建"一带一路"
植物、草木	⟶	共建"一带一路"
栽培、种植	⟶	孕育共建"一带一路"
发芽	⟶	"一带一路"开始起步
生长	⟶	"一带一路"的发展
施肥	⟶	助力"一带一路"
成熟	⟶	"一带一路"旺盛蓬勃
根	⟶	"一带一路"的根本目标
果实	⟶	"一带一路"的发展成果

图 7.8　"'一带一路'是植物"的概念映射图

如上图所示，植物、草木对应着共建"一带一路"；栽培、种植对应着孕育共建"一带一路"；生长对应着"一带一路"的发展；施肥对应着助力"一带一路"；成熟对应着"一带一路"旺盛蓬勃；根对应着"一带一路"的根本目标；果实对应着"一带一路"的发展成果。具体见例 7.14 至例 7.16。

例 7.14：When President Xi Jinping proposed the Belt and Road Initiative in the autumn of 2013, it was only a tiny buried *seed* of Oriental wisdom, whereas now, it has taken *root* and is beginning to *sprout leaves*. (*China Daily*，May 16, 2017)

例 7.15：This is the first year for the implementation of China's 13th Five-Year Plan, and an important year for the Belt and Road development. "A huge tree that fills one's arms grows from a tiny *seedling*; a nine-storied tower rises from a heap of earth." (*China Daily*，May 18, 2016)

例 7.16：As a Chinese saying goes, "Peaches and plums do not speak, but they are so attractive that a path is formed below the *trees*." Four years on, over 100 countries and international organizations have supported and got involved in this initiative. Important resolutions passed by the UN General Assembly and Security Council contain reference to it. Thanks to our efforts, the vision of the Belt and Road Initiative is becoming a reality and bearing rich *fruit*. (*China Daily*，May 14, 2017)

众所周知，植物生长有六个不同的阶段：种子、发芽、萌芽、开花、结果、枯萎。这些过程能够映射到不同的经济现象和行为中，如"一带一路"从播种、生根到发芽。从认知和情感角度而言，植物和经济系统在描述性和功能上存在一定的相似性，这不仅仅是语言现象。鉴于此，经济发展经常会使用植物隐喻，去展示生命循环的场景。首先，植物的生命周期从种子开始，有一套隐喻性的表述，其中的种子代表了经济现象和行为的起始阶段或来源。根据《牛津英语词典》，种子是"为了播种而收集的胚珠"。用植物表述经济可以帮助读者更好地理解经济现象和行为的起始阶段或来源。第二，发芽。我们对种子了解的一点是，它们在播种后不会立即开始生长，而是会经历一个休眠期。这个时期一直持续到植物生长有良好的环境条件（适宜的土壤温度、氧气、水分等）。第三，萌芽。对于共建"一带一路"来说，萌芽是指从一个萌芽发展成一个分支、一个茎等新的生长，即"一带一路"的拓展和延伸，如例 7.14。根据我们有关植物的经验，我们知道根部赋予植物固定的能力，使其从土壤中吸收水、矿物质等营养成分。根部必须深入扎实，否则植物可能会枯萎或被风吹走。植物的这种知识被映射到经济发展的领域，凸显了"一带一路"的基础，即民心相通的重要性。种子发芽过程和萌芽过程之间有相似的感觉。种子在发芽前膨胀，然后打开种子壳并长出新的植物。芽经历了一个平行的过程：首先它们膨胀，然后它们分开，长出叶或花。这些经验的相似之处使我们能够将发芽的各个阶段映射到共建"一带一路"发展的不同阶段。第四，开花。植物的开花结果代表了"一带一路"发展的最佳阶段，如例 7.15。花卉和果实能够激发正面的感受，引起快乐的感觉。Bloom（蓬勃发展）被用来描述"一带一路"的全面发展的过程，意味着经济活动将会带来有益成果。植物显著增长、分枝，映射到经济发展领域，有"branch out or expand their business"等，这意味着共建"一带一路"吸引了更多国家的加入。

　　植物隐喻也指"一带一路"中的合作关系，这是有生命的花草树木，寓意不断生长、欣欣向荣。报道中有果实、友谊之花、蔓藤等。在经济全球化时代，中国将始终坚持和平稳定和公平正义，做全球发展的开荒者、耕耘者、浇灌者和收获者，如例 7.16。从源域来看，植物的生长需要精心照料。从目标域来看，共建"一带一路"的构建是一个长期持续的过程，需要各个国家的支持和共同维护。从源域映射到目标域所产生的"win-win fruitful"需要一段较长的合作过程。植物隐喻凸显了从种子种植到长成需要细心呵护，降低了国家间的政治戒备心理，传播了我国开放的、包容的、合作的、共赢的处事原则。

　　另外，植物隐喻也反映出了大链条隐喻。Lakoff 和 Turner（1989）提出了大链条隐喻。其基本原则之一是，强调生物和非生物实体之间的联系，形成组构性的链条连接。①Kövecses（2002）称，每个链条连接被特殊的归因和行为所区分，如：人类拥有理性的想法，然而某些有生物属性的植物没有，那么可以断言，从人类到植物的相互联系存在于分享链接之间的典型的归因。他把大链条隐喻概念化为以下几类：人类（高层秩序归因和行为）；动物（本能的归因和行为）；植物（植物的归因和行为）；复杂的物体(结构归因和功能行为)；自然物理物体(自然物理的力量和行为)。②Krzeszowski（1997）扩展了链条，通过在最上层的位置增加上帝，因此形成上帝、人类、动物、植物、无生命的事物的大链条。③

大链条的层级变体中有一定的内在联系。映射可以发生在下层，也可以发生在上层。因此，有"人类或经济活动是植物"这种隐喻。类似地，有"经济发展是动物"的概念隐喻。在"一带一路"的报道中，有"flocks"，"wings"等词，见表 7.14。

表 7.14　*China Daily*"一带一路"报道中的动物隐喻

隐喻类型	词汇	第一阶段型符	第二阶段型符	第三阶段型符	第四阶段型符	第五阶段型符
ECONOMIC DEVELOP-MENT IS ANIMAL（经济发展是动物）	geese	0	2	2	1	1
	cocoon	0	1	1	0	1
	chrysalis	0	1	0	1	0
	flocks	0	2	4	3	2
	bird	2	1	1	1	2
	wings	5	2	3	2	1
total		14	18	31	8	7

① Lakoff, G. & Turner, M. (1989). *More than cool reason: A field guide to poetic metaphor.* Chicago: University of Chicago Press.

② Kovecses, Z. (2002). Cognitive-linguistic comments on metaphor identification. *Language & Literature, 11*(1), 74-78.

③ Krzeszowski, T. P. (1997). *Angels and devils in hell: Elements of axiology in semantics.* Warszawa: Energeia.

从表 7.14 可以看出，报道的五个阶段均不同程度地使用了动物隐喻，第三个阶段更加强调雁阵。

例 7.17："*Geese* can fly through wind and rain for a long time because they fly in flocks."（*China Daily*，May 16，2017）

例 7.18：He（Xi）compared a country's opening up to the "struggle of a *chrysalis* breaking free from its cocoon"，which has short-term pains but creates a new life.（*China Daily*，May 14, 2017）

在例 7.17 中，"geese fly in flocks" 指的是雁阵，"一带一路" 有其特殊模式，并被称为升级版的雁阵模式。雁阵模式原指 20 世纪 60 年代到 80 年代，日本通过产业的依次梯度转移，带领 "亚洲四小龙" 和东盟、东亚国家实现整个地区的经济腾飞。如今，中国有望借助 "一带一路" 的契机，将劳动力和资本密集型行业依次转移到 "一带一路" 共建国家形成雁阵模式。① 雁阵架构蕴含了集体主义价值观和团队精神。大雁一般群居，在集体迁徙时，形成 "人" 字队雁阵，这样飞行能够借助队友飞行时羽翼产生的浮力，使雁阵多飞 70% 的路程，比单独飞行更高效、省力。只有靠着团结协作精神才能完成长途迁徙。对于共建 "一带一路" 所涉及的共建国家，这张网指雁阵的整体生产网络，只有互补合作才能够保持雁阵的稳定，实现产业转移，例如：中乌、中哈在矿产品贸易方面能够实现合作互补，这有助于中东中亚国家理解 "一带一路" 的倡议布局，实现民心相通、相互欣赏、相互理解、相互尊重。

在例 7.18 中，改革开放被描述成 "破茧成蝶"，指经过努力重新获得新的生命力。这凸显了 "一带一路" 秉持包容开放导向，力图解决经济增长和平衡问题的艰巨性的过程。开放如同破茧成蝶，虽会经历一段时间的痛苦，但最终会获得进步的新生。这里主要指 "一带一路" 会打造开放包

---

① 赵晓娜：《经济体制改革进入落地攻坚期》，《南方日报》2014 年 12 月 10 日。

容的、公正合理的、合作共赢的、平衡惠普的新经济全球化合作平台。以前的国际经济秩序可能存在着不平等、不包容、零和博弈，分配有差异的现象，共建"一带一路"会塑造一个公平公正的经济发展平台。

4. 建筑

在报道中，"foundation""backbone"等建筑类词汇在共建"一带一路"的报道中高频出现，见表 7.15。

从表 7.15 可以看出，*China Daily* 五个阶段的报道均涵盖了"'一带一路'是建筑物""蓝图是发展规划""经济发展是建设"这三个方面的概念隐喻。第一个阶段凸显了"蓝图是发展规划"，"blueprint""sketch"用词的频率较高。第二个阶段的特征不明显。第三个阶段凸显了"经济发展是建设"。五个阶段均强调建筑物的基础，如"foundation""basis"出现的频率相当。强调搭建桥梁，实现交流和民心相通，如"bridge"出现的频率大体一致。

在表 7.15 中，"basis""construct""backbone""blueprint""window""foundation""build"等词激活了建筑架构，建筑物是我们日常生活频繁接触的对象，它投射到共建"一带一路"中，产生了一系列建筑隐喻。建筑隐喻是指人通过建筑等相应的实体的形态和空间塑造一定的情感立场、心理或某种认知。①

表 7.15 *China Daily*"一带一路"报道中的建筑隐喻

隐喻类型	百分比	词汇	第一阶段型符	第二阶段型符	第三阶段型符	第四阶段型符	第五阶段型符
BELT AND ROAD IS A BUILDING（"一带一路"是建筑物）	51.43%	foundation	37	25	33	28	26

---

① 王梦晓、支永碧：《基于语料库的美国智库涉华话语的隐喻建构研究》，《吉林省教育学院学报》2017 年第 10 期。

隐喻类型	百分比	词汇	第一阶段型符	第二阶段型符	第三阶段型符	第四阶段型符	第五阶段型符
BELT AND ROAD IS A BUILDING（"一带一路"是建筑物）	51.43%	backbone	3	3	3	4	2
		building	190	130	146	133	134
		bridge	45	42	52	45	43
		door	3	6	15	9	7
		window	8	9	5	12	10
		basis	21	21	18	24	22
		builder	3	2	2	3	2
		total	310	238	274	258	246
DRAWING IS PLANNING（蓝图是发展规划）	11.13%	blueprint	48	7	7	9	8
		sketch	6	0	2	1	2
		draft	7	3	1	5	4
		design	41	26	23	29	27
		draw	7	5	5	8	6
		total	109	41	38	52	47
DEVELOPMENT IS CONSTRUC-TION（经济发展是建设）	37.43%	build	141	127	159	130	128
		rebuild	4	4	2	7	5
		construct	23	49	52	52	50
		reconstruct	2	5	11	8	6
		total	170	185	224	197	189
total			589	464	536	507	482

　　例如：共建"一带一路"是建筑物，蓝图是发展规划，经济发展是建设。众所周知，地基对于建筑物来说至关重要，地基必须坚固、稳定。因此，有例7.19，共建"一带一路"的地基是共建国家的互联互通、合作和创新，尤其是民心相通，人们相互认可、相互理解和相互尊重，这凸显了"一带一路"共建国家人民互信互助的重要性。为了建设"一带一路"项目，各国需要广泛交流和合作，加深互信的程度。在建筑隐喻中，有的国家是文化交融的窗口，路线是建筑，国与国之间的关系是建筑，倡议计划是建筑等，这均体现了建筑中设计和布局的重要性。如例7.20，蓝图，一

份开放共享的蓝图对于开拓商业机会和加深中国和相关伙伴的合作发展很重要。例7.21，支柱，中国和土耳其的深入合作是中东走廊和古代丝绸之路复兴的有力支撑。例7.22，桥梁，"一带一路"等于是用开放和包容在各国合作方面架起了民心相通的桥梁。

例7.19：The *foundation* of "the Belt and Road construction" lies in interconnectivity, and the driving force comes from down-to-earth work and innovation.（*China Daily*, September 27, 2016）

例7.20：The introduction of "the Belt and Road Initiative" has become China's very own *blueprint* for globalization, according to a study from the European Union Chamber of Commerce in China. The strategy is very much in line with China's intention of embracing global economic trends, the chamber said in its 15th annual European Business in China position paper, and will also greatly benefit the Eurasian region as whole.（*China Daily*, September 12, 2015）

例 7.21：To build on this success, the Turkish and Chinese governments have pledged to deepen cooperation on key projects, such as the high speed railway linking Edirne in Western Turkey with Kars in Eastern Turkey, spanning the country from west to east. It will constitute the *backbone* of the Middle Corridor Initiative and will contribute to the revival of the ancient Silk Road.（*China Daily*, June 1, 2017）

例7.22：Generation after generation, the silk routes travelers have *built a bridge* for peace and East-West cooperation.--Openness and inclusiveness.（*China Daily*, May 14, 2017）

上述例子均凸显了民心相通的重要性。在全球化的蓝图中，民心相通是"地基""中流砥柱""蓝图中重要的一笔""桥梁"。民心相通是其他"四通"的基础和保障，是"一带一路"建设的重要成果，没有民心相通，其他"四通"的可持续性发展就会受到影响，① 继而导致务实合作的"滑坡"和"阻断"，影响建筑物的稳固性。

5. 家庭

家庭隐喻一直是政治经济类话语中的常见隐喻，"一带一路"话语也不例外。在五个阶段的报道中，"family""neighbor"等词经常出现，见表 7.16。

表 7.16 *China Daily*"一带一路"报道中的家庭隐喻

隐喻类型	百分比	词汇	第一阶段型符	第二阶段型符	第三阶段型符	第四阶段型符	第五阶段型符
THE WORLD IS A FAMILY（世界是个大家庭）	56.85%	family	4	3	8	6	4
		member	53	50	58	53	51
		membership	16	19	18	22	21
		total	73	72	84	81	76
NATION IS PEOPLE（国家是人）	43.15%	neighbor	5	12	8	15	13
		neighbors	24	18	14	21	19
		neighboring	35	16	29	19	17
		neighborhood	8	4	3	7	6
		total	72	50	54	62	55
total			145	122	138	143	131

表 7.16 中的词汇建构了"世界是个大家庭""国家是人"的概念隐喻。人们总是用"家庭"来理解国家。把旁边的国家描述成"家庭成员"、"邻居"或"朋友"。② 与此相关的对家庭关系的解读以及家庭伦理反映在与其他国家的交往中。由于我们接受管理的最初体验来自家庭，基于我们身体和社会交往的特性，我们很容易接受"管理机构即家（A Governing Institu-

---

① 寇立研、周冠宇：《"一带一路"对外传播需要把握的十对关系》，《对外传播》2015 年第 3 期。

② 张薇、张肖梦：《政务新媒体应对突发公共事件的话语策略分析——以"台风利奇马"事件为例》，《南京晓庄学院学报》2020 年第 3 期。

tion Is A Family）"这个基本隐喻，比如：学校是家、公司是家、国家是家等。① 由此衍生出"国家是家庭"的概念隐喻，国家的领袖即家长，公民即家庭成员。② 世界是舞台，国家是人，国与国形成家庭，慈亲模式下国与国，即人与人之间平等、独立、互助；国与国，即家与家之间共建、共享、共治，在整个世界的舞台上实现合作、共赢、包容等，社会责任感比较强。友好的国家可以共同建构一个和谐的大家庭，如例 7.23。此外，还有国家利益，每个国家都在以自己的利益行事。③"人缘相亲、以诚待人、互惠互利、开放包容"的外交观也体现了"中国梦"与"各国梦"相通，共建人类命运共同体的思想。受众不难理解，同属一个家庭，兄弟间应相互帮衬、共同发展，否则容易出现"一荣俱荣、一损俱损"的连带效应。

例 7.23："People on the silk road are '*family members*', and the frequent exchanges between them will promote business and trade"，said Chen Zixuan, a NPC deputy from Fujian province, another gateway of the road.（*China Daily*, March 13, 2015）

例 7.24："What we hope to create is a *big family of harmonious co-existence*," Xi said.（*China Daily*，May 14, 2017）

亚历山大·温特认为国际关系行为体之间的互动产生了不同的国际社会文化样态，根据行为体之间角色结构的差异，总结出霍布斯文化、洛克文化和康德文化三种文化类型。④ 对应的国家角色定位分别是敌人、竞争者和朋友，在第三种情境下，人文交流机制就有较大发挥空间，以积极的

---

① 汪少华：《美国政府赖以生存的架构与隐喻》，《山东外语教学》2014 年第 4 期。

② Lakoff, G. (2008). *The political mind: Why you can't understand 21st century politics with an 18th century brain*. New York: Viking.

③ Lakoff, G. (2004). *Don't think of an elephant! Know your values and frame the debate*. Hartford: Chelsea Green Publishing.

④ 赵宇敏：《从文化的影响看中美关系》，外交学院博士学位论文，2011 年。

共享观念达成积极的互动结果，从而促成"民心相通"。① 这也是"一带一路"试图实现的，如例 7.24。中国希望和邻里间结成友谊关系而非同盟关系，这体现了中国的"天下大同"思想，如何超越冲突框架发展出普遍合作。②

上述话语蕴含了中国人自身的"家国同构"的思想，并把它上升为世界范围。这是国内媒体在国家形象建构中常用的策略。国即家，爱国即爱家，家和万事兴。同样，世界是一个家庭，各国是兄弟姐妹。在"家国同构"的架构下，"一带一路"体现了儒家的"大道之行，天下为公""'大同'即'仁'""四海之内皆兄弟"等理念，强化了共建"一带一路"的"共商""共建""共享"原则。媒体通过"一带一路"话语的架构去传播"命运共同体"的普适价值，即共建"一带一路"是为全世界谋利造福，这种话语生产模式为建构新型全球化的中国大国形象提供了一种合法性。③

6. 友谊

在报道中，有"circle of friends"等隐喻性架构，如例 7.25、例 7.26。"circle of friends（朋友圈）"在五个阶段的报道中出现的频率类似，无显著差异。"朋友圈"是"一带一路"架构和"微信"架构之间通过映射而产生的概念整合。

例 7.25：Speaking at the Arab League headquarters in Jan 2016, President Xi said that instead of looking for a proxy in the Middle East, China promotes peace talks; instead of seeking any sphere of influence, China calls on all countries to join the *circle of friends* for the "Belt and Road" instead of attempting to

① 胡正荣：《共建人类命运共同体：从"一带一路"海外舆情看国际关系的中国方案》，《国际传播》2017 年第 2 期。
② 胡正荣：《共建人类命运共同体：从"一带一路"海外舆情看国际关系的中国方案》，《国际传播》2017 年第 2 期。
③ 孙发友、陈旭光：《"一带一路"话语的媒介生产与国家形象建构》，《西南民族大学学报（人文社科版）》2017 年第 11 期。

fill the "vacuum", China builds a cooperative partnership network for mutual benefits and win-win results. (*China Daily*, April 15, 2017)

例 7.26：Our *circle of friends* is growing fast. The success of the initiative lies in its keeping to the principle of development and cooperation, and catering for the benefits and concerns of all participating countries. (*China Daily*, May 16, 2017)

"朋友圈" 指微信社交功能中的朋友圈，微信用户可通过朋友圈发表文字和图片，分享文章、音频、视频等，以此实现微信好友之间的沟通和互动。用户可以对好友发布的信息进行评论或点赞，这些是在网络空间通过线上实现的。① 中国号召其他国家以 "一带一路" 结成志同道合、互信友好的 "朋友圈"，如例 7.25。如今 "朋友圈" 已经建成，而且不断扩大，如例 7.26。这里的朋友圈是中国同各方一道，秉承 "三共" 原则，推进 "五通" 发展，深化互利合作，为经济发展注入强大动力的合作圈，这是在现实的空间里借助 "一带一路" 平台实现的。"朋友圈" 作为 "一带一路" 话语中的热词，也是新媒体视域下国际传播与关系建构的重要节点，媒体的表达与呼唤功能在对外传播中发挥着不可替代的作用。②

例 7.26 中的 "一带一路" 朋友圈是从网络空间到现实空间的映射而形成的整合，如图 7.8 所示。

在图 7.9 中，架构 1 共建 "一带一路" 与架构 2 "微信" 存在映射关系，通过类属空间的投射，整合形成新的架构，即 "一带一路" 朋友圈。架构 1 包括倡议的发起者、参与者等角色，以及它们之间的关系。中国是发起者，以 "一带一路" 结成了互信友好的战略伙伴交际圈和合作圈，而且朋

---

① 詹恂、严星：《微信使用对人际传播的影响研究》，《现代传播（中国传媒大学学报）》2013 年第 12 期。
② 尹佳、张珈瑜：《新媒体视域下 "一带一路" 在外媒报道中呈现的传播力》，《新媒体研究》2016 年第 7 期。

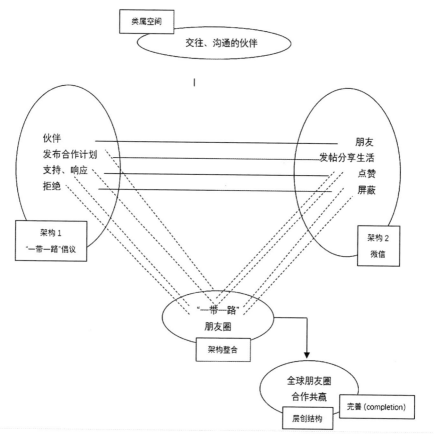

图 7.9 "'一带一路'朋友圈"的架构整合图

友圈不断扩大，这主要是在现实空间实现的；架构 2 指微信朋友圈，是微信中的一个社交功能，包括微信好友、图片和视频动态等元素，这主要是在网络空间实现的。① 架构 1 中的"伙伴""发布合作计划""响应""支持""拒绝"与架构 2 中的"朋友""发帖分享生活""点赞""屏蔽"等实现了映射关系，两个架构间的相似属性在于"交往、沟通的伙伴"，因此形成新

① 汪少华、张薇：《论中国政治话语体系的认知建构——以习近平 2017 年瑞士两场演讲为例》，《南京师大学报（社会科学版）》2017 年第 5 期。

的架构，并衍生层创结构。在新的架构"'一带一路'朋友圈"中，有"全球朋友圈""合作共赢"等衍生表达，这在政治现实中彰显了中国的大国身份，中国与其他国家的合作意愿以及合作共赢的倡议，共同打造政治互信、经济融合的共同体。

7. 联通

在 China Daily 的报道中，"connectivity""link"等词高频出现。在五个阶段的报道中，"connectivity"的频率分别为 182、125、173、184、190，"link"的频率分别为 121、102、130、135、141，这表明从共建"一带一路"被提出以来至今，互联互通一直是"一带一路"所强调的，如例7.27。

例 7.27：A core aim of the Belt and Road Initiative is to achieve *connectivity* in five aspects, including policy, infrastructure, trade, financing and peoples. (*China Daily*, September 5, 2016)

例 7.28：Finance is the lifeblood of modern economy. Only when the blood *circulates* smoothly can one grow. We should establish a stable and sustainable financial safeguard system that keeps risks under control, create new models of investment and financing, encourage greater cooperation between government and private capital and build a diversified financing system and a multi-tiered capital market. (*China Daily*，May 14，2017)

在例 7.27 中，报道强调了共建"一带一路"在五个方面互联互通。在例 7.28 中，共建"一带一路"被描述成有血有肉的躯体。只有血液循环通畅，经济发展才会顺利。这强调了共建"一带一路"中各个环节互联互通的重要性。如果血液循环在局部阻塞之处，造成不通，就需要调理，否则"一带一路"将难以前行。因此，应促进"一带一路"共建的国家建立战略合作关系，实现互联互通。互联互通是贯穿"一带一路"的血脉。

"link""connectivity""connect people's hearts"均强调的是互联互通。

实际上，此处整合了多个架构。报道中的多处表达激活了旅程架构、经济架构和机体架构，这些架构之间存在映射关系，形成了架构整合，如图7.10 所示。

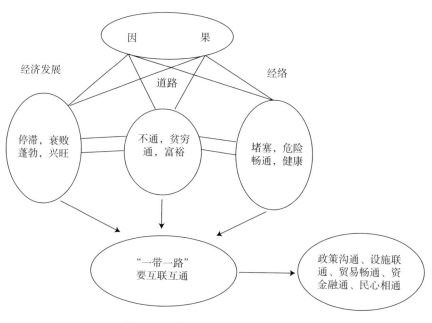

图 7.10 "互联互通"的架构整合图

在经济发展这个空间中，有一个场景，如果经济发展停滞，那么会导致发展衰败；如果经济发展蓬勃，那么会带来发展兴旺。这正如道路空间的场景：道路不通会造成贫穷，道路通则能够带来富裕。[①] 正所谓要致富，先修路。也如经络空间的场景：经络堵塞是危险的，经络畅通则是健康的。传统中医文化认为，经络行使的是运送气血的职能，只有贯通全身，才能濡养机体。血脉经络畅通，机体就会富有营养、健康而有力。上

---

① 张薇、汪少华：《"一带一路"话语建构策略的架构理论透视》，《外语研究》2019 年第4 期。

文中提到动物隐喻，把经济发展描述为翅膀飞行。血脉畅通是翅膀实现飞行功能的最基本条件，否则"一带一路"将难以前行。如果翅膀的经络上存在局部阻塞之处，造成不通，就需要调理。疏通经络、畅通血脉，即促进"一带一路"共建国家建立战略合作关系，实现互联互通。

　　鉴于经济架构、道路架构、经络架构间存在映射关系，其类属特征是一种因果关系，即通则有利，不通则有害。那么由此基于人类基本的常识和认知规律，无阻，人心相通，物资共享是好的，能够互通有无、互惠互利、增进友谊。"通"则"顺"，"顺"则"成"。"互联互通"这一表达激活了联通架构，体现了"世界一体，共同命运"的理念。"一带一路"解决的是全球性的发展问题。中国希望在发展自身经济的同时，能够使他国也受益。其他国家在遇到困难时，中国感同身受，会互相扶助，共同进步。"通"能够激活积极架构，给受众带来正能量和积极联想。根据神经认知科学的成果，情感参与社会认知和决策过程，其作用不容忽视。人类不同的情感会激活大脑中不同的情绪通路，并留下躯体标记，影响其决策。快乐、满足等积极情绪激活的是大脑中的多巴胺回路，恐惧、愤怒、怨恨等激活的是去甲肾上腺素回路，[①] 由此产生的躯体标记影响受众对话语的接受。因此，"通"能够激活积极的躯体标记，对受众起到激励作用。一次次地重复"通"能够不断唤起积极架构，反复激活这个架构容易引起受众的多巴胺回路不断增强，甚至在大脑中固化。[②] 受众每次在读到或听到"互联互通"时，会情感相连，有助于形成你中有我、我中有你的结构。在受众的价值观中，通比不通好，道路通畅是如此，经络通畅亦是如此。"通"代表顺利和兴旺。通则一荣俱荣，尤其是后进国家可以搭上中国的

①　Damasio, A. (2006). *Descartes' error: Emotion, reason and the human brain*. London: Vintage.

②　张薇、汪少华：《"一带一路"话语建构策略的架构理论透视》，《外语研究》2019 年第 4 期。

便车，互通有无。因此，"通"能够激活积极架构，给受众带来正能量和好的联想。

上述架构也打消了西方话语对"一带一路"的舆论误导。实际上，共建"一带一路"是亲善、繁荣、交流之路，以打造全球互联互通的责任、利益和命运共同体。地球不是平的，而是通的，从部分全球化推向新型的包容性全球化，能够深得后进国家的支持。

由上述隐喻性表层架构来看，*China Daily* 五个阶段对"一带一路"的报道在友谊、联通架构上无显著差异，在旅程和建筑架构上的总体分布无显著差异，均凸显了实现共建"一带一路"所采取的路径，其发展状态和目标以及民心基础。舞台和生物架构的使用频率呈略微增高趋势，说明报道愈来愈凸显中国在国际舞台上所扮演的角色，以及合作共赢的意愿，以吸引更多国家的参与。历时方面的报道总体趋势见图7.11。

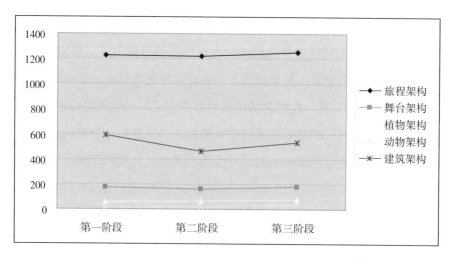

图 7.11 *China Daily*"**一带一路**"**报道的隐喻性架构趋势图**[①]

---

① 此表仅呈现三个阶段。

（二）非隐喻性架构

报道中提取的非隐喻性架构有帮助、合作、包容、平等等。

1. 帮助架构

在报道中，帮助类词出现的频率较高，见表7.17。

表 7.17 *China Daily*"一带一路"报道中的帮助类词表 ①

	词汇	第一阶段型符	第二阶段型符	第三阶段型符	第四阶段型符	第五阶段型符
HELP（帮助）	help	538	140	175	143	141
	helps	33	9	12	12	10
	helped	49	8	18	11	9
	helpful	17	3	6	6	4
	helping	75	16	25	19	17
Relative frequency		0.17%	0.13%	0.14%	0.12%	0.15%
FACILITATE（协助）	facilitate	132	34	37	37	35
	facilitator	4	1	3	2	1
	facilitated	13	3	3	4	2
	facilitates	15	4	6	5	3
	facilitating	41	17	11	18	16
Relative frequency		0.04%	0.03%	0.02%	0.03%	0.01%
ASSIST（帮助）	assist	25	5	8	6	5
	assisting	3	1	0	2	1
	assistance	57	16	19	8	6
Relative frequency		0.02%	0.02%	0.01%	0.02%	0.01%
SERVICE（服务）	serve	108	30	29	33	31
	serves	21	5	9	8	6
	service	150	39	56	42	40
	services	316	87	124	90	88
Relative frequency		0.11%	0.11%	0.08%	0.09%	0.10%

---

① 该表格为基于软件统计相关词汇的型符后，结合软件中的相对频率所自制的表格。本章中的表 7.16、表 7.18、表 7.19、表 7.20、表 7.21 情况相同。

在非隐喻性架构的提取中，人工识别的成分小，统计相对而言较为便利，数据大都可以直接从 Wmatrix 中得出，因此，在表 7.17 中，增加了相对频率（Relative frequency，分子为型符的数量，分母为报道的总词量）这一项，这项数据直接来源于表 7.18，如 help 类词在这个阶段的语料库中的相对频率为 0.17%，较为精确。

表 7.18　*China Daily*"**一带一路**"报道中帮助类词的相对频率表

Word	Sentag	Frequency	Relative Frequency		Summary information:		
help	S8+	223	0.13	Concordance	Number of types shown: 8		
helping	S8+	34	0.02	Concordance	Total frequency of types shown: 304 (0.17%)		
helped	S8+	23	0.01	Concordance	Total frequency overall: 174942		
helps	S8+	12	0.01	Concordance			
helpful	S8+	8	0.00	Concordance	Number of items shown with a given frequency:		
help_each	A9+	2	0.00	Concordance			
helping_hand	S8+	1	0.00	Concordance	Frequency	Types	Tokens
alsohelp	Z99	1	0.00	Concordance	1	2(25.00%)	2 (0.66%)
					2	1(12.50%)	2 (0.66%)
					3	(0.00%)	(0.00%)
					4	(0.00%)	(0.00%)
					5	(0.00%)	(0.00%)
					6	(0.00%)	(0.00%)
					7	(0.00%)	(0.00%)
					8	1(12.50%)	8 (2.63%)
					9	(0.00%)	(0.00%)
					10	(0.00%)	(0.00%)
					> 10	4(50.00%)	292(96.05%)

由表 7.18 可以得出，帮助类词主要包括：帮助、协助、服务。五个阶段的报道在帮助类词上的使用频率并无显著差异。

例 7.29：A Sino-Saudi cooperative excavation of an ancient port's ruins near Mecca is expected to unveil its role on the Maritime Silk Road. China also is hoping to *help protect* sites in Pakistan and Sri Lanka in 2018, he said. Under the initiative, Xie said,"we are making efforts to enhance our common cultural gene of mutual understanding and trust. That is to build up a community of a shared future of mankind". (*China Daily*, December 23, 2017)

在例 7.29 中，中沙合作开发麦加附近的一个古代港口废墟，预计将在海上丝绸之路上发挥作用。中国希望在 2018 年帮助保护巴基斯坦和斯里兰卡的遗址，努力增强彼此相互理解和信任的共同文化基因，建立一个人类的共同未来社区。

例 7.30：China's Belt and Road initiatives will *facilitate* economic cooperation and will not act as a geo-strategic tool, a senior foreign affairs official said Saturday. The initiatives do not target particular countries or international organizations, said Vice Foreign Minister Zhang Yesui at the China Development Forum in Beijing. The Silk Road Economic Belt and the 21st Century Maritime Silk Road, proposed by China in 2013, follow the principles of joint consultation, construction and sharing. It will be an open and inclusive platform for regional cooperation, taking into full consideration the position, interests and convenience of every side, Zhang said. (*China Daily*, April 1, 2015)

在例 7.30 中，报道强调了共建"一带一路"将促进经济合作。"一带一路"覆盖整个国际组织，遵循联合协商、建设和共享的原则，为经济发展提供一个开放和包容的区域合作平台，充分考虑到各国的位置、利益和便利条件。

2. 合作架构

报道中表示双边合作的短语出现频率较高，如："bilateral relationship""bilateral and multilateral cooperation""bilateral commercial exchanges""bilateral and multinational cooperation""bilateral joint working mechanisms""bilateral ties"。表示双赢的短语出现的频率较高，如："win-win cooperation""win-win deal""win-win results""win-win cooperation""win-win relationship"。另有"shared development""shared benefits""shared interests""shared fruits""shared destiny"等。对合作类词的统计见表 7.19。

从表 7.19 可以看出，合作类词主要包括：合作、联合、伙伴、相互、分享。从相对频率这一项可以看出，五个阶段的报道在合作架构上无显著差异，第二阶段的报道更凸显合作，第三阶段的报道更凸显国家间的伙伴关系。

表 7.19 *China Daily* "一带一路" 报道中的合作类词表 ①

	词汇	第一阶段 型符	第二阶段 型符	第三阶段 型符
COOPERATION （合作）	cooperate	52	30	29
	cooperation	1101	948	1097
	cooperative	29	19	33
	cooperating	7	6	11
	collaboration	23	27	30
	collaborations	0	4	5
Relative frequency		0.69%	0.72%	0.69%
JOINT （联合）	joint	79	89	79
	jointly	83	71	75
	bond	9	0	7
	bonds	39	12	19
	ties	98	85	93
	coalition	0	0	15
	federation	0	0	7
Relative frequency		0.19%	0.18%	0.18%
PARTNER （伙伴）	partner	48	50	70
	partners	47	29	48
	partnership	43	69	59
	partnerships	16	16	30
	team	8	19	8
	group	61	63	78
	groups	13	13	18
Relative frequency		0.14%	0.18%	0.19%
MUTUAL （相互）	win-win	71	48	58
	mutual	144	107	113
	mutually	33	21	33
	bilateral	101	126	156
Relative frequency		0.20%	0.21%	0.21%
SHARE （分享）	share	45	26	42
	shares	6	4	7
	shared	56	41	31
Relative frequency		0.06%	0.05%	0.05%

例 7.31：The Initiative is an ambitious economic vision of the opening-up of and *cooperation* among the countries along the Belt and Road. Countries

---

① 此表仅统计并呈现了三个阶段。

should work in *concert* and move toward the objectives of *mutual benefit* and common security.（*China Daily*, March 30, 2015）

例 7.32 : This distinctive architecture includes China's strategic *partnerships* with selected foreign countries, related BRI memoranda of understanding, China's bilateral investment treaties and free trade agreements, as well as China's member-ship in or inter-connection with mega-regional trading blocs that are emerging in Asia, Africa, and the Pacific.（*China Daily*, September 25, 2017）

例 7.31 和例 7.32 强调了 "一带一路" 是个开放合作的倡议，中国会与其他国家协作，建立伙伴关系，以实现共同利益，保障共同安全。古代丝绸之路为全球化 1.0 时代，近代西方开创的全球化为全球化 2.0 时代，中国共建 "一带一路" 则开创了全球化的 3.0 时代。① 这一新型的全球化构想实现了由民族国家到人类命运共同体的升华，推动了从竞争范式到合作范式的转变。② 这些均强调了命运共同体的合作共赢新格局。可以说，"合作共赢" 的丝路精神是中国向世界输出的中国方案，中国不是被动地加入经济全球化，而是要主动创造一个新型经济全球化格局。③ "一带一路" 是中国全球化的初始阶段，秉承了一种新的理念：开放而不是封闭，共赢而不是零和，合作而不是结盟，倡导和平、友好、合作等丝绸之路的传统，同时注入时代的新理念，④ 充分展示了中国与共建国家共同发展、互利共赢的发展理念。

---

① 《"一带一路" 倡议开创 "全球化 3.0 时代"》，https://baijiahao.baidu.com/s?id=1554 793077692376&wfr=spider&for=pc。

② 胡正荣：《共建人类命运共同体：从 "一带一路" 海外舆情看国际关系的中国方案》，《国际传播》2017 年第 2 期。

③ 王义桅：《"一带一路"：重塑经济全球化话语权》，《红旗文稿》2016 年第 21 期。

④ 薛庆国：《"一带一路" 倡议在阿拉伯世界的传播：舆情、实践与建议》，《西亚非洲》2015 年第 6 期。

3. 包容架构

在报道中，"inclusive""comprise""integrate"等词出现频率较高，激活的是包容架构，具体见表7.20。

表7.20 *China Daily*"一带一路"报道中的包容类词表

	词汇	第一阶段型符	第二阶段型符	第三阶段型符	第四阶段型符	第五阶段型符
INCLUSION（包容）	inclusion	6	7	3	8	7
	inclusive	34	36	45	39	37
	inclusiveness	20	16	11	19	15
	openness	23	14	17	17	15
Relative frequency		0.04%	0.05%	0.05%	0.04%	0.05%
INTEGRATION（融合）	integrate	27	21	24	24	22
	integrates	0	1	3	2	3
	integration	105	47	70	50	48
	integrated	13	15	15	16	15
Relative frequency		0.09%	0.05%	0.05%	0.06%	0.07%
UNDERSTAND（理解）	comprises	4	14	24	16	15
	understand	19	17	25	20	18
	understanding	74	66	75	69	67
	understandings	10	3	4	6	4
	harmony	10	3	7	6	5
Relative frequency		0.06%	0.07%	0.07%	0.05%	0.06%

从表7.20可以看出，五个阶段的报道均重视传递共建"一带一路"的包容，在使用频率方面没有显著差异。

例7.33：The Pacific Ocean is big enough to *accommodate* both China and the United States.（*China Daily*, January 29, 2016）

例7.34：For thousands of years, the Silk Road Spirit——"peace and co-operation, openness and *inclusiveness*, mutual learning and mutual benefit"

——has been passed from generation to generation, promoted the progress of human civilization, and contributed greatly to the prosperity and development of the countries along the Silk Road. Symbolizing communication and cooperation between the East and the West, the Silk Road Spirit is a historic and cultural heritage shared by all countries around the world. (*China Daily*, March 30, 2015)

在例 7.33 中,"同在太平洋,共奏和声"激活了包容架构。原文中的 "The Pacific Ocean"是容器,容器有边界,能够暗示关系的亲密或疏远,距离近即关系亲密,关系亲密即友谊和合作。中美在一个容器里,属于一个空间,应该建立"同舟共济"的伙伴精神,携手合作,重振全球经济,体现出新型大国关系,即避免冲突与对抗、相互尊重、合作共赢,推动中美关系持续稳定发展。不仅中美在一个容器,"一带一路"共建国家实际上都在一个容器里。"一带一路"共建国家,其文化在中国文化中都有一定程度的包容和沉淀。"一带一路"期待的是不同文明之间的砥砺,以建立和谐包容的多元文化模式。在它所构建的文化语境中,不同国家可以共同发展、不同文化与文明可以求同存异,因此超越了由近代西方国家构建的现代文化语境,进而也超越了西方世界在面对相异的域外世界的文化与文明时,进行征服或同化的既有路径。① 这体现了辩证法思考问题的方式,一方为另一方的生存、存在和转化提供条件,因此,双方应该在互容性关系中共生共存,形成一个有机整体。

在例 7.34 中,报道强调"一带一路"传承了丝绸之路精神,不是狭隘的地缘战略思维,而是各种文化的大交流与大交融。沿线不同地域、不同民族、不同宗教、不同文化之间虽然偶有因文化差异导致的文明冲突,但中国以开放包容心态进行的文化交流和文明成果共享始终是主题。不同

---

① 曾向红:《"一带一路"的地缘政治想象与地区合作》,《世界经济与政治》2016 年第 1 期。

的文化可以实现交流与对话，在互鉴中谋求共同发展，增进互信，打造互利共赢的新型国际关系，打造共同发展繁荣的"命运共同体"，提升全球经济文化开放合作的新境界。

包容架构蕴含的是"'大道之行，天下为公'的理想社会，以'四海之内皆兄弟'的胸怀，传播'共性''共有''共享'的理念"。①《道德经》亦是如此，"道生一，一生二，二生三，三生万物"，道所阐释的正是由"一带一路"倡议到人类命运共同体。因此，共建"一带一路"是开放的、包容的、全球共享的倡议。2017 年 1 月，联合国社会发展委员会全体成员一致同意将"呼吁国际社会本着合作共赢和共建人类命运共同体"写入"非洲发展新伙伴关系的社会层面"决议，这一决议付诸实施，合力推进人类命运共同体将以一种新形式迈出新步伐。②

4. 平等架构

在报道中，"fair""equal""respect"出现的频率比较高，激活的是平等架构，见表 7.20。

表 7.21　*China Daily*"一带一路"报道中的平等类词表

	词汇	第一阶段 型符	第二阶段 型符	第三阶段 型符	第四阶段 型符	第五阶段 型符
EQUAL （平等）	fair	32	34	73	36	35
	fairly	2	1	1	2	2
	fairness	1	1	1	1	1
	equal	15	2	11	2	8
	equally	2	1	0	1	1
	equality	7	11	7	13	10
Relative frequency		0.03%	0.02%	0.05%	0.04%	0.03%

---

① 孙发友、陈旭光：《"一带一路"话语的媒介生产与国家形象建构》，《西南民族大学学报（人文社会科学版）》2016 年第 11 期。

② 韩墨、韩梁：《指引人类进步与变革的力量——记习近平主席在瑞士发表人类命运共同体演讲一周年》，《人民日报》2018 年 1 月 26 日。

续表

	词汇	第一阶段 型符	第二阶段 型符	第三阶段 型符	第四阶段 型符	第五阶段 型符
RESPECT （尊重）	respect	24	17	16	20	18
	respects	5	2	0	3	1
Relative frequency		0.01%	0.01%	0.01%	0.02%	0.01%

由此可见，五个阶段均强调国家间的平等、尊重。第三阶段的报道更加凸显平等。

例 7.35：The "One Belt One Road" Initiative is the most important carrier of globalization. It will urge all countries to participate and achieve development in a *fair* and *equal* manner. One of the great significances of the "One Belt One Road" Initiative, therefore, is to let all of us participate in global governance. Global governance entails not only economic development, but also politics, social, cultural and ecological development and so on.（*China Daily*, November, 9, 2015）

例 7.36：All countries should *respect* each other's sovereignty, dignity and territorial integrity, each other's development paths and social systems, and each other's core interests and major concerns, said Xi.（President Xi Jinping's Speech at the Opening Ceremony of The Belt and Road Forum for International Cooperation, May14, 2017）

在例 7.35 中，报道强调，共建"一带一路"是全球化的重要载体。它将督促所有国家以公平和平等的方式参与和实现发展。改变以往一些国家控制全球治理的局面，在新全球化下，鼓励更多的国家平等地参与经济发展、政治、社会、文化和生态发展等。

在例 7.36 中，据报道所述，所有的国家都应该尊重彼此的主权、尊严和领土完整，尊重彼此的发展道路和社会制度，以及彼此的核心利益和主要关切。这体现了中国提倡的全球治理坚持"不干涉内政"原则以及秉持共商、共建与共享原则，充分尊重共建国家的主权。基于"丝绸之路"的历史文化内涵，向世界展示了全新的合作理念和合作模式。① 其精髓是"丝路精神"与全球化的有机结合，利益共享、责任共担，重点是合作式竞争、开放式共建与多元利益共享。自愿、平等、互利、目标协调、政策沟通、多元开放、求同存异、形成共同利益和共同命运，这是构建人类命运共同体的最高智慧。

一方面，共建"一带一路"尊重当地制度和文化的现状和选择，在当地可接受的条件上推行新的互相结合的规则，提倡"全球公域"。另一方面，"一带一路"体现的是新型全球化，中国面对某些国家的"逆全球化"行为，提出了顺应时代潮流的共建人类命运共同体的理念，这有助于形成公平公正的国际政治经济新格局，消除国家间由于实力、资源、文明文化和意识形态的差异而导致的获益分配不均的情况。② 共建"一带一路"和"构建人类命运共同体"已被写进联合国人权理事会的相关决议，③ 表明该理念也被国际社会认可和接受。

5. 其他

在报道中，出现频率较高的表达还有机会类词，如"unprecedented opportunity""valuable opportunity""golden opportunity""huge-opportunity""historic opportunity"等，这激活了机会架构。"friend""friendship"等词激活了友谊架构。此外，还有提高、促进、有益等积极类表达，这类词汇主要是出现在中国媒体对"一带一路"的推广，以及其他国家对共建"一带一路"的评价中，见表 7.22。

---

① 钟飞腾：《"一带一路"、新型全球化与大国关系》，《外交评论（外交学院学报）》2017年第 3 期。

② 何亚非：《"一带一路"助推中外文化交流》，《公关世界》2017 年第 19 期。

③ 周茂荣：《特朗普逆全球化对"一带一路"实施的影响》，《边界与海洋研究》2017 年第 3 期。

由此可见，支持共建"一带一路"的国家始终对该倡议持肯定的、积极的评价。

表 7.22 *China Daily*"一带一路"报道中积极评价类词表

积极评价	词汇	第一阶段型符	第二阶段型符	第三阶段型符	第四阶段型符	第五阶段型符
FRIENDSHIP（友谊）	friend	4	5	7	7	6
	friends	18	6	29	9	12
	friendly	29	27	10	28	12
	friendship	20	36	35	39	40
Relative frequency		0.04%	0.05%	0.05%	0.04%	0.06%
OPPORTUNITY（机会）	opportunity	80	44	70	46	67
	chance	11	8	10	9	12
	chances	12	5	6	6	8
Relative frequency		0.06%	0.04%	0.05%	0.06%	0.07%
PROMOTE（促进）	promote	208	155	134	158	140
	promoter	2	1	1	1	2
	promoted	15	12	15	15	13
	promotes	12	13	11	12	14
	promoting	79	66	77	70	75
	boost	168	124	121	127	125
	boosts	13	25	11	28	13
	boosting	33	25	21	28	24
	boosted	4	14	6	15	8
Relative frequency		0.3%	0.3%	0.2%	0.3%	0.2%
BENEFIT（益处）	benefit	135	88	111	91	105
	benefits	76	54	88	57	79
	benefited	5	7	6	9	6
	beneficial	36	21	23	24	37
	benefiting	8	4	3	4	2
Relative frequency		0.15%	0.12%	0.12%	0.16%	0.13%

总体而言，上述表格中的相对频率（Relative frequency）这一项的数据无实质性差异。因此可见，就非隐喻性表层架构而言，*China Daily* 五个阶段对"一带一路"的报道在帮助、合作、平等、包容上无显著差异，第二阶段的报道更凸显合作，第三阶段的报道更凸显国家间的伙伴关系，这与上述所梳理的隐喻性架构结果一致，说明报道愈来愈凸显中国与其他国家合作共赢的意愿，以吸引更多国家的参与。

三、深层架构分析

从表层上看，"一带一路"传承了和平合作、开放包容的丝绸之路精神，坚持正确义利观，以义为先、义利并举。中国协同其他国家在世界大家庭里一起完成经济发展的旅程，在经济舞台上扮演好各自的角色，互联互通，共建朋友圈，实现经济腾飞、丰收成果。从深层上看，这其实是蕴含了中国传统文化中的"天下为公""和合"思想，以及"大同社会"理念。话语中表层架构激活的深层架构是合作共赢、双循环和人类命运共同体。

1.合作共赢

旅程、家庭、合作、包容、平等、帮助架构激活的深层架构是合作共赢，首先向国际受众传递了共建"一带一路"的"共商、共建、共享"，其次体现了"协和万邦"的国际观和"天下大同"的世界观。

众所周知，国家的个体发展离不开全球，全球的发展也离不开各个国家。每一个国家在追求本国利益时，应该兼顾他国利益，促进各国共同发展，增加人类共同利益。"同时，在面临各种风险挑战时，任何一个国家也无法靠自身力量应对。"① 经济全球化条件是各国繁荣发展经济的重要环境

---

① 汪少华、张薇：《论中国政治话语体系的认知建构——以习近平 2017 年瑞士两场演讲为例》，《南京师大学报（社会科学版）》2017 年第 5 期。

之一，应获得支持，以实现共赢，增进人类共同利益。通过报道中的表达，中国站在国际道义制高点上，展示了大国的和平发展形象。基于我们对于家庭和幸福的各种体验，尤其是生理和心理上对于幸福的各种体验，相互联系、保护、关照和教育是道德的，与世隔绝、脆弱、被社会忽视是不道德的。共建"一带一路"是个契机，把中国机遇与世界机遇相联系，把中国梦同共建各国人民的梦想相结合，因此，该倡议强调"相互尊重、平等相处、和平发展、共同繁荣"，比较容易获得受众支持。中国支持多边主义，欢迎世界各国搭乘中国经济高速发展的"顺风车"。官方媒体通过"一带一路"话语的生产、维系、调整和转变将这种"共同信仰"诉诸成一种理念、一种愿景，建立起利益共同体。① 这种话语生产模式为中国形象的全球化输出提供了一种合法性，其建构的国家形象是兼济天下的、是利益共同的。

中国自古以来就崇尚和而不同、美美与共的民族文化理念。报道中一再体现了睦邻和谐的中国和文化。中国文化受道家、儒家的影响，重视"友谊""人际间的和谐"。道家倡导对人友善、救济急需之人、救济危难的人们，反对以强欺弱；儒家重视人和，倡导人与人之间的友爱、恭敬、谦让、互助和谐。② 共建"一带一路"力图构建人人相亲、人人平等的大同社会，提倡实现东西方共同发展、小国大国平等发展，内陆海洋国家共同发展的国际新格局，建设和谐世界。新型国际关系强调大小国家一律平等，共建命运共同体，创造公平公正的国际环境。在人类的价值观中，平等、尊重、包容是好的。

2. 人类命运共同体

报道中上述表层架构激活了人类命运共同体的理念，这由更加抽象、

① 孙发友、陈旭光：《"一带一路"话语的媒介生产与国家形象建构》，《西南民族大学学报（人文社会科学版）》2016 年第 11 期。

② 陈亚仿、刘淑梅：《概念隐喻在"一带一路"财经报道中的认知分析》，《长春师范大学学报》2016 年第 11 期。

更高层的慈亲道德价值观所统领。认知科学的实证研究表明，我们的认知思维有一个隐喻性映射系统，这一系统为我们对最基本的伦理观念进行概念化、思考和推理提供了一个平台，几乎所有的抽象伦理概念都是无意识地、隐喻性地建构的。[①] 根据 Lakoff（2006），慈亲模式的道德价值观中蕴含的隐喻见表 7.23。

表 7.23　"慈亲模式"的道德价值观 [②]

道德即共情	道德即共情
道德即慈爱	社区即家庭 道德的执行者即慈亲 需要帮助的人即需要慈爱的儿童 道德行动即慈爱
道德即责任	道德即责任和义务 道德即自我负责
道德即公平	道德是分配公平 道德是机会公平

如表 7.23 所示：社区即家庭，道德的执行者即慈亲，需要帮助的人即需要慈爱的儿童，道德行动即慈爱。道德即责任、公平。因此，世界即家庭，需要帮助的国家即需要慈爱的儿童，提供慈爱即有道德的行动，提供帮助的国家是慈亲，是道德的执行者。那么在共建"一带一路"中，参与进来的国家组成一个家庭，共建国家中某些发展中国家需要帮助，中国给予帮助，表现出共情，是有道德的行动。参与进来的国家承担责任和义务，机会均等，公平分配成果，是道德的。中国体现了慈亲的道德模式，这些植根于我们生理和心理体验的隐喻性思维不是任意的，会一直贯穿在我们的伦理道德中，指导我们的行为。因此，全球

---

① 汪少华：《伦理概念的隐喻学分析》，《外语与外语教学》2007 年第 1 期。

② 该表格的内容从专著中翻译而来。Lakoff, G. (2006). *Whose freedom: The battle over American's most important idea*. New York: Farrar, Straus and Giroux.

大家庭与国家的关系是慈亲和孩子,"国家与国家均是整个家庭的一分子,邻里国家间是兄弟,应该和平共处、互相尊重、互扶互助、平等相待,为家庭兴旺做出贡献。从道德上而言,国家与国家间应该互相来往,相互关照,实现经济发展和共同富裕;国与国间互不来往,互相隔绝是不道德的,不利于自我发展和团体发展。"①在慈亲道德观的统领下,国与国、人与人之间是平等互助的,那么国与国之间理应包容合作共赢,以维护整个家庭的利益;理应和睦相处,以在世界舞台上共同完成演出。②共建"一带一路"体现了上述道德价值观,其中始终贯穿了包容共享、合作共赢、共建命运共同体的理念,并通过"big family of harmonious co-existence""circle of friends""win-win cooperation""shared destiny""a'symphony'performed by many countries"等系列表达传递,报道整体体现了构建、实现共赢共享的中国方案,即在共建"一带一路"的国际合作框架内,各方秉持共商、共建、共享原则,不断朝着人类命运共同体方向迈进,如图7.12所示。

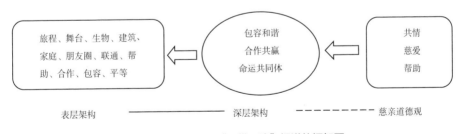

图 7.12 *China Daily*"**一带一路**"**报道的框架图**

---

① 张薇、汪少华:《新冠肺炎疫情报道中刻意隐喻的认知力》,《天津外国语大学学报》2020 年第 2 期。

② 汪少华、张薇:《论中国政治话语体系的认知建构——以习近平 2017 年瑞士两场演讲为例》,《南京师大学报(社会科学版)》2017 年第 5 期。

第二节 "一带一路"故事的话语翻译分析

在向国外受众讲述"一带一路"故事时，理想的译文需再现与原文相似或对等的认知结构，如概念、深层架构、隐喻寓意、词语的感情色彩等，以此达到认知等效，便于译文受众获得与原文受众相似的认知效果。① 下文主要基于认知翻译学理论进行例句分析。认知翻译学秉持涉身的且与情感相关的认知观，其提出的综合性认知分析框架包含架构、隐喻等各种概念。②

一、概念对等

（一）概念对等的翻译策略

1. 归化

例 7.37：原文：在 21 世纪第二个十年，"一带一路"正成为引领中英合作的"主旋律"。

译文：Fast-forward to the second decade of the 21st century and the Belt and Road Initiative（BRI），designed to revive the ancient trade route, is becoming the *mainstream* of China-UK co-operation.（Ambassador Liu Xiaoming's Signed Article on the Evening Standard, April 17, 2019）

在例 7.37 中，归化是源语文本呈现的内容接近目标语受众的语言习惯，"mainstream"采用了归化的翻译策略。"mainstream"原意为主流，

---

① 吴瑾宜、汪少华：《中国特色话语英译的认知等效探讨》，《贵州社会科学》2022 年第 5 期。

② 谭业升：《认知翻译学对翻译研究的重新定位》，《中国外语》2021 年第 3 期。

和主旋律所要表达的主要精神和主要方面具有一致性,但要采用异化的方法翻译为"the main melody"显得有点过于直白,目标语受众也很难理解所要表达的"一带一路"对于中英合作的重要性。"主旋律"是我国频繁使用的特殊词汇,时代不同,主旋律也相应不同,其内涵丰富,意义重大,用"mainstream"既保留了原文的意思,又使得文章通顺易懂,神形兼具,更易于外国读者接受。

例 7.38:原文:我提出共建"一带一路",就是要实现共赢共享发展。中国打造伙伴关系的决心不会改变。中国坚持独立自主的和平外交政策,在和平共处五项原则基础上同所有国家发展友好合作。中国率先把建立伙伴关系确定为国家间交往的指导原则,同 90 多个国家和区域组织建立了不同形式的伙伴关系。中国将进一步联结遍布全球的"朋友圈"。

译文:The Belt and Road initiative I put forward aims to achieve win-win and shared development. China remains unchanged in its commitment to foster partnerships. China pursues an independent foreign policy of peace, and is ready to enhance friendship and cooperation with all other countries on the basis of the Five Principles of Peaceful Coexistence. China is the first country to make partnership-building a principle guiding state-to-state relations. It has formed partnerships of various forms with over 90 countries and regional organizations, and will *build a circle of friends across the world*. (President Xi Jinping's Speech at the United Nations Office in Geneva, Switzerland, January 18, 2017)

在例 7.38 中,归化是源语文本呈现的内容接近目标语受众的语言习惯,"a circle of friends"就采用了归化的翻译策略。"朋友圈"本意为微信上的一个社交功能,原文的"朋友圈"是"从网络空间到现实空间的整合,它是'一带一路'架构和微信架构由于共同的类属空间'交往、沟通'

而形成的双域架构整合"①。在"一带一路"合作中，参与双方通过合作实现共赢，就如同朋友圈用户通过交互实现网络上的接触，将朋友圈的社交功能延展到全世界，实现了对人类命运共同体的阐释。朋友圈通常翻译为"WeChat moments"，这里需使用更为延伸的意义，将其阐述为由朋友所组成的一个关系圈，翻译为"a circle of friends"。"a circle of"是"一圈"的意思，它是表示一群或集体概念的量词，能够很好地传达关系圈的内涵，同时也表示了各个国家在利益一致的领域是伙伴关系，表达了团结一致、友好相处的深层含义。归化翻译可以帮助译者与读者之间缩小文化理解上的差异，译文的概念和原文的概念保持一致，传递了我国向来以和为贵的理念。

2. 异化

例 7.39：原文：这些开拓事业之所以名垂青史，是因为使用的不是战马和长矛，而是驼队和善意；依靠的不是坚船和利炮，而是宝船和友谊。

译文：These pioneers won their place in history *not as conquerors with warships, guns or swords*. Rather, they are remembered as friendly emissaries leading camel caravans and sailing treasure-loaded ships.（President Xi Jinping's Keynote Speech at the Opening Ceremony of the Belt and Road Forum on International Cooperation, May 14, 2017）

在例 7.39 中，译者运用异化策略注重保留源语言中的信息以及本国文化色彩。中国的特色术语往往采用简单、具体的隐喻性概念来表达其他特殊的含义，例如"战马"和"长矛"在中国所要表达的就是战役的隐喻含义。所以译者把"战马"和"长矛"异化为"warships, guns and swords"意思为战车，刀和枪，由于词汇本身具有侵略性，与战役有所联系，因此

---

① 汪少华、张薇：《论中国政治话语体系的认知建构——以习近平 2017 年瑞士两场演讲为例》，《南京师大学报（社会科学版）》2017 年第 5 期。

能够很快地把读者带入情景中。同时译文省略了"坚船"和"利炮"，因为"战马"和"长矛"在文中表达的意思相同，实现了概念对等的效果，如果再翻译出来会有些多余烦琐，适当的删减有利于读者理解。

例 7.40：原文：古丝绸之路见证了陆上"使者相望于道，商旅不绝于途"的盛况，也见证了海上"舶交海中，不知其数"的繁华。

译文：The ancient silk routes witnessed the bustling scenes of *visits and trade over land and ships calling at ports*. Along these major arteries of *interaction, capital, technology and people flowed freely, and goods, resources and benefits were widely shared*. （President Xi Jinping's Keynote Speech at the Opening Ceremony of the Belt and Road Forum on International Cooperation, May 14, 2017）

在例 7.40 中，演讲注重对名家语句的运用，因此文言文、诗词会经常出现在演讲之中。这类中华民族独有的文化形式对译入语受众来说比较难以理解，所以译者采用归化的方式，在翻译上迁就外来文化的语言特点，译者向目标语受众靠拢，将原文的意思用目标语受众容易理解的方式进行翻译。译者的翻译很好地体现了原文所想要表达的古代丝绸之路海上和陆上的繁华，运用"over"和"calling"再现当年船舶之多、往来的旅客之多，侧面反映贸易的繁荣。"flowed freely"和"widely shared"则直接表明古代丝绸之路贸易自由且繁荣，从短短的几个词汇中再现当年盛况。

（二）概念对等的翻译方法

1. 意译

例 7.41：原文：2000 多年前，我们的先辈筚路蓝缕，穿越草原沙漠，开辟出联通亚欧非的陆上丝绸之路；我们的先辈扬帆远航，穿越惊涛骇浪，闯荡出连接东西方的海上丝绸之路。

译文：Over 2000 years ago, our ancestors, trekking across vast steppes and deserts, opened the transcontinental passage connecting Asia, Europe and Africa, known today as the Silk Road. Our ancestors, *navigating rough seas*, created sea routes linking the East with the West, namely, the maritime Silk Road.（President Xi Jinping's Keynote Speech at the Opening Ceremony of the Belt and Road Forum on International Cooperation, May 14, 2017）

在例 7.41 中，navigating rough seas 在一定程度上与地理环境有所联系，西方国家从古希腊文明开始，得益于临近海洋，发展了海洋文明，在用词方面习惯于与海洋事物结合。"扬帆远航，惊涛骇浪"这一句由两个成语、四个意象组成，英文中没有直接对应的习语表达，如果要表现海浪的汹涌必然要在译文中加上形容词，采用直译的方法会使句子成分变得复杂，失去句与句之间结构的和谐，所以这里将"扬帆""远航""惊涛""骇浪"等具象意译为"rough sea"。"Rough"有风浪很大之意，能够通过意译实现概念对等。

2. 直译

例 7.42：原文："一带一路"秉持共商共建共享原则，欢迎各方平等参与，致力于同各方发展规划和政策对接，支持多边主义和开放型世界经济，推动经济全球化朝着更加开放、包容、普惠、平衡、共赢的方向发展。

译文：The BRI upholds the principles of consultation and cooperation for shared benefits, and all parties are welcome to equally participate in. The BRI is committed to synergizing development strategies and plans of all partners, supporting multilateralism and open global economy, so as to embrace an economic globalization that is more *open, inclusive and balanced where benefits can be shared* by all.（Xinhuanet.com, April 24, 2019）

在例 7.42 中，译者采用了直译的翻译方法实现了概念对等。"开放""包容""普惠""平衡""共赢"五个词都属于意义明确、运用频繁，且不会引起受众误解的词，"包容""普惠""平衡""共赢"可并列对应翻译为"open inclusive and balanced where benefits can be shared"。考虑到"共赢"是"包容""普惠""平衡"所达到的结果，翻译中显化因果逻辑关系有助于读者理解。因此，译者直接采用了直译的翻译方法来表现经济全球化的大方向，再现概念本质，实现认知等效中的概念对等。

例7.43：原文：中国唐宋元时期，陆上和海上丝绸之路同步发展，中国、意大利、摩洛哥的旅行家杜环、马可·波罗、伊本·白图泰都在陆上和海上丝绸之路留下了历史印记。

译文：Centuries later, in the years of Tang, Song and Yuan Dynasties, such silk routes, both over land and at sea, boomed. Great adventurers, including Du Huan of China, Marco Polo of Italy and ibn Batutah of Morocco, *left their footprints* along these ancient routes. (President Xi Jinping's Keynote Speech at the Opening Ceremony of the Belt and Road Forum on International Cooperation, May 14, 2017)

在例7.43中，译者采用了直译的翻译方法实现了概念对等，"留下历史印记"可以直译为留下了历史足迹，这和目标语受众的概念是一致的。直译的方法简单清晰，与原文在概念上对等，表达了上述旅行家曾在海上丝绸之路上留下过自己的足迹。脚是人身体的一个部位，译文可用熟知的身体隐喻实现概念对等，此句"足迹"映射为"历史印记"，"footprints"比原文中的"历史印记"更易于理解。

例7.44：原文：两年前，我们在这里举行首届高峰论坛，规划政策沟通、设施联通、贸易畅通、资金融通、民心相通的合作蓝图。

译文：Two years ago, it was here that we met for the First Belt and Road Forum for International Cooperation, where we *drew a blueprint* of cooperation to enhance policy, infrastructure, trade, financial and people-to-people connectivity. (*China Daily*, April 28, 2019)

在例7.44中，源语和目标受众对蓝图这一概念的理解是一致的，采用直译实现了概念对等。"蓝图"在对外翻译中是一个高频词汇，有相对固定的翻译，"蓝图"直接被译为"blueprint"，便于目标语受众理解。

（三）概念对等的翻译技巧

1. 增译

例 7.45：原文：发展是解决一切问题的总钥匙。

译文：Development *holds* the master key to solving all problems.（President Xi Jinping's Keynote Speech at the Opening Ceremony of the Belt and Road Forum on International Cooperation, May 14, 2017）

在例 7.45 中，译者使用增译的翻译技巧实现概念对等。译者在总钥匙前增加了一个动词"hold"。汉语常使用人称主语，而英语常使用非人称主语，这种以非人物的名词做主语的句子可以使语言生动而简洁。原句指出发展才是解决一切问题的命脉所在，这说明了发展的紧迫性，强调了发展的重要性。译文将发展作为主语，在没有改变原意的基础上，使整个译文更加自然生动。

2. 减译

例 7.46：原文：实践表明，减税降费是助企纾困直接有效的办法，实际上也是"放水养鱼"、涵养税源。

译文：Tax and fee reductions have proved a direct and effective way of helping enterprises ease their difficulties. In reality, they also *help nurture business growth and cultivate sources of tax revenue*.（Report on the Work of the Government 2022, March 5, 2022）

在例 7.46 中，"放水养鱼"是一种货币政策，"放水"指政府放钱，增加市场上流通钱币的数量。"鱼"指的是企业。"放水养鱼"的意思是给市场主体创造好的环境，促进它们发展。这里采用的是直译的方法，直接阐释了"鱼"和"水"的概念，"放水养鱼"减译部分体现在译文中省去了"enterprises"。前一句已经提及企业，因此后一句翻译可以用"business"替代。

3. 分译

例7.47：原文：一年来，面对复杂严峻的国内外形势和诸多风险挑战，全国上下共同努力，统筹疫情防控和经济社会发展，全年主要目标任务较好完成，"十四五"实现良好开局，我国发展又取得新的重大成就。

译文：Last year, *facing complicated and challenging circumstances both in and outside of China, as well as many risks and challenges, all of us throughout the country worked hard as one. We responded to Covid-19 and pursued economic and social development in a well-coordinated way,* accomplished the main targets and tasks for the year, got the 14th Five-Year Plan off to a good start, and once again secured new and major achievements in our country's development. (Report on the Work of the Government 2022, March 5, 2022)

在例7.47中，译者运用分译的翻译技巧实现概念对等。在中文的句子较长、较为复杂的情况下，将句子的结构拆分成三个部分，每个部分再依次翻译，原文中"复杂严峻的形势"和"诸多风险挑战"被拆分开，译文用"as well as"语义上强调了国内外形势严峻是重中之重，以此使目标语受众能够理解话语所要传递的概念。

4. 合译

例7.48：原文：为了使我们欧亚各国经济联系更加紧密、相互合作更加深入、发展空间更加广阔，我们可以用创新的合作模式，共同建设"丝绸之路经济带"。这是一项造福沿途各国人民的大事业。我们可从以下几个方面先做起来，以点带面，从线到片，逐步形成区域大合作。

译文：To forge closer economic ties, deepen cooperation and expand development space in the Eurasian region, we should take an innovative approach and jointly build an "economic belt along the Silk Road". This will be a great undertaking benefitting the people of all countries along the route. To turn this into a reality, we may start with *work in individual areas and link them up* over time to cover the whole region.（President Xi Jinping's Keynote Speech at the Opening Ceremony of the Belt and Road Forum on International Cooperation, May 14, 2017）

在例7.48中，译者运用合译的翻译技巧实现概念对等。"以点带面""从线到片"是典型的中文说法，目标语受众很难理解，所以译者将这两个短语合译为一个完整的句子，并对此加以解释。译文将"点"与"线"合译为"individual"，将点到面、线到片的变化过程译为"link them up"，因为在逻辑上这两个过程都是由局部到整体。译文保留了本国思维特色，也通过合译省略了重复部分，实现了概念对等。

二、隐喻寓意对等

（一）隐喻寓意对等的翻译策略

1. 归化

例7.49：原文：寻求利益契合点和合作最大公约数，兼顾各方立场。

译文：Seeking convergence of interests and *the broadest common ground* for cooperation, taking into account the perspectives of different stakeholders.（Joint Communiqué of the Leaders' Roundtable meetibng of the Second Belt and Road Forum for International Cooperation, April 27, 2019）

在例7.49中，该句采用了归化策略，实现了隐喻寓意对等。原文的"最大公约数"其隐喻含义"达成合作的最大共同点"难以让读者准确理解，而译文的"the broadest common ground"意为"最广泛的共同点"，准确再现了原文隐喻寓意，更利于读者理解。

例7.50：原文：全球性挑战需要国际社会合力应对，没有任何一个国家可以独善其身。

译文：Global challenges require the joint efforts of the international community, and no country can *cope with it on its own*. (Ambassador Cong Peiwu's signed article on Ottawa *Life* Magazine, August 6, 2020)

在例 7.50 中，该句采用了归化策略，实现了隐喻寓意对等。原文"独善其身"是具有中国文化特色的四字表达，出自《孟子·尽心上》。"独善其身"原指独自修身养性，隐喻寓意指"只顾自己而不管他人的处事风格"。译文的"cope with it on its own"其隐喻寓意和原文保持一致，并且符合译入语语言表达习惯，实现了隐喻寓意认知等效。

2.异化

例 7.51：原文：中国古语称"君子和而不同"。我们从不把自己的意志强加于人，不以意识形态划线，不搞零和游戏，不排除、也不针对任何一方。中国从未要求别国复制"中国模式"，但如果别国想借鉴中国成功发展经验，想搭上"中国发展快车"，愿意加入共建"一带一路"，我们都欢迎。

译 文：As an ancient Chinese saying goes, *men of dignity can seek harmony in diversity*, which indicates that we have never imposed our will on others and will never delimit ideology, engage in zero-sum games, exclude or target either side. China has never required other countries to duplicate the "China model". However, if other countries intend to learn form China's successful development experience, want to board on the "Express of China's Development" and are willing to join the BRI, we will welcome all. (Ambassador Lu Shay's signed article on Ottawa *Life* Magazine, April 15, 2019)

在例 7.51 中，该句采用了异化策略，实现了隐喻寓意对等。原文"君子和而不同"是中国特色话语，出自《论语·子路》，是孔子所言。子曰："君子和而不同，小人同而不和。""君子"这一具有中国文化特色的词凸显的是地位的崇高，译文"men of dignity can seek harmony in diversity"采取了相应的源语表达方式，来传达原文的内容，再现了原文的隐喻寓意，即君子在人际交往中能够与他人保持友善，但不必与对方观点保持完全一致，实现了隐喻寓意认知等效。

（二）隐喻寓意对等的翻译方法

1. 直译

例 7.52：原文：今年 1 月至 5 月，中欧班列开行数量和发货量同比上升 28% 和 32%，累计运送防疫物资达 12524 吨，成为各国携手抗击疫情的"生命通道"和"命运纽带"。

译文：Between January and May, the China-Europe Railway Express saw a 28 percent increase in freight train services, and 32 percent in freight volume. To date, it has transported 12,524 tons of medical supplies, serving as a key *"cargo lifeline"* and *"bond of solidarity"*.（Ambassador Cong Peiwu's signed article on Ottawa *Life* Magazine, August 6, 2020）

在例 7.52 中，该句采用了直译这一翻译方法，实现了隐喻寓意对等。原文的"生命通道"直译为"cargo lifeline"，表达了隐喻寓意"运送的防疫物资对各国防控疫情至关重要，关乎生死"。原文的"命运纽带"直译为"bond of solidarity"，其隐喻寓意"中欧合作团结互助运送物资对各国疫情防控成果大有裨益"与原文保持一致，实现了认知等效。

2. 意译

例 7.53：原文：今天，群贤毕至，少长咸集，我期待着大家集思广益、畅所欲言，为推动"一带一路"建设献计献策，让这一世纪工程造福各国人民。

译文：This is indeed a *gathering of great minds*. In the coming two days, I hope that by engaging in full exchanges of views, we will contribute to pursuing the Belt and Road Initiative, a project of the century, so that it will benefit people across the world. (President Xi Jinping's Keynote Speech at the Opening Ceremony of the Belt and Road Forum on International Cooperation, May 14, 2017)

在例 7.53 中，该句采用了意译这一翻译方法，实现了隐喻寓意对等。原文"群贤毕至，少长咸集"是中国特色语言表达，出自晋·王羲之《兰亭集序》："永和九年，岁在癸丑，暮春之初，会于会稽山阴之兰亭，修禊事也。群贤毕至，少长咸集。"直译容易使目标受众产生认知偏差，因此意译为"a gathering of great minds"，其隐喻寓意是世界各地的人才精英，有思想的一类人汇聚在此表达自己的想法，提供一个解决方案，与原文保持一致，实现了认知等效。

例 7.54：原文：那些说风凉话的人应该改变心态，真心实意地帮助发展中国家，而不是千方百计给共建"一带一路"设障拆台，影响别国携手共同发展。

译文：*Those who are indifferent and make sarcastic comments* shall change their mindset and try their best to help the developing countries sincerely, instead of doing everything possible to set up barriers to sabotage the BRI or exert negative influence on other countries' development. (Ambassador Lu Shay's signed article on Ottawa *Life* Magazine, April 15, 2019)

在例 7.54 中，该句采用了意译这一翻译方法，实现了隐喻寓意对等，原文的"说风凉话"是富有中国特色的俗语表达，采用意译译为"those who are indifferent and make sarcastic comments"。"风凉话"的隐喻寓意，即反驳不站在对方立场上思考和讲话的人，与原文保持一致，实现了认知等效。

（三）隐喻寓意对等的翻译技巧

1. 省译

例 7.55：原文：到目前为止，没有一个国家因为参与共建"一带一路"

而陷入债务危机，反而走出了"不发展的陷阱"。

译文：Quite on the contrary, thanks to the BRI cooperation, many countries *have made steady progress* in their efforts to get out of the trap of "under-development". (Xinhuanet.com, April 24, 2019)

在例 7.55 中，该句采用了省译这一翻译技巧，实现了隐喻寓意对等。译者在翻译时省去了"陷入债务危机"这一表达，一方面"债务危机"和"不发展的陷阱"语义上有所重复，同时翻译难免使表达冗余；另一方面，译文"have made steady progress"其隐喻寓意就是"没有陷入债务危机"，与原文保持一致，实现了认知等效。

例 7.56：原文：过去六年间，共建"一带一路"夯基垒台、立柱架梁，绘就了一幅"大写意"，今后要聚焦重点、精雕细琢，共同绘制好精致细腻的"工笔画"。

译文：Over the past six years, we have laid a solid foundation and *portrayed the framework and outline* for the BRI. In the future, we will focus on the key points and work hard to perfect the details. (Ambassador Lu Shay's signed article on Ottawa *Life* Magazine, April 15, 2019)

在例 7.56 中，该句采用了省译这一翻译技巧，实现了隐喻寓意对等。译者在翻译时省略了"绘就了一幅'大写意'"和"共同绘制好精致细腻的'工笔画'"这样的表达。"大写意"和"工笔画"是中国画的特有名词，不仅不符合目标语的表达习惯，也不在目标受众的认知范围内，若直译出来会增加受众理解的难度。"大写意"不求造型细腻逼真，只求造型神似，对应着原文"夯基筑台、立柱架梁"，隐喻着"一带一路"工程已经有所成果，已确立好框架之意。而"工笔画"追求工整细致的画法，对应着原文的"聚焦重点、精雕细琢"，隐喻着今后"一带一路"工程要重视细节方面。即使不翻译"大写意"和"工笔画"也不会影响读者理解原文，所以译者选择了省译这一翻译方法来实现认知等效。

2.增译

例7.57：原文："桃李不言，下自成蹊。"4年来，全球100多个国家和国际组织积极支持和参与"一带一路"建设，联合国大会、联合国安理会等重要决议也纳入"一带一路"建设内容。

译文：As a Chinese saying goes, *"Peaches and plums do not speak, but they are so attractive that a path is formed below the trees."* Four years on, over 100 countries and international organizations have supported and got involved in this initiative. Important resolutions passed by the UN General Assembly and Security Council contain reference to it. (President Xi Jinping's Keynote Speech at the Opening Ceremony of the Belt and Road Forum on International Cooperation, May 14, 2017)

在例7.57中，该句采用了增译这一翻译技巧，实现了隐喻寓意对等，原文的"桃李不言，下自成蹊"是中国特色话语，其典故源域具有中国文化特色，出自西汉·司马迁《史记·李将军列传》："谚曰：'桃李不言，下自成蹊。'此言虽小，可以谕大也。"若简单直译，则缺乏因果逻辑关系，会给受众带来认知障碍。于是译者在翻译时采用增译的方法，增加了"attractive"一词，喻指着各国被吸引纷纷来支持、参与"一带一路"建设，与原文保持一致，实现了认知等效。

3.合译

例7.58：原文：中国愿通过扩大同东盟国家各领域务实合作，互通有无、优势互补，同东盟国家共享机遇、共迎挑战，实现共同发展、共同繁荣。

译文：China is ready to expand its practical cooperation with ASEAN countries across the board, *supplying each other's needs and complementing each other's strengths,* with a view to jointly seizing opportunities and meeting challenges for the benefit of common development and prosperity. (*China Daily,* December 11,

2021）

在例 7.58 中，该句采用了合译这一翻译技巧，实现了隐喻寓意对等，译者在翻译时，将"互通有无、优势互补"合在一起翻译，译为"supplying each other's needs and complementing each other's strengths"，将"共享机遇、共迎挑战，实现共同发展、共同繁荣"合在一起翻译，译为"jointly seizing opportunities and meeting challenges for the benefit of common development and prosperity"，大大减少了分句的数量，使句式精简、专业，更符合目标语语言习惯，实现了认知等效。

例 7.59：原文：这是发展的倡议、合作的倡议、开放的倡议，强调的是共商、共建、共享的平等互利方式。

译文：It is about openness, development and cooperation, and it calls for *pursuing joint development and sharing benefits* on the basis of equality and mutual benefit.（*China Daily*, May 15, 2017）

在例 7.59 中，该句采用了合译这一翻译技巧，实现了隐喻寓意对等。译者翻译时将"共商、共建、共享的平等互利方式"合在一起翻译，译为"pursuing joint development and sharing benefits on the basis of equality and mutual benefit"。英文重形合，因此连接词较多，尤其注重词的合译，当句子短语表达的效果相同时，适当的合译可以达到更为理想的效果。译文并非逐字逐句地直译，而是将"共商""共建"放一起，"共享"则单独为一个短语，因为逻辑上先有"共商""共建"才能"共享"，在符合译入语语言表达习惯的基础上，做到了言尽其意、认知等效。

例 7.60：原文：从现实维度看，我们正处在一个挑战频发的世界。和平赤字、发展赤字、治理赤字，是摆在全人类面前的严峻挑战。这是我一直思考的问题。

译文：In terms of reality, we find ourselves in a world fraught with challenges. *Deficit in peace, development and governance* poses a daunting challenge to mankind. This is the issue that has always been on my mind. (President Xi Jinping's Keynote Speech at the Opening Ceremony of the Belt and Road Forum on International Cooperation, May 14, 2017)

在例 7.60 中，该句采用了合译这一翻译技巧，实现了隐喻寓意对等。译者在翻译时，没有按照原文平铺直叙，而是将"和平赤字、发展赤字、治理赤字"几个结构相同、有共同含义的词组合在一起翻译，译为"deficit in peace, development and governance"，以简洁凝练的表达做到了认知等效。

4. 分译

例 7.61：原文：实现高质量、高标准、高水平发展，给参与国家和人民带来更多收益，为实现世界和平繁荣、美美与共做出更大贡献。

译 文：By achieving high-quality, high-standard and high-level development, the BRI will bring more benefits to the participating countries and their people, and *make greater contributions to build a peaceful, prosperous, diversified and harmonious world*. (Ambassador Lu Shay's signed article on Ottawa *Life* Magazine, April 15, 2019)

在例 7.61 中，该句采用了分译这一翻译技巧，实现了隐喻寓意对等。译者在翻译原文时，将"和平繁荣、美美与共"分开翻译，分别译为"peaceful, prosperous, diversified and harmonious"。由于"和平繁荣"是符合中文语言习惯的表达，但是目标语中难以找到一个恰当的词同时表达"和平"与"繁荣"之意，因此拆开来各自翻译更符合目标语表达习惯。"美美与共"出自《费孝通论文化自觉》，原文为"各美其美，美人之美，美美与共，天下大同"。这是富有中国特色的四字短语，直译难免会带来认知偏差，因此将其拆开来，意译为"diversified and harmonious"，与原文隐喻寓意一致，实现了认知等效。

三、深层架构对等

（一）深层架构对等的翻译策略

1. 归化

例 7.62 ：2000 多年前，亚欧大陆上勤劳勇敢的人民，探索出多条连接亚欧非几大文明的贸易和人文交流通路，后人将其统称为"丝绸之路"。千百年来，"和平合作、开放包容、互学互鉴、互利共赢"的丝绸之路精神薪火相传，推进了人类文明进步，是促进沿线各国繁荣发展的重要纽带，是东西方交流合作的象征，是世界各国共有的历史文化遗产。

译文：More than two millennia ago the diligent and courageous people of Eurasia explored and opened up several routes of trade and cultural exchanges that linked the major civilizations of Asia, Europe and Africa, collectively called the Silk Road by later generations. For thousands of years, the Silk Road Spirit - "peace and cooperation, openness and inclusiveness, *mutual learning and mutual benefit" - has been passed from generation to generation,* promoted the progress of human civilization, and contributed greatly to the prosperity and development of the countries along the Silk Road. Symbolizing communication and cooperation between the East and the West, the Silk Road Spirit is a historic and cultural heritage shared by all countries around the world. （Vision and Proposed Actions Outlined on Jointly Building Silk Road Economic Belt and 21st-Century Maritime Silk Road, March 28, 2015）

在例 7.62 中，该句遵循归化策略，实现了深层架构对等。原文"互学互鉴、互利共赢"以及"薪火相传"作为汉语中经常使用的四字词语具有深刻含义。"互学互鉴、互利共赢"强调了合作双方乃至多方之间的交流及所得利益，传递了通力协作、团结互助的集体主义精神和价值取向，是人类命运共同体理念在语言层面上的体现；"薪火相传"强调了丝绸之路精神的悠久和传承，具有历史感与使命感。译者使用归化策略，使原文中简短的四字词语更贴近译入语，让译文读者能够更充分地理解原文中的深层含义，实现了深层架构对等。

例 7.63：民心相通是"一带一路"建设的社会根基。传承和弘扬丝绸之路友好合作精神，广泛开展文化交流、学术往来、人才交流合作、媒体合作、青年和妇女交往、志愿者服务等，为深化双多边合作奠定坚实的民意基础。

译文：*People-to-people bond provides the public support for implementing the Initiative*. We should carry forward the spirit of friendly cooperation of the Silk Road by promoting extensive cultural and academic exchanges, personnel exchanges and cooperation, media cooperation, youth and women exchanges and volunteer services, *so as to win public support for deepening bilateral and multilateral cooperation*.（Vision and Proposed Actions Outlined on Jointly Building Silk Road Economic Belt and 21st-Century Maritime Silk Road, March 28, 2015）

在例 7.63 中，该句遵循归化策略，实现了深层架构对等。"在英译过程中，表层架构可能会因文化不同而不同，但译文中深层架构体现的价值观需与原文保持一致。"[1] 原文中"民心相通""社会根基""民意基础"等词具有丰富的深层含义，反映出中国特色社会主义核心价值观中的民主、和谐等概念。译文"people-to-people""public support"能使译文贴近译入语，让译文读者能够更好地理解原文的深层含义，实现了深层架构对等。

例 7.64：原文："一带一路"是一条互尊互信之路，一条合作共赢之路，一条文明互鉴之路。只要沿线各国和衷共济、相向而行，就一定能够谱写建设丝绸之路经济带和 21 世纪海上丝绸之路的新篇章，让沿线各国人民

---

[1]　吴瑾宜、汪少华：《中国特色话语英译的认知等效探讨》，《贵州社会科学》2022 年第 3 期。

共享"一带一路"共建成果。

译文：The Belt and Road cooperation features mutual respect and trust, mutual benefit and win-win cooperation, and mutual learning between civilizations. As long as all countries along the Belt and Road *make concerted efforts to pursue our common goal, there will be bright prospects for the Silk Road Economic Belt and the 21st-Century Maritime Silk Road,* and the people of countries along the Belt and Road can all benefit from this Initiative.（Vision and Proposed Actions Outlined on Jointly Building Silk Road Economic Belt and 21st-Century Maritime Silk Road, March 28, 2015）

在例 7.64 中，该句遵循归化策略，实现了深层架构对等。原文中"和衷共济、相向而行"体现了通力合作、齐心协力的内涵，符合中华民族传统价值取向；"谱写建设丝绸之路经济带和21世纪海上丝绸之路的新篇章"蕴含了互利共赢的美好愿景。译者使用归化策略，让原文中内涵丰富的词句更贴近译入语，运用"pursue our common goal""bright prospects"等表达再现原文的价值观，使译文读者能够充分理解原文内涵，实现深层架构对等。

2. 异化

例 7.65：原文："亲望亲好，邻望邻好。"中国坚持与邻为善、以邻为伴，坚持睦邻、安邻、富邻，践行亲、诚、惠、容理念，努力使自身发展更好惠及亚洲国家。

译文：*Neighbors wish each other well, just like family members do to each other.* China always pursues friendship and partnership with its neighbors, and seeks to bring amity, security and common prosperity to its neighborhood.（*China Daily*，May 21, 2014）

在例 7.65 中，"亲望亲好，邻望邻好"是中国传统民谚，反映了中国人民包容、友善的特点，承载了中国愿意帮助周边国家共同发展的优秀品格。"亲"指巩固地缘相近、人员相亲的友好情谊，可翻译为"family members"。译者运用异化策略，忠于原文，在一定程度上保留原文的异域性，让目标语读者理解和接受源语文化，实现深层架构对等。

（二）深层架构对等的翻译方法

1. 意译

例 7.66：原文：坚持和谐包容。倡导文明宽容，尊重各国发展道路和模式的选择，加强不同文明之间的对话，求同存异、兼容并蓄、和平共处、共生共荣。

译文：The Initiative is harmonious and inclusive. It advocates tolerance among civilizations, respects the paths and modes of development chosen by different countries, and supports dialogues among different civilizations *on the principles of seeking common ground while shelving differences and drawing on each other's strengths*, so that *all countries can coexist in peace for common prosperity.* （Vision and Proposed Actions Outlined on Jointly Building Silk Road Economic Belt and 21st-Century Maritime Silk Road, March 28, 2015）

例 7.66 中，以意译的方法实现深层架构对等，更便于译文读者理解，同时简洁大方。原文为四个具有深刻内涵的四字词语，译文按照原文的内涵将其翻译为两个短句，再现了原文中包容、共同发展的价值观，实现了深层架构对等。译句还用"and""while""so that"明确句子间的逻辑关系，实现语义连贯。"seeking""shelving"以及"for common prosperity"表明我国在外交中坚持互利共赢的合作理念，实现了深层架构对等。

例 7.67：原文：面对疫情，"一带一路"合作伙伴在疫情初期向中国提供了宝贵支持，中国也投桃报李，迄今已向 122 个合作伙伴提供抗疫援助，向沿线 25 个国家派出医疗队，毫无保留地同各国全面分享防控和诊疗经验。

译文：In the face of COVID-19, the cooperative partners of the Belt and Road Initiative provided valuable support to China in the early stage of the pandemic. *China has also reciprocated their kindness.* So far, China has provided assistance to 122 BRI partners, sent medical teams to 25 countries along the route and shared our experience in containment, diagnostics and therapeutics with all countries without reservation.（Ambassador Cong Peiwu's signed article on Ottawa *Life Magazine*, August 6, 2020）

在例 7.67 中，该句使用意译的方法实现深层架构对等。成语"投桃报李"出自《诗经·大雅·抑》，原文为"投我以桃，报之以李"，比喻友好往来或互相赠送东西。《史记·李将军列传》中写道："谚曰：'桃李不言，下自成蹊'"①，"桃树与李树虽然并不能说话，但凭着自己本身的贡献自然而然地吸引了人们的到来，就如刚正不阿的李将军虽不善言辞，但他为百姓、为国家所做的贡献却足以让人们永远铭记他。"② 自此典始，"桃李"意象可以指代美好的道德与品行，这里形象地反映了中国懂得感恩、友善的国家形象。译文中"reciprocated their kindness"解释了这层含义，这个术语一般指的是以实物回报礼物，重要的不是礼物本身，而是礼物所传达的善意，以及与对方建立持久友谊的愿望。该表达隐含着平等互利、以德报善的原则，是互惠概念的一个积极方面。这一原则将个人之间的关系应用于国家之间的关系，使语读者更好地理解其深意。

2.直译

例 7.68：原文：面对充满不确定性的国际形势，习近平主席深刻洞察世界发展趋势，准确把握人类社会发展规律，提出了共建"一带一路"、

---

① 司马迁：《史记》，中华书局 2008 年版。
② 李巍：《中国古典文学中的"桃李"意象流变考》，《江西教育学院学报》2014 年第 1 期。

推动构建人类命运共同体等一系列新理念新主张新倡议。这些新理念新主张新倡议形成和确立了习近平外交思想，既具有鲜明中国特色，又蕴含人类共同价值，凝聚了各国人民共同建设美好世界的最大公约数。

译文：Facing the uncertain international situation, President Xi Jinping, with a keen understanding of the world development trends and an accurate grasp of the evolution of human society, has put forward a series of new ideas, propositions and initiatives such as the Belt and Road Initiative and the building of a community with a shared future for mankind. These new ideas, propositions and initiatives have formed and established Xi Jinping Thought on Diplomacy. Embodying the shared values of mankind as well as distinct Chinese features, *they capture the greatest common denominator among people of all nations in aspiring to a better world*.（Ambassador Cong Peiwu's signed article on Ottawa *Life* Magazine, August 6, 2020）

在例 7.68 中，该句使用的是直译的方法实现深层架构对等。"最大公约数"在两种语言的语境中都有类似表达，其语义为共同的最大利益，"the greatest common denominator"凸显出共建"一带一路"开放包容、合作共赢的本质内涵。直译的方法能向读者直接传达深层含义，实现深层架构对等。

（三）深层架构对等的翻译技巧

1. 分译

例 7.69：原文："一带一路"建设秉持的是共商、共建、共享原则，不是封闭的，而是开放包容的；不是中国一家的独奏，而是沿线国家的合唱。

译文：In promoting this initiative, China will follow the principle of wide consultation, joint contribution and shared benefits. The programs of development will be open and inclusive, not exclusive. *They will be a real chorus comprising all countries along the routes, not a solo for China itself*.（President Xi

Jinping's keynote Speech at the Boao Forum for Asia Annual Conference 2015, March 28, 2015）

在例 7.69 中，该句通过运用分译的技巧，实现了深层架构对等。原文中"独奏"和"合奏"的表达不易被译文读者理解，译者使用分译的方法使译文中的对应部分独立成句，使译文更符合译入语读者的阅读习惯，同时也表现了"一带一路"建设能够联合众多国家共同发展，达到了深层架构对等的效果。将各个国家之间的合作隐喻为合唱团，中国不应是"独奏"也暗示我国愿与周边国家交好，"chorus"源于西方文化中的唱诗班，在翻译中译者若能根据不同文化找到对应的单词，则能更好表达原文的意思。

2. 合译

例 7.70：原文：中国开放的大门永远不会关上，欢迎各国搭乘中国发展的"顺风车"。中国愿意同各方一道，推动亚洲基础设施投资银行早日投入运营、发挥作用，为发展中国家经济增长和民生改善贡献力量。

译 文：The door of China's opening up will never shut and China welcomes all countries to ride on its development. *China stands ready to work with other parties to make sure that the AIIB will start to operate and play its due role as soon as possible and contribute to economic growth and better livelihood in developing countries.* (*China Daily*, January 16, 2016)

在例 7.70 中，该句采用合译的方法达到深层架构对等。译者将原文中的众多短句合译为一个长句，呈现出清晰的"团结合作——共同运营——共同发展"的逻辑链。句子用"and"和"as soon as possible"衔接了三个短句，译文中用"stands ready to""start to""contribute to"，通过合译再现了原文"共同发展、共享红利"的集体主义价值取向，实现了深层架构对等。

例 7.71：原文："孟夏之日，万物并秀。"在这美好时节，来自 100 多个国家的各界嘉宾齐聚北京，共商"一带一路"建设合作大计，具有十分重要的意义。

译文：*In this lovely season of early Summer when every living thing is full of energy,* I wish to welcome all of you, distinguished guests representing over 100 countries, to attend this important forum on the Belt and Road Initiative held in Beijing.（President Xi Jinping's Keynote Speech at the Opening Ceremony of the Belt and Road Forum on International Cooperation, May 14, 2017）

例 7.71 采用合译的方法达到深层架构对等。译者将古谚"孟夏之日，万物并秀"合译为"In this lovely season of early Summer when every living thing is full of energy"。"孟夏之日"指夏季的第一个季节，因此译为"early summer"，用 when 将时间与事件联系起来，逻辑顺畅，用定语从句阐释了万物并秀的含义。原意指的是季节，这里指的是来自 100 多个国家的各界嘉宾，表达了一种美好的希冀，希望中方能与齐聚这里的嘉宾在这个美好的时节实现万物并秀。译句通过合译再现了原文对集体主义价值观的推崇，反映出中国包容、共建共享的主张，有助于译文读者更好理解原文内涵，实现了深层架构对等。

四、感情色彩对等

（一）感情色彩对等的翻译策略

1. 归化

例 7.72：原文：中国古语讲："不积跬步，无以至千里。"

译文：An ancient Chinese saying goes, "*A long journey can be covered only by taking one step at a time.*"（Joint Communique of the Leaders Roundtable of the Belt and Road Forum for International Cooperation, May 15, 2017）

在例 7.72 中，该句采用归化的翻译策略，实现了感情色彩对等。"不积跬步，无以至千里"出自荀子《劝学》，在翻译此句时若采用直译的方法，一方面会增加翻译难度；另一方面可能会使读者较难捕捉到原句所要传达的含义。因此，译者选择运用归化的翻译策略，在翻译中国古语时向目标语读者靠拢，原译出中国文言古语。译者将否定句改为肯定句，分别用"long journey"和"taking one step at a time"来代表"千里"和"跬步"，这类表达在汉语与英文中都含有艰辛、不易的意思，因此在感情色彩上具有一致性，使读者更容易理解原句含义，实现感情色彩对等。

例 7.73：原文：高度评价了过去 8 年来共建"一带一路"取得的丰硕成果，并就继续推动共建"一带一路"高质量发展提出了明确要求。

译文：He spoke highly of the *fruitful achievements* in Belt and Road cooperation over the past eight years, and set out clear requirements for the continued, high-quality development of Belt and Road cooperation.（Remarks by State Councilor and Foreign Minister Wang Yi at the Meeting of the Advisory Council of the Belt and Road Forum for International Cooperation 2021, December 17, 2021）

在例 7.73 中，该句采用归化的翻译策略，实现了感情色彩对等。"Fruitful"意为卓有成效的，象征着"硕果累累"，这类词通常具有褒义的感情色彩，在表达取得重大成就时，用此类形容词能够与原文所表达的意思高度一致。因此，译者采用归化策略，让原文中内涵丰富的词句更贴近译入语，并以"it aims to promote green development"来准确表达原句想要传达出的价值观及其思想内涵，从而使读者更能领会原句的含义，实现感情色彩对等。

2.异化

例 7.74：原文：近 6 年来，"一带一路"合作成绩斐然、硕果累累。

译文：Over the past six years, the BRI cooperation has seen *significant progress and fruitful results*.（Xinhuanet.com, April 24, 2019）

在例 7.74 中，该句采用异化的翻译策略，实现了感情色彩对等。原文"成绩斐然"以及"硕果累累"作为中文中经常使用的四字词语，在语境中具有深刻含义。"成绩斐然"是指取得了卓越突出的成果；"硕果累累"是指收获了许多巨大的成就。用"significant"和"fruitful"在语境中往往表达积极的含义，"一带一路"取得了重大的突破，令人欣喜，在情感表达上两者在含义方面有着相通之处。译者在翻译时采用异化策略，更加贴合原句作者所要传达的感情与思想，忠于原文，实现了感情色彩对等。

（二）感情色彩对等的翻译方法

1. 意译

例 7.75：原文：刚才我已经介绍了，共建"一带一路"提出 9 年来，中国同国际社会广泛推进互利合作，取得了一大批实实在在、沉甸甸的合作成果。我可以再补充一些事实。

译文：As I shared with you just now, for nine years since the launch of the BRI, much has been achieved in extensive and *win-win cooperation* between China and the international community. Let me add some more facts on that.（Foreign Ministry Spokes person's office, August 18, 2022）

在例 7.75 中，该句采用意译的翻译方法，实现了感情色彩对等。"广泛推进互利合作"与"实实在在、沉甸甸的合作成果"是极具中国特色的官方话语，若按照直译的翻译方法翻译，一方面可能会导致篇幅过长，读者难以捕捉到关键信息；另一方面可能会出现词不达意的情况。在这种情况下，将"互利"与"实实在在、沉甸甸的合作成果"统一翻译为"win-win cooperation"，由于"合作"一词在文章中会经常出现，使用限定词加名词可以避免重复，用高度凝练的词语将原文的概念意旨表达出来，从而使读者迅速理解其含义。"win-win"代表着双方合作共赢的局面，在双方看来都是正面的效果，从词汇的运用上实现了感情对等。

例 7.76：原文：历史告诉我们：文明在开放中发展，民族在融合中共存。

译文：This part of history shows that *civilization thrives* with openness and nations prosper through exchange. (President Xi Jinping's Keynote Speech at the Opening Ceremony of the Belt and Road Forum on International Cooperation, May 14, 2017)

在例 7.76 中，该句采用意译的翻译方法，实现了感情色彩对等。原句中的"发展"用于修饰"文明"，若按照直译的翻译方法将其直接翻译成"develop"，则达不到原文想要传达出的感情程度。"develop"意指"开发、进步、使成长"，而"thrive"有"兴旺、繁荣"之意，更具感情色彩，能预见显而易见的成功。在原文的语境中，文明用"thrive"来形容更加合适，更能使读者领会原文用词的感情色彩。

例 7.77：原文：开放带来进步，封闭导致落后。对一个国家而言，开放如同破茧成蝶，虽会经历一时阵痛，但将换来新生。

译文：Opening up brings progress while isolation results in backwardness. For a country, opening up is like the *struggle of a chrysalis breaking free from its cacoon*. There will be short-term *pains*, but such pains will *create a new life*. (President Xi Jinping's Keynote Speech at the Opening Ceremony of the Belt and Road Forum on International Cooperation, May 14, 2017)

在例 7.77 中，该句采用意译的翻译方法，实现了感情色彩对等，"换来新生"并没有对应的词汇，因此翻译成"create new life"表达的是新生命充满着对大自然的敬畏，既保持了原句的含义，同时也更加让读者领会到极具中国特色的官方用语的精妙之处。"一时阵痛"中将"阵痛"翻译为"struggle"也是意译的方法，"struggle"是指为了获得某样东西而去斗争，过程充满艰辛，所以可以理解为阵痛。与"new life"这种充满希望的词语不同，因此二者形成鲜明对比，感情色彩浓烈。"breaking for free"

在此语境中运用极佳，西方文化崇尚自由，为了自由而战显然是美好的，"free"在此语境中就是褒义，与"破茧成蝶"均含有积极的寓意，因此实现了感情色彩的对等。

（三）感情色彩对等的翻译技巧

1. 增译

例 7.78：原文：携手实现和平、发展、合作的愿景。

译文：Together, we can surely translate the vision of peace, development and *win-win* cooperation into reality.（*China Daily*, May15, 2017）

在例 7.78 中，该句采用增译的翻译技巧，实现了感情色彩对等。"合作"直译为"cooperation"，但原句并未采用，而是将其翻译为"win-win cooperation"。结合上下文，"win-win cooperation"在原有"合作"含义的基础上增加了"双赢的"修饰语，更加符合原文《深化合作伙伴关系 共建亚洲美好家园》的愿景与语境。

例 7.79：原文：事实证明，"一带一路"也不是什么"债务陷阱"，而是惠民馅饼。

译文：Facts have also proven that the BRI is not a "debt trap", but an "*economic pie*" that benefits the local people.（*People's Daily Online*, April 24, 2019）

在例 7.79 中，该句采用增译的翻译技巧，实现了感情色彩对等。译者在翻译出原句"惠民馅饼"的基础上又对其进行了扩充，结合上下文对原句进行了一定的解释。译者在翻译时将"惠民馅饼"替换为"economic pie"，同时又以"benefits the local people"表达出了"惠民"的含义。在说明或阐述原文词语的具体内容或者思想时恰恰传达了"一带一路"建设"五通"中的其中一通，即"民心相通"。并且译文运用"trap"和"pie"这两个具有感情色彩强烈对比效果的词汇说明"一带一路"具有利好的效果，而不具有负面意义，从而使读者更加能领会原文所要传达的含义。

2. 省译

例 7.80：原文：面对世界大变局，迟疑者和彷徨者只能错失良机。

译文：Amid the profound changes in the world, *hesitation leads* only to missed opportunities.（*China Daily*, April 17, 2019）

在例 7.80 中，该句采用省译的翻译技巧，实现了感情色彩对等。"迟疑者"与"彷徨者"意义相同，译者在翻译"迟疑者"和"彷徨者"时将两者合二为一，统一翻译为"hesitation"，使读者更容易捕捉到文章所要传达的感情和寓意。"迟疑""彷徨"具有明显的贬义，在译文中用"hesitation"能够引起读者的共鸣。因为"hesitation"而错失"opportunities"，在逻辑和情感上实现译者与读者之间的情感共鸣。

3. 合译

例 7.81：原文："一带一路"正在成为合作之路、健康之路、复苏之路、增长之路。

译文：The BRI is becoming *a model of cooperation, health, recovery and growth*.（Ambassador Cong Peiwu's signed article on Ottawa *Life* Magazine, August 6, 2020）

在例 7.81 中，该句采用省译的翻译技巧，实现了感情色彩对等。译者在翻译此句时将直译与意译相结合，对于相对通俗易懂的"合作""健康""复苏""增长"，选择了直译的翻译技巧。对于重复出现的"……之路"，则选择了意译的翻译技巧，在保留原文含义的基础上，将其翻译为"a model of..."，使原句更加凝练，使读者更容易理解原句的含义。译文连用四个褒义词汇表达了"一带一路"的重要性，实现了与原文的感情色彩对等。

4. 分译

例 7.82：原文：全球抗击新冠疫情的实践表明，人类是休戚与共、风雨同舟的命运共同体，唯有相互支持、团结合作才是战胜危机的人间正道。

译文：The experience of the global fight against COVID-19 shows that mankind has emerged as a community with a shared future that *goes through thick and thin and shares weal and woe*. Only mutual support, solidarity and cooperation is the right way to overcome the crisis.（Ambassador Cong Peiwu's signed article on Ottawa *Life* Magazine, August 6, 2020）

在例7.82中，译者运用分译的翻译技巧实现概念对等。"休戚与共""风雨同舟"意义明确，而英语中有些单词语义呈现综合性，一个词语有多个意思，如果直译就无法体现"风雨"和"同舟"的真正含义。相比之下，译者分别翻译了"休戚与共"和"风雨同舟"的意思。例如原文的"休""戚"，意思是喜乐和忧虑，和"weal"和"woe"一样亦指有利的和不利的遭遇。二者均含有明显的感情色彩。如此翻译不易引起歧义，目标语受众能够很好地理解这两个短语的意思，达到情感共鸣的效果。

第三节　"一带一路"故事的话语传播分析

美国社会学家罗兰·罗伯森指出，思想文化是一个国家的精神力量，文化的有效传播可以达到"不战而屈人之兵"的目的。[①] 因此在话语传播方面，总体上要强化文化吸引，通过文化促进交流，深入人心。讲述"一带一路"故事时，不仅需要选择合适的话语，并进行恰当的译介，而且需调查其话语的对外传播效果，并基于此进行分众化传播，以提高传播质效。本节首先考察"一带一路"话语的对外传播状况，然后提出提升"一

---

① 张骥、刘艳房：《论全球化时代国家形象战略与国家利益的实现》，《国际观察》2009年第1期。

带一路"话语传播力的途径。

一、"一带一路"话语的对外传播状况

本节考察的媒体主要有四类，第一类是国际大国，如美国、俄罗斯等；第二类是中国邻国，如日本、印度等；第三类是共建国家，如巴基斯坦、新加坡、泰国等；第四类是存在争端国家，如菲律宾等。具体分布比例如图 7.13 所示。

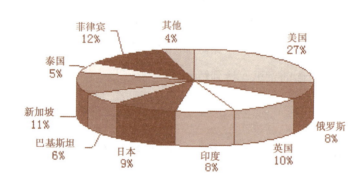

图 7.13　国外媒体"一带一路"报道的分布比例

本节所涉及的外媒对共建"一带一路"的报道仅讨论三个阶段。[①] 第一个阶段是 2013 年 9 月 7 日共建"一带一路"被提出至 2015 年 12 月 24 日，这时的报道主要介绍"一带一路"的信息，大多仅是新闻报道，较为客观。第二个阶段是 2015 年 12 月 25 日亚投行正式建立至 2017 年 1 月 22 日，外媒开始对共建"一带一路"更加关注，有的国家理解支持，

---

① 　受报道收集区间段所限。

但有的国家质疑谨慎，报道中有不同程度的曲解。第三个阶段是 2017
年 1 月 23 日美国退出 TPP 至 2017 年 12 月 25 日，这时美国对"一带一
路"持矛盾的态度。在美国宣布退出 TPP 之后，"'一带一路'在国际舆
论中所面对的压力开始逐渐减轻，甚至开始被视作取代 TPP 成为主导全
球发展的重要引擎"①，报道大幅增多，有些国家在对"一带一路"质疑
的同时，期待通过"一带一路"延续全球化进展，尝试与中国合作，如：
日本。总体而言，对共建"一带一路"持谨慎质疑态度的外媒对"一带
一路"的报道数量在亚投行成立后呈降低趋势，在美国退出 TPP 后呈上
升趋势，而对"一带一路"持支持态度的外媒报道始终呈现上升趋势，
如图 7.14 所示。可能的原因是质疑派在保持观望，而后有转变态度的趋
向。下面将分类表述报道趋势。

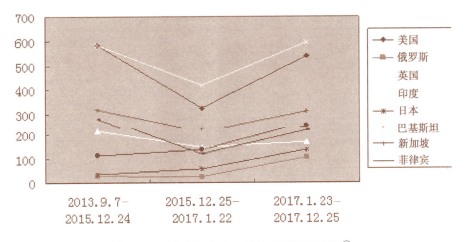

图 7.14 国外媒体"一带一路"报道的数量趋势①

---

① 清华大学爱泼斯坦对外传播研究中心：《"一带一路"议题的国际舆情分析》，《对外传
　播》2017 年第 5 期。
② 本表仅统计和呈现了前三个阶段。

（一）大国媒体

在大国媒体中，美国媒体报道语料主要选自《纽约时报》（*The New York Times*）、《美国官方新闻》（*US Official News*）、《华盛顿邮报》（*The Washington Post*）和《洛杉矶时报》（*Los Angeles Times*）总计157篇[①]，182077词。以《中国日报》总语料库（488475词）为参照语料库进行对比，经过Wmatrix的初步统计，可以看出，美媒对"一带一路"大多持有负面态度，详见表7.23。语义域在研究语料库中的频率和相对频率由"O1"和"％1"所示，语义域在参照语料库中的频率和相对频率见"O2"和"％2"，"＋"指示对比研究语料库和参照语料库后，该语义域的超常使用频率，"LL"指示该语义域超常使用的显著性程度，其数值越大说明凸显程度越高（孙亚，2012）。按照LL这一项，凸显程度较高的词汇排列如下。

表7.24　美国媒体"一带一路"报道中的主题词语义域[②]

Item	O1	％1	O2	％2	LL	LogRatio	Semtag
G3	630	0.37	102	0.06 +	436.52	2.66	Warfare, defence and the army
E3-	481	0.28	78	0.04 +	332.96	2.66	Violent/Angry
I2.2	931	0.55	383	0.22 +	249.12	1.32	Business: Selling
E6-	267	0.16	72	0.04 +	124.12	1.93	Worry
S8-	253	0.15	89	0.05 +	85.99	1.54	Hindering
S5-	280	0.16	107	0.06 +	84.38	1.42	Not part of a group
G2.2-	100	0.06	24	0.01 +	51.91	2.09	Unethical
A1.3+	71	0.04	13	0.01 +	45.48	2.48	Cautious
S1.2.1-	46	0.03	4	0.00 +	42.46	3.56	Formal/Unfriendly

[①] 外媒语料中转述中国"一带一路"话语的部分已被人工剔除，以确保统计的准确性。下同。

[②] 该表格中各项数值源于Wmatrix软件中导出的统计数据。LL值≥6.63代表显著性较高。在此选取主题词LL值≥25的语义域。由于篇幅所限，仅列出15条，代表外媒对"一带一路"的观点。表5.2—表5.9同。

续表

Item	O1	%1	O2	%2	LL	LogRatio	Semtag
A5.1-	94	0.06	27	0.02 +	40.91	1.83	Evaluation: Bad
E2-	40	0.02	4	0.00 +	35.07	3.36	Dislike
S7.3	42	0.02	5	0.00 +	34.20	3.11	Competition
X5.2-	33	0.02	2	0.00 +	33.94	4.08	Uninterested/bored/unenergetic
S1.2.3+	47	0.03	10	0.01 +	26.98	2.27	Selfish
K5.2	48	0.03	11	0.01 +	25.93	2.16	Games

可以看出,在美国媒体的报道中,比较凸显的语义特征有:战争、暴力、商业交易、担忧、妨碍、谨慎、不友好、消极评价、不喜欢、竞争、自私、博弈等词类。如商业交易这一项包括的词汇有:"buy""sell""bargain""salesman"等;暴力这一项包括的词汇有:"aggressive""threat""bully"等;竞争这一项包括的词汇有:"rival""compete""competitor""racing""contest""opponent"等。其中阻碍这一类词主要涉及美国和印度对共建"一带一路"的不配合。不参与、不友好多涉及印度对"一带一路"的抵抗。总体而言,美媒的报道表明了美国视共建"一带一路"为一种可以与其抗衡,甚至会取代其霸权地位的力量,对这个倡议多持谨慎和质疑的态度。

此外,虽然美媒大体上质疑共建"一带一路",但是在特朗普宣布美国退出 TPP 以来,美媒和其他媒体对共建"一带一路"的态度稍有转变,如:美国称共建"一带一路"开展了上亿美元规模的海陆基建工程,在很大程度上促进了世界经济贸易的发展。美国政府应视中国为其合作伙伴,而不是竞争对手。①《纽约时报》于 2017 年 5 月 15 日宣称,美国企业也

---

① 清华大学爱泼斯坦对外传播研究中心:《"一带一路"议题的国际舆情分析》,《对外传播》2017 年第 5 期。

想从"一带一路"计划中分一杯羹。同年 11 月 10 日，该媒体评价当特朗普痴迷于盖起高墙的同时，习近平正在忙于修建桥梁；特朗普回避多边主义和全球治理，习近平却日益接受它们。

俄罗斯媒体报道语料主要选自《俄罗斯和独联体国家通讯社》（*Russia & CIS General Newswire*）、《俄罗斯周报》（*Intellinews - Russia This Week*）和《俄罗斯日报》（*Intellinews - Russia Today*），总计 119 篇，92022 词。按照 LL 这一项，凸显程度较高的词汇见表 7.25。

表 7.25　俄罗斯媒体"一带一路"报道中的主题词语义域

Item	O1	% 1	O2	% 2	LL	LogRatio	Semtag
I2.2	486	0.55	184	0.04 +	1101.31	3.88	Business: Selling
G1.1	1812	2.06	5468	1.12 +	455.08	0.88	Government
Q2.1	1970	2.24	6395	1.31 +	394.13	0.78	Speech: Communicative
S1.1.3+	154	0.18	197	0.04 +	163.15	2.12	Participating
I1.1+	59	0.07	30	0.01 +	118.10	3.45	Money: Affluence
X5.2+	331	0.38	909	0.19 +	106.96	1.02	excited/energetic
G3	159	0.18	307	0.06 +	101.47	1.53	Warfare, defence and the army
S8-	802	0.91	2965	0.61 +	96.84	0.59	Hindering
G2.1	469	0.53	1515	0.31 +	95.38	0.78	Law and order
S3.1	222	0.25	1122	0.12 +	94.27	1.12	Personal relationship
S1.1.3	21	0.02	7	0.00 +	49.82	4.06	Participation
S1.2.1+	515	0.59	2082	0.43 +	39.20	0.46	Informal/Friendly
S7.1+	742	0.84	3294	0.67 +	29.17	0.32	In power
S3.1	222	0.25	807	0.17 +	28.89	0.61	Personal relationship: General
S7.3	181	0.21	645	0.13 +	25.62	0.64	Competition

从表 7.24 可以看出，在俄罗斯媒体的报道中，比较凸显的语义特征有：交易、交流、参与、富裕、战争、阻碍、秩序、友好、权力、竞赛等词类。如竞赛这一项包括的词汇有："rival""compete""opponent"等；

战争这一项包括的词汇有："economic war""forces"" frontline"等；富裕这一项包括的词汇有："prosperity""profitable"等；阻碍类词主要有："prevent""refuse"等。有的媒体认为共建"一带一路"能够推进中亚地区各国的多边经济合作；有的媒体认为中国经济实力和大国地位的提升会削弱俄罗斯的国际影响竞争力。俄罗斯一方面在"一带一路"中看到自己的经济政治利益，从而对其产生认同；另一方面他们又对国力逐渐强盛的中国心存顾虑，因此仍在观望。

英国媒体主要来自《BBC 监控报告》（*BBC Monitoring*）、《英国时报》（*The times*）、《周日时报》（*The Sunday Times*），总计 150 篇，152293 词。经过 Wmatrix 的初步统计，可以看出，英媒对"一带一路"多持有肯定态度。按照 LL 这一项，凸显程度较高的词汇见表 7.26。

表 7.26 英国媒体"一带一路"报道中的主题词语义域

Item	O1	% 1	O2	% 2	LL	LogRatio	Semtag
S8+	1935	0.67	636	0.13 +	1547.39	2.36	Helping
S1.1.3+	941	0.33	296	0.06 +	777.73	2.43	Participating
S3.1	1336	0.46	869	0.18 +	496.48	1.38	Personal relationship
S1.1.2+	3197	1.11	3289	0.67 +	397.06	0.72	Reciprocal
X9.2+	1183	0.41	821	0.17 +	393.54	1.29	Success
G2.1	478	0.17	211	0.04 +	293.95	1.94	Law and order
S1.1.3	1749	0.61	1774	0.36 +	228.28	0.74	Participation
S1.2.1+	1507	0.52	1515	0.31 +	202.76	0.75	Informal/Friendly
S7.3	357	0.12	123	0.03 +	275.13	2.30	Competition
S8-	396	0.14	244	0.05 +	160.29	1.46	Hindering
E6-	284	0.10	150	0.03 +	142.31	1.68	Worry
E5-	117	0.04	26	0.01 +	120.33	2.93	Fear/shock
S7.1+	234	0.08	110	0.02 +	134.55	1.85	In power
A12-	491	0.17	510	0.10 +	58.91	0.70	Difficult
S7.4	60	0.02	30	0.01 +	32.15	1.76	Permission

从表 7.25 可以看出，在英国媒体有关"一带一路"的报道中，比较

凸显的语义特征有：帮助、参与、合作、成功、友好、竞争、阻碍、担忧、权力、困难等词类。比如：在"success"这一类词中，主要有"win-win""successful""effective""achievements""productive""accomplished""making progress"等。这表明英媒在主流上一方面认可"一带一路"带来的益处，持支持与合作态度；另一方面也对其有一定的质疑和担忧。

英国媒体认为，共建"一带一路"是为解决中国经济发展中出现的内部问题而采取的措施，如生产能力过剩、能源等问题。"一带一路"能够帮助中国拓展市场，缓解产能过剩。同时，英国媒体也看到了"一带一路"带来的发展机遇和合作潜力，愿意加入经济全球化的进程中。

此外，法国智库认为"一带一路"有可能给法国带来一定的投资和收入，但同时认为倡议缺乏具体性和可操作性，因此既持积极支持态度又存在怀疑和顾虑。欧盟媒体主要来自《欧盟新闻》(*European Union News*)，总计 65 篇，48598 词。欧盟对"一带一路"的报道主要为转述其他国家的话语，并没有自己明显的感情色彩。经过 Wmatrix 的初步统计，发现比较凸显的语义特征有：帮助、友谊、机遇、兴趣、付出、建筑等词类。澳大利亚媒体，如《时代报》(*The Age*)、《澳大利亚人》(*The Australian*)一方面认为"一带一路"能够给共建国家经济发展带来益处，另一方面又关注了共建"一带一路"带来的地缘政治变化以及有可能给其他国家带来的威胁。①

（二）邻国媒体

在邻国媒体中，印度媒体主要来源于《经济时报》(*The Economic Times*) 和《印度时报》(*Times of India*)，总计 75 篇，78464 词。经过

---

① 孙有中、江璐：《澳大利亚主流媒体中的"一带一路"》，《现代传播（中国传媒大学学报）》2017 年第 4 期。

Wmatrix 的初步统计，可以看出，印度媒体对"一带一路"多持有负面态度。按照 LL 这一项数值，凸显程度较高的词汇见表 7.26。可以发现，在印度媒体的报道中，比较凸显的语义特征有：战争、暴力、不友好、担忧、权力、政治、不参与、阻碍、无兴趣、不需要、困难等消极负面的词类。如：不参与这一类包含的词汇主要有："boycott""absence""stay away"；不友好这一类包含的词汇主要有："standoff""hostile"等；权力这一类包含的词汇主要有："colony"" colonialism"等，主要在于描述中国会因共建"一带一路"而殖民和掌控中亚和中东国家；困难这一类包含的词汇主要有"difficult""challenge""crisis""problem"等。这表明印度媒体始终对"一带一路"持谨慎、质疑和不支持的态度。

表 7.27 印度媒体"一带一路"报道中的主题词语义域

Item	O1	% 1	O2	% 2	LL	LogRatio	Semtag
Z6	468	0.68	383	0.22 +	267.26	1.64	Negative
G3	181	0.26	102	0.06 +	155.80	2.18	Warfare, defence and the army
E3-	151	0.22	78	0.04 +	140.15	2.30	Violent/Angry
S1.2.1-	63	0.09	4	0.00 +	131.82	5.33	Formal/Unfriendly
A7-	91	0.13	35	0.02 +	104.66	2.73	Unlikely
E6-	108	0.16	72	0.04 +	78.82	1.93	Worry
N7.1+	159	0.23	156	0.09 +	69.21	1.38	In power
G1.2	211	0.31	255	0.15 +	61.25	1.07	Politics
S1.1.3-	45	0.07	14	0.01 +	58.53	3.03	Non-participating
S8-	104	0.15	89	0.05 +	55.85	1.57	Hindering
X5.2-	20	0.03	2	0.00 +	38.55	4.67	Uninterested/bored/unenergetic
A6.1-	314	0.46	516	0.29 +	35.84	0.63	Comparing: Different
E5-	34	0.05	15	0.01 +	35.64	2.53	Fear/shock
X7-	19	0.03	5	0.00 +	26.85	3.27	Unwanted
A12-	127	0.18	177	0.10 +	25.61	0.87	Difficult

日本媒体主要选自《日本时报》（*The Japan Times*）、《日本新闻》（*The Japan News*）和《日本经济新闻专线》（*Japan Economic Newswire*），总计140篇，85712词。经过 Wmatrix 的初步统计，可以看出，日本媒体对"一带一路"持有谨慎怀疑态度。按照 LL 这一项，凸显程度较高的词汇见表7.28。

表7.28　日本媒体"一带一路"报道中的主题词语义域

Item	O1	% 1	O2	% 2	LL	LogRatio	Semtag
I2.2	413	0.50	636	0.13 +	391.78	1.95	Business: Selling
S7.3+	412	0.50	869	0.18 +	257.69	1.49	Competitive
G3	262	0.32	296	0.06 +	335.85	2.39	Warfare, defence and the army
S7.1+	1074	1.31	3294	0.67 +	313.93	0.95	In power
E6-	135	0.16	150	0.03 +	175.48	2.42	Worry
E3-	141	0.17	211	0.04 +	138.05	1.99	Violent/Angry
S8-	109	0.13	244	0.05 +	61.89	1.41	Hindering
A5.1-	52	0.06	75	0.02 +	52.96	2.04	Evaluation: Bad
X7-	24	0.03	18	0.00 +	41.23	2.99	Unwanted
X8+	166	0.20	541	0.11 +	40.92	0.87	Trying hard
A1.3+	30	0.04	35	0.01 +	37.41	2.35	Cautious
A1.1.2	55	0.07	110	0.02 +	37.30	1.57	Damaging and destroying
S1.2.1-	17	0.02	16	0.00 +	25.13	2.66	Formal/Unfriendly
S1.1.3-	129	0.16	905	0.09 +	26.62	0.75	Non-participating
S1.1.2+	17	0.02	117	0.01 +	3.75	0.77	Reciprocal

如表7.28所示，在日媒的报道中，有关共建"一带一路"比较凸显的语义特征有：交易、竞争、战争、权力、担忧、阻碍、暴力、谨慎、不友好、不参与等词类。如：担忧这一类包含的词汇主要有："worry""trouble""anxiety""nervous""uneasy"等；阻碍这一类包含的词汇主要有："prevent""fight""opposition""obstacles""oppose""deterrence""resistance""undermine""frustrated""repress""barriers""drawbacks""hindered"等；

谨慎这一类包含的词汇主要有："cautious""wary""carefully"等。如《日本新闻》在 2017 年 5 月 17 日的报道中提到，考虑到特朗普政府已经从跨太平洋伙伴关系自由贸易协定中撤出，中国是否想把自己形容为"世界经济的火车头"呢？即使中国主动准备建立世界秩序，除非整顿自己的利己行为，否则日本、美国和其他国家不会消除这种不信任。在基础设施方面，尽管要求共处，共同繁荣，但由于其霸道行径，对前景过分乐观，中国项目数量明显减少。印尼高速铁路建设计划目前面临的形势可以说明这一点。巴基斯坦和斯里兰卡的港口和其他地方的大规模投资正在取得进展，这两个地方都位于印度洋周边地区。虽然中国强调要在那里取得经济利益，但港口改造项目无疑支持了中国的海上霸权，旨在将美国排除在外。如果习近平继续采取有力措施，共建"一带一路"的实现前景将不明朗。然而，自 2017 年下半年起，日媒对共建"一带一路"的谨慎态度出现扭转，如《日本时报》2017 年 6 月 25 日在题为"日本和'一带一路'"的报道中，首相安倍晋三表示，日本准备在一定条件下与共建"一带一路"跨界大陆基础设施合作。他现在也愿意考虑日本加入由中国发起的亚洲基础设施投资银行（AIIB）。虽然这些转变可能是由于担心东京会落在后面，但现在是日本应该采取步骤重建与中国关系的时候了，与中国的合作应该是一个好的开始。在《日本新闻》2017 年 7 月 10 日的报道中，安倍表示：共建"一带一路"有潜力，我们希望这一倡议能够通过采纳国际社会所有人的想法，贡献于地区和世界的和平与繁荣，他们希望在这方面进行合作。在《日本新闻专线》2017 年 12 月 5 日的报道中，安倍晋三表示愿意与中国丝绸之路项目合作，他说："我相信日本能够在一个自由开放的印度太平洋地区，与已经提出共建'一带一路'的中国进行良好合作。"

（三）共建国家媒体

在共建国家媒体中，巴基斯坦媒体主要来自《巴基斯坦观察家报》
（*Pakistan Observer*），总计 64 篇，49242 词。经过 Wmatrix 的初步统计，
可以看出，巴媒对"一带一路"多持肯定态度。按照 LL 这一项，凸显程
度较高的词汇见表 7.29。

表 7.29　巴基斯坦媒体"一带一路"报道中的主题词语义域

Item	O1	% 1	O2	% 2	LL	LogRatio	Semtag
S8+	3197	1.11	3289	0.67 +	397.06	0.72	Helping
S1.1.3+	1183	0.41	821	0.17 +	393.54	1.29	Participating
S1.1.3	1074	1.31	3294	0.67 +	313.93	0.95	Participation
S5+	478	0.17	211	0.04 +	293.95	1.94	Belonging to a group
X5.2+	412	0.50	869	0.18 +	257.69	1.49	Interested/excited/ energetic
S1.1.2+	266	0.30	636	0.13 +	116.90	1.22	Reciprocal
S3.1	227	0.14	295	0.06 +	91.27	1.26	Personal relationship
S1.2.1+	143	0.09	167	0.03 +	69.36	1.41	Informal/Friendly
A1.4	89	0.26	1122	0.12 +	41.37	1.14	Chance, luck
S7.3	63	0.04	65	0.01 +	36.87	1.59	Competition
X9.2+	127	0.08	197	0.04 +	34.87	1.00	Success
G2.1	146	0.09	244	0.05 +	32.93	0.89	Law and order
S7.3+	52	0.03	56	0.01 +	28.61	1.53	Competitive
S7.1+	85	0.05	127	0.03 +	25.53	1.06	In power
G1.2	34	0.02	29	0.01 +	25.31	1.87	Politics

如表 7.29 所示，在巴基斯坦媒体的报道中，涉及本国对"一带一
路"的评价，比较凸显的语义特征有：帮助、参与、合作、友谊、机
遇、竞争、成功、秩序、竞赛等积极正面的词类。如：参与这一类主要有
"participation""attend""take part"等词汇；合作这一类主要有"collaboration"
"shared""mutual""jointly""trilateral""interaction""rapport" 等；友谊
这一类主要有 "friendly""cordial""goodwill""harmony""neighbourly"

"reconciliation""rapprochement" 等；机遇这一类主要有："opportunity""chance" 等。这表明巴基斯坦媒体在主流上对"一带一路"持肯定、支持与合作的态度。

新加坡媒体主要来自《海峡时报》（*The Straits Times*），总计 126 篇，11639 词。经过 Wmatrix 的初步统计，可以看出，新加坡媒体对"一带一路"多持肯定态度。按照 LL 这一项，凸显程度较高的词汇见表 7.30。

表 7.30　新加坡媒体"一带一路"报道中的主题词语义域

Item	O1	% 1	O2	% 2	LL	LogRatio	Semtag
S1.1.3+	413	0.50	636	0.13 +	391.78	1.95	Participating
S8+	1074	1.31	3294	0.67 +	313.93	0.95	Helping
S7.3+	181	0.22	184	0.04 +	252.64	2.55	Competitive
E6+	1455	1.77	5468	1.12 +	219.95	0.66	Confident
S3.1	5331	6.48	26446	5.41 +	138.60	0.26	Personal relationship
X2.5+	870	1.06	3289	0.67 +	128.41	0.65	Understanding
I2.2	124	0.15	191	0.04 +	117.60	1.95	Business: Selling
S5+	63	0.08	77	0.02 +	75.40	2.28	Belonging to a group
X5.2+	75	0.09	132	0.03 +	60.63	1.76	Interested/excited/ energetic
S1.1.2+	52	0.06	75	0.02 +	52.96	2.04	Reciprocal
S1.2.1+	30	0.04	26	0.01 +	46.99	2.78	Informal/Friendly
A1.4	74	0.09	174	0.04 +	38.57	1.34	Chance, luck
G1.2	55	0.07	110	0.02 +	37.30	1.57	Politics
G2.1	140	0.17	477	0.10 +	30.08	0.80	Law and order
S7.1+	24	0.03	29	0.01 +	29.02	2.30	In power

如表 7.30 所示，在新加坡媒体的报道中，比较凸显的语义特征有：参与、帮助、竞争、信心、理解、交易、兴趣、合作、友好、机遇、秩序、权力等词类。这表明新加坡媒体在主流上对"一带一路"持支持和合作的态度。比如，在"personal relationship"这一类词中，高频的词汇主要有"partner""friends""friendship""associates"等。

泰国媒体主要来自《国家报》（*The Nation*），总计 77 篇，55860 词。经过 Wmatrix 的初步统计，可以看出，泰国媒体对"一带一路"持有中性态度，多为报道"一带一路"的情况，以及转述美国、印度、日本对"一带一路"的评价。按照 LL 这一项，凸显程度较高的词汇见表 7.31。在泰国媒体的报道中，比较凸显的正面的语义特征有：帮助、参与、机遇、竞争、成功、合作、正面评价等词类，这表明了泰媒对"一带一路"持较为积极的态度。同时，比较凸显的负面的语义特征有：阻碍、不友好、担忧、差异等词类，这也体现了泰媒报道中其他国家对"一带一路"持有的质疑。

表 7.31　泰国媒体"一带一路"报道中的主题词语义域

Item	O1	% 1	O2	% 2	LL	LogRatio	Semtag
S8+	3830	2.44	6681	1.37 +	761.91	0.83	Helping
S1.1.3+	1679	1.07	2965	0.61 +	321.57	0.82	Participating
I2.2	566	0.36	636	0.13 +	291.96	1.47	Business: Selling
S3.1	250	0.16	184	0.04 +	217.51	2.08	Personal relationship
A1.4	360	0.23	404	0.08 +	186.07	1.47	Chance, luck
S7.3+	137	0.09	77	0.02 +	150.46	2.47	Competitive
K5.2	227	0.14	295	0.06 +	91.27	1.26	Games
X9.2+	128	0.08	123	0.03 +	82.46	1.69	Success
S1.1.2+	143	0.09	167	0.03 +	69.36	1.41	Reciprocal
A5.1+	294	0.19	510	0.10 +	59.48	0.84	Evaluation: Good
S8-	76	0.05	71	0.01 +	50.75	1.73	Hindering
S1.2.1-	39	0.02	18	0.00 +	49.15	2.75	Formal/Unfriendly
E6-	107	0.07	137	0.03 +	44.23	1.28	Worry
X8+	63	0.04	65	0.01 +	36.87	1.59	Trying hard
A6.1-	85	0.05	116	0.02 +	31.06	1.19	Comparing: Different

（四）争端国家媒体

在争端国家媒体中，东南亚是共建"一带一路"的关键链接点和锚点，其中有些国家与中国有领海纠纷。菲律宾媒体主要来自《菲律宾通讯社》（*Philippines News Agency*）、《菲律宾日报》（*Philippines Daily Inquirer*）、《商业镜报》（*Business Mirror*），总计 180 篇，126360 词。经过 Wmatrix 的初步统计，按照 LL 这一项，凸显程度较高的词汇见表 7.32。

表 7.32　菲律宾媒体"一带一路"报道中的主题词语义域

Item	O1	% 1	O2	% 2	LL	LogRatio	Semtag
S8+	149	0.12	18	0.00 +	360.83	4.97	Helping
A9	151	0.12	31	0.01 +	321.23	4.20	Getting and giving
S1.1.3+	256	0.20	184	0.04 +	289.74	2.40	Participating
A1.8+	216	0.17	211	0.04 +	183.39	1.95	Inclusion
A1.4	1416	1.10	3514	0.72 +	168.78	0.61	Chance, luck
K5.2	321	0.25	477	0.10 +	153.20	1.35	Games
X5.2+	127	0.10	123	0.03 +	108.83	1.97	Interested/excited/energetic
S1.1.2+	184	0.14	267	0.05 +	91.47	1.38	Reciprocal
H1	571	0.44	1361	0.28 +	80.38	0.67	Architecture
K6	836	0.65	2272	0.47 +	63.64	0.48	Play
X9.2+	171	0.13	313	0.06 +	53.50	1.05	Success
S7.3+	154	0.12	291	0.06 +	44.61	1.00	Competitive
S8-	202	0.16	448	0.09 +	36.92	0.77	Hindering
S1.2.1-	78	0.06	132	0.03 +	29.04	1.16	Formal/Unfriendly
S3.1	63	0.05	97	0.02 +	28.22	1.30	Personal relationship

在菲律宾媒体有关共建"一带一路"的报道中，比较凸显的语义特征有：帮助、交换、参与、包容、机遇、博弈、兴趣、合作、建筑、竞赛、阻碍等。菲律宾媒体多报道其他国家和地区，如：迪拜、伊朗、泰国、马来西亚、巴勒斯坦、匈牙利，以及中国香港等与共建"一带一路"的互动，直接表述本国对共建"一带一路"评价的比较少。如：《菲律宾日报》（*Philippines Daily Inquire*r）2016 年 9 月 6 日称，菲律宾官员更愿意把中国南海称为菲律宾西海，强调该国对海上边界岛屿的领土要求。中国与菲

律宾的南海争端可能是菲律宾官员和贸易者对共建"一带一路"持怀疑态度的原因。吉隆坡认为中国牵头的共建"一带一路"大大有利于东盟，并在实施后刺激该地区的经济增长。尽管菲律宾与中国有南海争端，但是并未对亚投行以及"一带一路"产生过大的敌意。即使没有新丝绸之路，菲律宾和该地区的其他发展中国家也需要亚投行。

越南愿意参与"一带一路"项目，实施可以带来互利和可持续发展的项目。柬埔寨、老挝和缅甸大多数支持共建"一带一路"，愿意在"一带一路"框架下与中国进行合作。印度尼西亚认为"一带一路"会帮助解决他们严重的基础设施问题，扭亏为盈，加快工业和经济增长，中国可以为相关的基础设施提供他们所急需的投资。但是，由于担心经济的安全风险以及对共建"一带一路"过度依赖，他们正在采取更谨慎的态度。①

在上述国家有关"一带一路"的报道中，使用的积极的表层架构有合作、机会、友谊、帮助等，消极的表层架构有冲突、替代、交易、威胁等。少数国家报道中出现了"All about China""inherently serve China's economic interests""one-way street"等，将"一带一路"误解为是一个只对中国有利，是单向丰收的倡议；少数国家报道中出现了"bubble"（泡沫）、"Mirage"（海市蜃楼）、"Trojan horse"（特洛伊木马）、"Achilles' Heel"（阿基里斯的脚踵）、"Alice in Wonderland rabbit hole"（爱丽丝仙境的兔子洞）等，认为这个倡议是虚幻的、不切实际的，看似强大，其实有致命的弱点等。鉴于此，在讲好"一带一路"故事时，应继续强化该倡议的合作共赢理念。

---

① Yu, H. (2017). China's belt and road initiative and its implications for Southeast Asia. *Asia Policy, 24*: 117-122.

二、"一带一路"话语传播力提升途径

讲好"一带一路"故事应充分考虑分众化传播,秉持"减少认知负荷"的原则,从"传播生态、传播语态、传播模态"[①]三个方面提升传播力。

(一)传播生态

在这一视域下,我们需使用"柔性把关"的方式向世界讲述"一带一路"故事。具体操作方式为,基于传播对象的心理和习惯,使用国际受众熟悉的、易于接受的叙事方式,而非单纯我方叙事习惯,去做好"一带一路"话语传播工作。

首先,可通过使用蕴含目标受众国家文化的架构,尤其是能激活对方国家历史传统文化、典故和故事的架构去使这些受众产生共鸣,接受共建"一带一路"。目前,共建"一带一路"涵盖的东盟、东亚、中亚、西亚、中东欧等区域的国家有不同的历史文化、宗教传统等背景,这就需要媒体尊重不同受众国家的语言习惯、思维模式、宗教信仰,使用符合对方架构的语言,进行差异化的针对性强的传播。

鉴于此,需要深入研究其他国家的文化,尤其是共建国家的谚语、隐喻和价值观,发掘能够产生共鸣的架构,以增进民间互信,拉近中国与周边国家社会民众的距离。"知己知彼,百战不殆",不能仅仅局限于本国受众的视角,而是从"一带一路"共建国家受众的视角出发,讲述中国故事。例如:感受"一带一路"共建国家特色文化,使用受众耳熟能详的名言俗语拓宽战略传播方式,增进理解,加深友谊。在此 *China Daily* 借鉴了"习式语言",如例 7.37 和例 7.38。

---

① 张薇:《专业与公共:审计话语研究的基本维度与方法建构》,《南京社会科学》2022 年第 2 期。

例7.37：东南亚朋友讲"水涨荷花高"，非洲朋友讲"独行快，众行远"，欧洲朋友讲"一棵树挡不住寒风"，中国人讲"大河有水小河满，小河有水大河满"。（博鳌亚洲论坛开幕式，2015年3月28日）

例7.38：中国太极和印度瑜伽、中国中医和印度阿育吠陀有惊人的相似之处，两国人民数千年来奉行的生活哲理深度相似。（印度世界事务委员会，2014年9月18日）

在上述例子中，同样是传递"众人拾柴火焰高、合作共赢、命运共同体"的观念，使用受众国家各自熟悉的谚语去表达大部分国家认可的价值观会较为亲切，像磁铁一样吸引民心，更加容易产生共鸣。

（二）传播语态

在这一视域下，我们需采用"对话传播"的机制讲述"一带一路"故事。大众传播，尤其是对外传播，是多维、立体的，因此，面向受众要采用对话的方式，而非单纯讲述的方式。要通过文明对话促进视域的融合，去实现话语认同，在"移情性"叙事语态中赢得国际受众。[①] 这就需要使用能够激活中国特色文化的深层架构去感染国际受众，实现有效传播。如中国传统的"和合文化""天下大同""天下为公"文化等。

首先，可借鉴习近平主席在达沃斯论坛上的语言风格，如用"甘瓜抱苦蒂，美枣生荆棘"去回应某些国家对全球化的质疑，表明万物有利有弊，理应被客观评价，正常接受。用蕴含中国传统文化的古代格言表述中国对经济全球化的态度和立场，如"大道之行，天下为公""达则兼济天下"传递"大同"思想中公平包容、平衡普惠的理念。通过经济全球化促进公平性和协同性发展，国家间共享平等的发展机会和发展成果，实现大同。用"积力之所

---

① 张薇：《专业与公共：审计话语研究的基本维度与方法建构》，《南京社会科学》2022年第2期。

举，则无不胜也；众智之所为，则无不成也""单丝不成线、独木不成林"这种表达破解"反全球化"，如例 7.39 强调聚集集体的力量做事容易获得成功，同理，发展经济也应顺应趋势，加入全球经济化的浪潮。例 7.40 中的"和羹之美，在于合异"强调了文明多样化之下的包容与和谐，破解了"文明冲突论"。

例 7.39："积力之所举，则无不胜也；众智之所为，则无不成也。"只要我们牢固树立人类命运共同体意识，携手努力、共同担当，同舟共济、共渡难关，就一定能够让世界更美好、让人民更幸福。（世界经济论坛，2017 年 1 月 17 日）

例 7.40："和羹之美，在于合异。"人类文明多样性是世界的基本特征，也是人类进步的源泉，文明没有高下、优劣之分，只有特色、地域之别，文明差异不应该成为世界冲突的根源，而应该成为人类文明进步的动力。（联合国日内瓦总部的演讲，2017 年 1 月 18 日）

其次，"根据语境的变化适当调整报道的重点和角度，通过转换架构去引导国际受众对事件产生新的认知和态度。"[1] Lakoff 于 2004 年在 *Don't Think of an Elephant! Know Your Values and Frame the Debate* 这部专著中提出，再架构是指一方不应当重复或是简单否认对方的架构，而是应从自己这方的观点出发，尝试改变架构或重塑架构（reframing）。[2] 重塑架构就是改变人们看待事物或世界的方式，改变对方不当的、可能是特殊意图的架构。重塑架构方式不仅涉及建立新的架构（即改变对方不当的意图，指改变部分外媒的特殊意图），如在第二章第一节中所提到的；也可涉及在我方原有的架构上递进升格（不存在改变对方不当意图的问题，而是强化我方现有的架构效果），如例 7.41。

---

① 该段落部分内容引自张薇：《重大突发事件应时发声：对外媒体话语国际公信力的建构》，《江苏社会科学》2023 年第 4 期。

② Lakoff, G. (2004). *Don't think of an elephant! Know your values and frame the debate*. Hartford: Chelsea Green Publishing.

例 7.41：犹记重庆山火前，上千名志愿者的头灯连成一条拦截火海的防线，筑起"新的长城"……（任仲平：《十年砥砺奋进　绘写壮美画卷——写在党的二十大胜利召开之际》，《人民日报》2022 年 10 月 15 日）

在例 7.41 中，"头灯→防线→长城"运用了递进升格型再架构。具体而言，第一个架构是救火志愿者的头灯，头灯是可发光的穿戴式照明工具；第二个架构是抵御山火的防线，防线是由工事连成的防御地带；第三个架构是"新的长城"，长城是中华民族抵御灾难的文化符号和精神图腾。《人民日报》评论员将工具架构"头灯"升格为军事架构"防线"，进而升格为文化架构"长城"，彼此之间层层递进，且保持了连贯性与一致性，是在原架构基础上的一种提升。"该策略的运用构建了新的视觉、空间、架构的角色间关系和道德价值观联想：头灯连成的'防线'、筑起'新的长城'是视觉上的发光长龙；空间上不再局限于重庆山火发生地，而是延伸到了中华民族整个群体的心理空间；在架构的角色关系上，不仅是救火的志愿者和大型山火的关系，也是志愿者和被保护的民众以及生态环境的关系"；在道德价值观上，"防线"和"长城"能够抵御灾难侵扰，拯救普通民众，这也给信息受众以莫大的安全感和精神鼓舞，并为之感动和骄傲。这种再架构策略可以更好地激发国际受众对志愿者英雄行为的尊重，认同中华传统文化，有助于在建构民族凝聚力和自豪感中感染国际受众。

（三）传播模态

在这一视域下，我们需采用"创新媒介"的形式讲述"一带一路"故事。将抽象的"一带一路"概念和理念通过文字、图片、短视频等不同模态的叙事元素进行图文传播，借助"全息媒体"优化传播效果。①

---

① 张薇：《重大突发事件应时发声：对外媒体话语国际公信力的建构》，《江苏社会科学》2023 年第 4 期。

图 7.15 "一带一路"共建国家共同繁荣发展

图 7.16 "一带一路"共建国家合作共赢

以《大道之行》为例，视频中以多模态的形式展现了旅程、人类、手工艺品、运动、植物、战争、地理、饮食、天气等隐喻性表层架构，①激活的深层架构是"人类命运共同体"。在人类这个隐喻性架构中，概念隐喻包含中国是人、国家是人／国际关系是人际关系、地球是人体等，通

图 7.17　历史上的海陆丝绸之路

图 7.18　《大道之行》中的五彩未来

---

① 　上述的隐喻梳理参考 Zhang X.Y. (2021). "Belt and Road Initiatives in texts and images: A critical perspective on intersemiotic translation of metaphors". In Zhang M. F. & Feng D. Z. (eds.), Multimodal Approaches to Chinese-English Translation and Interpreting (pp. 148-167). London & New York: Routledge.

过"建设者、维护者""和谐和睦的好邻居""心心相印、亲如手足"等具体画面和表达所体现。

在宣传片中，多个画面隐喻了"一带一路"共建国家共商、共建、共享，建构命运共同体的场景。如图 7.15 中环绕地球的飞机、高铁、轮船隐喻共建国家的互联互通、民心相通、互信互助。为了建设"一带一路"项目，各国需要广泛交流和合作，加深互信的程度。图 7.16 中俄罗斯小伙打开蕴含中俄合作项目的套娃，马尔代夫的中马友谊大桥伸向远方，斯里兰卡小男孩满怀期待地望着星空，哈萨克斯坦的轻轨开向远方等隐喻中俄、中马、中斯、中哈等国建立起来的合作共赢国际关系。通过一幅幅画面，共建"一带一路"向世界建构了一个有责任担当的东方大国形象。

此外，视频通过呈现历史上的海上陆上丝绸之路（图 7.17），激活了古代"丝绸之路"这个历史符号，不断地强化古丝绸之路与"一带一路"之间的整合，回忆历史上的合作印记使国际受众更易接受共建"一带一路"合作发展的理念。

图 7.18 中五彩纷呈的热气球，说明来自五大洲的儿童传递"一带一路"不是中国的独奏，而是世界的交响乐。历史是勇敢者创造的，五色画笔绘制的五彩大道也需要志同道合者携手同行，共绘合作共赢新画卷，实现美好未来愿景。

第八章
讲好中国故事之"生态文明"国家话语分析

第一节　生态文明故事的话语建构分析

一、语言特征描述

本节以 *China Daily* 有关生态文明的报道为例，对其语料进行分段收集，总计五个阶段，如表 8.1 所示。按年度划分这五个阶段的原因在于：这五年，展示了新时代下崭新的生态文明进程，是"十三五"规划的重要几年和"十四五"规划的开局之年，这几年我国的生态文明建设取得了巨大的成就。从 2018 年至 2022 年，中国的生态文明建设进程越来越快，这五年每一年都有独特的生态文明特征。对比英国国家书面语料库（British National Written Corpus，BNC），历时梳理出 *China Daily* 有关生态文明的报道在五个阶段较为凸显的语言特征。通过统计，发现自 2018 年以来，不同阶段的报道主流方向一致，在一定的国际国内背景下根据官方意图凸显了各自的特征。

表 8.1 *China Daily* 有关"生态文明"报道的语料收集情况 ①

时间阶段	关键词	篇幅数	词数
2018 年	tough battle to control and prevent pollution （污染防治攻坚战） environment and air pollution （环境和大气污染） energy conservation and emission reduction （节能减排）	115	126596
2019 年	Green development（绿色发展） clear waters and green mountains are Lucid waters/ lush mountains are invaluable assets （绿水青山就是金山银山） ecological civilization（生态文明）	447	573560
2020 年	Renewable energy（可再生能源） green development（绿色发展） carbon neutrality（碳中和）	158	97282
2021 年	Green development（绿色发展） ecological barrier construction（生态屏障建设）	181	166611
2022 年	Green and low carbon（绿色低碳） pollution prevention（污染防治）	136	117588

（一）历时主题特征

1. 第一阶段

第一阶段的报道选取了 115 篇，总计 126596 词。报道中"working together""cooperation"出现的频率较高。2018 年是"十三五"进程中的重要一年，中国强调世界各国一起携手合作，共同致力于生态文明建设，在经济发展中促进绿色转型，这深刻贯彻了人类命运共同体的思想，同时也凸显了中国在促进生态文明建设进程中的主要影响和作用。

---

① 该表格中的篇数和词数为语料收集后，已筛选剔除与该主题相关度低的文章，得出的数据。

2018 年，中国主张加强与他国或国际组织的合作互助关系，如和巴基斯坦加强了中巴全天候战略合作伙伴关系，也巩固了南南气候合作关系，这些均体现了在生态文明建设进程中，中国主张与其他国家互帮互助、携手共行的理念。将该小型语料库与 BNC 书面语料库做参照对比后，得出图 8.1。

图 8.1 *China Daily*"生态文明"报道第一阶段的语义域图①

从上图可以看出，比较凸显的语义域有：绿色问题、改变、政府、政治、法律和秩序、调查研究、正向评价等，研究结合语境和词汇共现情

---

① 该图从 Wmatrix 软件中直接导出。本章中图 8.2、图 8.3、图 8.4、图 8.5 以及表 8.7、表 8.8、表 8.9、表 8.10、表 8.11 情况相同。

况，可以梳理出以下几组有意义的语义域（见表 8.2）。表中的"O1"和"%
1"指示这些语义域在 *China Daily* 第一阶段的语料库中的频率和相对频率，
"O2"和"% 2"指示这些语义域在 BNC 书面语料库中的频率和相对频率，
其超常使用频率见"+"所示，其显著性程度见 LL 值（LL 值 ≥ 6.63 说明
显著性高）。按照 LL 值，语义域排列如下。

表 8.2　*China Daily*"生态文明"报道第一阶段的语义域表 ①

Item	O1	% 1	O2	% 2	LL	LogRatio	Semtag
W5	2951	2.40	88	0.01 +	12176.18	8.06	Green issues
G1.1	1789	1.45	1084	0.11 +	4300.12	3.72	Government
G2.1	1836	1.49	1639	0.17 +	3639.36	3.16	Law and order
S8+	1775	1.44	2020	0.21 +	3022.67	2.81	Helping
O1.3	707	0.57	320	0.03 +	1904.45	4.14	Substances and materials: Gas
X2.4	841	0.68	889	0.09 +	1504.28	2.92	Investigate, examine, test
A2.1+	1153	0.94	2031	0.21 +	1371.73	2.18	Change
G1.2	595	0.48	554	0.06 +	1150.99	3.10	Politics
I4	452	0.37	245	0.02 +	1137.91	3.88	Industry
I2.1	643	0.52	1086	0.11 +	796.61	2.24	Business: Generally

如表 8.2 所示，绿色问题类、政府类、法律秩序类、帮助类、物质材
料类、调查研究类、改变类、政治类、行业类、商业类等几组有意义的语
义域出现的频率较高。

2. 第二阶段

第二阶段的报道选取了 447 篇，总计 573560 词。报道中"ecological
""creation""regulations""vitality""villages""visitors""wastewater""winning"

---

① 该表格中各项数值源于 Wmatrix 软件中导出的统计数据。选取标准为 LL 值 ≥ 6.63 的
语义域，这些语义域较为凸显。由于篇幅所限，仅列出 9—12 条比较有代表性的隐喻
性和非隐喻性词汇。下文中表 8.3—表 8.6 参照同样标准。

"world environment" 等表达出现的相对频率比较高。2019 年这一阶段，中国生态话语强调通过一些措施来抑制生态文明建设过程中的一些消极影响，特别是将科学技术运用在生态文明建设中，从而创造一个绿色健康的世界环境。这一阶段凸显了人与自然和谐共生的生态文明观念。

图 8.2 *China Daily* "生态文明" 报道第二阶段的语义域图

从上图可以看出，比较凸显的语义域有：商业、政府、帮助、改变、耕作和园艺、参与、包容、行业等。结合语境和词汇共现情况，梳理出以下几组有意义的语义域，见表 8.3。

表8.3　*China Daily*"生态文明"报道第二阶段的语义域表

Item	O1	%1	O2	%2	LL	LogRatio	Semtag
W5	4633	0.88	88	0.01 +	8924.49	6.61	Green issues
A2.1+	7790	1.47	2031	0.21 +	8089.34	2.83	Change
S8+	7704	1.46	2020	0.21 +	7973.93	2.82	Helping
G1.1	6147	1.16	1084	0.11 +	7724.97	3.40	Government
F4	3791	0.72	270	0.03 +	6203.97	4.70	Farming & Horticulture
I2.1	4484	0.85	1086	0.11 +	4851.34	2.94	Business: Generally
A1.8+	1687	0.32	457	0.05 +	1713.04	2.78	Inclusion
H1	2528	0.48	725 1	0.18 +	1049.42	1.44	Architecture, houses
S5+	5239	0.99	2602	0.26 +	3273.15	1.90	Belonging to a group

如表8.3所示，绿色问题类、改变类、帮助类、政府类、商业类、包容类、耕作和园艺类、建筑类、团体类等表达出现的频率较高。在这一阶段，耕作和园艺类成了一个显著的特点，在《中共中央、国务院关于坚持农业农村优先发展做好"三农"工作的若干意见》的指导下，这一阶段落实"三农"政策，坚持了绿色农业的发展，同时2019年中国北京世界园艺博览会举办成功，通过展示花卉园艺栽培技术新成果，传播了生态文明思想，推动了绿色发展。

3. 第三阶段

第三阶段的报道选取了158篇，总计97282词。报道中"automobile industry""available""battery""carbon-neutral""commitment""construction""wildlife"等词较为凸显。2020年中国"十三五"规划的最后一年，也是生态文明建设的重要阶段，该阶段报道突出绿色发展与加强生态环保，关注气候变化、低碳减排等问题。在这一阶段，中国提出了许多生态文明建设方面的新思想新战略，如碳达峰碳中和目标、"生态+"战略、在农村深化生态环保行动等。2020年和"十三五"生态环境重点目标任务均超额完成，全国生态环境质量明显改善。将该小型语料库与BNC书面语料库做参照对比后，得出图 8.3。同样，结合语境和词汇共现情况，得出表 8.4。

图 8.3 *China Daily*"生态文明"报道第三阶段的语义域图

表 8.4 *China Daily*"生态文明"报道第三阶段的语义域表

Item	O1	% 1	O2	% 2	LL	LogRatio	Semtag
A2.1+	1704	1.38	2031	0.21 +	2796.08	2.73	Change
W4	862	0.70	379	0.04 +	2337.95	4.17	Weather
X5.2+	965	0.78	612	0.06 +	2265.22	3.65	Interested/excited/ energetic
S8+	1359	1.10	2020	0.21 +	187	2.42	Helping
W5	497	0.40	88	0.01 +	1702.17	7.46	Green issues
G1.1	941	0.76	1084	0.11 +	1581.53	5.49	Government
I2.1	902	0.73	1086	0.11 +	1469.44	2.78	Business: Generally

续表

Item	O1	% 1	O2	% 2	LL	LogRatio	Semtag
Y1	475	0.38	415	0.04 +	949.14	3.18	Science and technology in general
A9-	1017	0.82	2788	0.28 +	698.21	1.53	Giving
Q4	200	0.16	147	0.01 +	437.93	3.43	The Media

从图 8.3 及表 8.4 可以看出，比较凸显的语义域有：改变类、天气类、兴趣/兴奋/富有精力类、帮助类、绿色问题类、政府类、商业类、给予类、媒体类等，其中频率最高的改变类"development""change""transition""become""reform"等词说明了中国的生态文明建设在各方面发生了较大的改变。

4.第四阶段

第四阶段的报道选取了 181 篇，总计 166611 词。报道中"atmospheric pollution""balance""bilateral""biodiversity""boost""breakthroughs""carbon-emissions""sustainable"等词出现频率较高，体现了 2021 年这一阶段是"十四五"开局之年，在生态文明建设方面有多项突破。中国越来越推崇与各个国家在大气污染、生物多样性、碳排放等方面加强合作，比如中老合作建设低碳示范区，中非签署《中非应对气候变化合作宣言》，中美达成强化气候行动联合宣言，这些都极大地促进了生态文明的可持续发展。把握新发展阶段，贯彻新发展理念，构建新发展格局，中国生态环境部将全面推进污染治理、生态保护、应对气候变化，为促进全球生态环境持续改善，作出新的贡献。将该小型语料库与 BNC 书面语料库做参照对比，并结合语境和词汇共现情况得出图 8.4 及表 8.5。

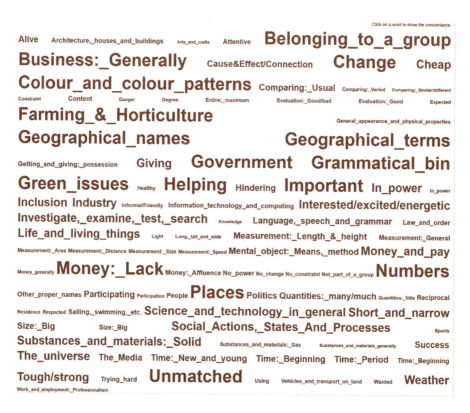

图 8.4 *China Daily*"生态文明"报道第四阶段的语义域图

表 8.5 *China Daily*"生态文明"报道第四阶段的语义域表

Item	O1	% 1	O2	% 2	LL	LogRatio	Semtag
W5	2042	1.06	88	0.01 +	700.156	6.89	Green issues
S8+	3355	1.75	2020	0.21 +	5765.17	3.09	Helping
A2.1+	3291	1.72	2031	0.21 +	5576.67	3.05	Change
G1.1	2105	1.10	1084	0.11 +	3928.54	3.32	Government
I1.1-	898	0.47	165	0.02 +	2396.22	4.80	Money: Lack
F4	850	0.44	270	0.03 +	1940.19	4.01	Farming & Horticulture
I2.1	1182	0.62	1086	0.11 +	1531.65	2.48	Business: Generally
S5+	1621	0.85	2602	0.26 +	1179.09	1.67	Belonging to a group
W4	640	0.33	379	0.04 +	1109.97	3.11	Weather
A1.8+	646	0.34	457	0.05 +	1008.02	2.86	Inclusion

如图 8.4 及表 8.5 所示，绿色问题类、帮助类、改变类、政府类、金钱缺乏类、耕作和园艺类、商业类、团体类、天气类、包容类等词出现的频率较高。除了绿色问题类基本都会在各个阶段出现，帮助类、改变类、政府类体现出这个阶段中国的生态文明建设是在政府的带领下，与其他国家或组织互帮互助共同完成的，以深入解决环境问题。但是，这一阶段也出现了问题，Money：Lack 即缺乏金钱，"poverty""poor""impoverished""low-income""needy"等词表明在生态文明体系的建设及完善中资金不到位；同时，在这一阶段出现了一个特点——耕作和园艺，说明国家大力推行生态农业的发展。

5. 第五阶段

第五阶段的报道选取了 136 篇，总计 117588 词。报道中"administration""agriculture""air pollution""building up""change""coal-fired""finance""global""greenhouse"等词表明生态文明进程越来越快，在环境各个方面

图 8.5　*China Daily*"**生态文明**"**报道第五阶段的语义域图**

以及农业、行政、金融等行业均逐渐覆盖。2022 年是"十四五"规划的开始，2022 年的生态文明建设为"十四五"时期生态文明建设实现新进步、2035 年生态环境根本好转，以及美丽中国建设目标基本实现奠定了坚实基础。① 用前述小型语料库与 BNC 书面语料库做参照对比后，得出图 8.5 和表 8.6。

表 8.6　*China Daily*"生态文明"报道第五阶段的语义域表

Item	O1	% 1	O2	% 2	LL	LogRatio	Semtag
W5	449	1.31	88	0.01 +	2574.04	7.20	Green issues
X5.2+	415	1.21	612	0.06 +	1472.47	4.29	Interested/excited/energetic
A2.1+	506	1.48	2031	0.21 +	1037.58	2.84	Change
O1.1	395	1.16	1117	0.11 +	1020.12	3.35	Substances and materials: Solid
S8+	498	1.46	2020	0.21 +	1013.27	2.83	Helping
I4	217	0.64	245	0.02 +	850.62	4.67	Industry
I2.1	348	1.02	1086	0.11 +	846.59	3.20	Business: Generally
G1.1	347	1.02	1084	0.11 +	843.62	3.20	Government
A9-	414	1.21	2788	0.28 +	534.32	2.09	Giving
G2.1	316	0.92	1639	0.17 +	526.84	2.47	Law and order

如表 8.6 所示，绿色问题类、兴趣/兴奋/富有精力类、改变类、物质材料类、帮助类、行业类、商业类、政府类、给予类、法律秩序类等词出现的频率较高。这体现了全国生态环境质量得到稳定的持续的改善，物质材料类（固体）这类词汇凸显了降碳的战略方向，报道中的高频率词汇"coal-fired"也侧重碳排放污染这个环境问题。

---

① 《奋力推进人与自然和谐共生的现代化》，https://m.gmw.cn/baijia/2022-10/15/36088710.html。

（二）历时凸显特征

为了做更精确的统计，得出更细化的发现，本研究又以 2018 年至 2023 年 *China Daily* 有关生态文明报道的语料总库（1081637 词）作为参照语料库，对比五个阶段的报道，试图发现细微的凸显特征。统计结果表明：第一阶段的报道中有实际意义的较为凸显的语义特征有：Change，Law and order，Helping 等，如：Law and order 这一类语义的词汇分布见表 8.7。

如表 8.7 所示，"law""legal""regulation"" rules"等词出现的频率较高，体现了这个阶段着重强调生态法律秩序。2018 年国家通过了多部生态环境相关的法律，如《中华人民共和国防沙治沙法》《中华人民共和国节约能源法》《中华人民共和国野生动物保护法》《中华人民共和国大气污染防治法》《中华人民共和国海洋环境保护法》等，这些均说明该阶段的报道

表 8.7　*China Daily*"**生态文明**"报道第一阶段中的法律和秩序类词表

Word	Semtag	Frequency	Relative Frequency		Summary information:		
law	G2.1	529	0.43	Concordance	Number of types shown: 95		
code	G2.1	119	0.10	Concordance	Total frequency of types shown: 1836 (1.49%)		
copyright	G2.1	118	0.10	Concordance	Total frequency overall: 123210		
regulation	G2.1	103	0.08	Concordance			
legal	G2.1	86	0.07	Concordance	Number of items shown with a given frequency:		
laws	G2.1	82	0.07	Concordance			
judicial	G2.1	72	0.06	Concordance	Frequency	Types	Tokens
security	G2.1	67	0.05	Concordance	1	13 (13.68%)	13 (0.71%)
regulations	G2.1	67	0.05	Concordance	2	28 (29.47%)	56 (3.05%)
rule	G2.1	63	0.05	Concordance	3	3 (3.16%)	9 (0.49%)
inspectors	G2.1	38	0.03	Concordance	4	9 (9.47%)	36 (1.96%)
rules	G2.1	31	0.03	Concordance	5	3 (3.16%)	15 (0.82%)
court	G2.1	28	0.02	Concordance	6	2 (2.11%)	12 (0.65%)
legislation	G2.1	27	0.02	Concordance	7	1 (1.05%)	7 (0.38%)
punishment	G2.1	19	0.02	Concordance	8	5 (5.26%)	40 (2.18%)
courts	G2.1	19	0.02	Concordance	9	2 (2.11%)	18 (0.98%)
penalties	G2.1	18	0.01	Concordance	10	6 (6.32%)	60 (3.27%)
enacted	G2.1	18	0.01	Concordance	> 10	23 (24.21%)	1570 (85.51%)
legislative	G2.1	17	0.01	Concordance			
prison	G2.1	14	0.01	Concordance			
litigation	G2.1	13	0.01	Concordance			
punished	G2.1	11	0.01	Concordance			
trial	G2.1	11	0.01	Concordance			
fined	G2.1	10	0.01	Concordance			
legislators	G2.1	10	0.01	Concordance			
discipline	G2.1	10	0.01	Concordance			
prosecutors	G2.1	10	0.01	Concordance			
civil_law	G2.1	10	0.01	Concordance			
legal_aid	G2.1	10	0.01	Concordance			
punishments	G2.1	9	0.01	Concordance			

重点在于介绍中国在生态文明建设中的法律完善程度和生态文明秩序，中国致力于建立较为严格完整的生态环境保护法律制度。随着新时代生态文明建设进程的不断加快，中国的生态文明法律制度得到不断完善，以生态文明法律体系有效推行生态文明建设。

第二阶段的报道中有实际意义的较为凸显的语义特征有：Belonging to a group，Helping，Government，Change 等，如 Change 的分布见表 8.8。

由此可见，第二阶段的报道重在凸显生态文明建设中中国所做出的重大改变，"development""change""reform""becoming"等词说明中国生态文明建设正在发生改变和改革。2019 年 9 月 9 日，中国国际生态竞争力峰会在内蒙古呼伦贝尔市开幕①，会上介绍了中国森林面积达 31.2 亿亩，

表 8.8　*China Daily* "生态文明"报道第二阶段中的改变类词表

Word	Semtag	Frequency	Relative Frequency		
development	A2. 1+	4394	0.83	Concordance	
reform	A2. 1+	684	0.13	Concordance	
become	A2. 1+	316	0.06	Concordance	
change	A2. 1+	307	0.06	Concordance	
develop	A2. 1+	218	0.04	Concordance	
developing	A2. 1+	213	0.04	Concordance	
transformation	A2. 1+	147	0.03	Concordance	
changes	A2. 1+	105	0.02	Concordance	
becoming	A2. 1+	101	0.02	Concordance	
developed	A2. 1+	90	0.02	Concordance	
became	A2. 1+	79	0.01	Concordance	
transform	A2. 1+	60	0.01	Concordance	
reforms	A2. 1+	44	0.01	Concordance	
momentum	A2. 1+	44	0.01	Concordance	
transforming	A2. 1+	40	0.01	Concordance	
restoration	A2. 1+	39	0.01	Concordance	
transition	A2. 1+	38	0.01	Concordance	
changed	A2. 1+	33	0.01	Concordance	
replace	A2. 1+	31	0.01	Concordance	
restoring	A2. 1+	28	0.01	Concordance	
shift	A2. 1+	27	0.01	Concordance	
adapt	A2. 1+	27	0.01	Concordance	
affected	A2. 1+	26	0.00	Concordance	
hybrid	A2. 1+	25	0.00	Concordance	
changing	A2. 1+	25	0.00	Concordance	
transformed	A2. 1+	23	0.00	Concordance	
restore	A2. 1+	23	0.00	Concordance	
regional_development	A2. 1+	22	0.00	Concordance	
develops	A2. 1+	21	0.00	Concordance	
conversion	A2. 1+	19	0.00	Concordance	

Summary information:

Number of types shown: 148
Total frequency of types shown: 7790 (1.47%)
Total frequency overall: 529483

Number of items shown with a given frequency:

Frequency	Types	Tokens
1	24 (16.22%)	24 (0.31%)
2	27 (18.24%)	54 (0.69%)
3	9 (6.08%)	27 (0.35%)
4	15 (10.14%)	60 (0.77%)
5	12 (8.11%)	60 (0.77%)
6	4 (2.70%)	24 (0.31%)
7	5 (3.38%)	35 (0.45%)
8	4 (2.70%)	32 (0.41%)
9	3 (2.03%)	27 (0.35%)
10	2 (1.35%)	20 (0.26%)
> 10	43 (29.05%)	7427 (95.34%)

---

① 《2019 中国国际生态竞争力峰会在内蒙古举行》，http://www.xinhuanet.com/poli tics/2019-09/ 10/c_1124983200.htm。

森林覆盖率达 22.96%，成为同期全球森林资源增长最多的国家等一系列生态成果，这些都说明生态环境保护效果持续显现，人与自然和谐共生的进程又往前迈进了一大步。

第三阶段的报道中较为凸显的语义特征有：Government，Helping，Important 等，如 Helping 的分布见表 8.9。

表 8.9　*China Daily*"生态文明"报道第三阶段中的帮助类词表

Word	Semtag	Frequency	Relative Frequency		Summary information:		
cooperation	S8+	265	0.21	Concordance	Number of types shown: 125		
help	S8+	115	0.09	Concordance	Total frequency of types shown: 1359 (1.10%)		
support	S8+	101	0.08	Concordance	Total frequency overall: 123862		
promote	S8+	87	0.07	Concordance			
protection	S8+	62	0.05	Concordance	Number of items shown with a given frequency:		
boost	S8+	53	0.04	Concordance			
promoting	S8+	44	0.04	Concordance	Frequency	Types	Tokens
services	S8+	31	0.03	Concordance	1	40 (32.00%)	40 (2.94%)
benefit	S8+	31	0.03	Concordance	2	17 (13.60%)	34 (2.50%)
cooperate	S8+	25	0.02	Concordance	3	14 (11.20%)	42 (3.09%)
supporting	S8+	24	0.02	Concordance	4	4 (3.20%)	16 (1.18%)
benefits	S8+	21	0.02	Concordance	5	6 (4.80%)	30 (2.21%)
helping	S8+	20	0.02	Concordance	6	5 (4.00%)	30 (2.21%)
encouraging	S8+	20	0.02	Concordance	7	5 (4.00%)	35 (2.58%)
facilitate	S8+	18	0.01	Concordance	8	4 (3.20%)	32 (2.35%)
protect	S8+	17	0.01	Concordance	9	4 (3.20%)	36 (2.65%)
helped	S8+	15	0.01	Concordance	10	1 (0.80%)	10 (0.74%)
supported	S8+	15	0.01	Concordance	> 10	25 (20.00%)	1054 (77.56%)
encourage	S8+	15	0.01	Concordance			
serve	S8+	15	0.01	Concordance			
service	S8+	14	0.01	Concordance			
aid	S8+	12	0.01	Concordance			
protecting	S8+	12	0.01	Concordance			
promoted	S8+	11	0.01	Concordance			
enable	S8+	11	0.01	Concordance			
guidance	S8+	10	0.01	Concordance			
cooperative	S8+	9	0.01	Concordance			
beneficial	S8+	9	0.01	Concordance			
assistant	S8+	9	0.01	Concordance			

由此可见，第三阶段重在强调中国与其他各国在生态文明建设方面的帮助与合作，其中"cooperation""help""support""assistant"等词体现了在生态文明建设中，各国团结一致、互惠共赢，共建完整和谐的生态文明体系。在这一阶段，中国十分重视与世界他国在生态文明建设上的交流与合作，如中哈环保合作委员会第八次会议召开，中非环境合作中心启动活动在京举行，第六次金砖国家环境部长会议召开，二十国集团环境部长

会议在线召开，这些都显现了中国与世界各国同心协力共建万物和谐美丽家园的决心。

第四阶段的报道中有实际意义的较为凸显的语义特征有：Business，general，Government，Change 等，如 government 的分布见表 8.10。

如表 8.10 所示，"country""government""nation""officials""civil"等词出现频率较高，说明这个阶段的报道更加凸显中国的生态文明建设历程一直是在党和政府的领导下进行深化的，着重介绍了政府的领导作用和引领力量。

表 8.10 *China Daily*"生态文明"报道第四阶段中的政府类词表

Word	Semtag	Frequency	Relative Frequency	
country	G1.1	448	0.23	Concordance
government	G1.1	231	0.12	Concordance
president	G1.1	179	0.09	Concordance
governance	G1.1	147	0.08	Concordance
nation	G1.1	138	0.07	Concordance
state	G1.1	134	0.07	Concordance
officials	G1.1	95	0.05	Concordance
governments	G1.1	73	0.04	Concordance
nations	G1.1	58	0.03	Concordance
council	G1.1	54	0.03	Concordance
central_government	G1.1	54	0.03	Concordance
authorities	G1.1	49	0.03	Concordance
official	G1.1	42	0.02	Concordance
bureau	G1.1	38	0.02	Concordance
minister	G1.1	27	0.01	Concordance
ambassador	G1.1	23	0.01	Concordance
vice-president	G1.1	21	0.01	Concordance
ministry	G1.1	21	0.01	Concordance
civil	G1.1	15	0.01	Concordance
constitution	G1.1	14	0.01	Concordance
revenue	G1.1	12	0.01	Concordance
congresses	G1.1	12	0.01	Concordance
formulation	G1.1	10	0.01	Concordance
ministerial	G1.1	10	0.01	Concordance
citizens	G1.1	10	0.01	Concordance
international_relations	G1.1	9	0.00	Concordance
government_departments	G1.1	9	0.00	Concordance
diplomatic	G1.1	8	0.00	Concordance
state-owned	G1.1	8	0.00	Concordance

Summary information:

Number of types shown: 84
Total frequency of types shown: 2105 (1.10%)
Total frequency overall: 191739

Number of items shown with a given frequency:

Frequency	Types	Tokens
1	18 (21.43%)	18 (0.86%)
2	10 (11.90%)	20 (0.95%)
3	10 (11.90%)	30 (1.43%)
4	6 (7.14%)	24 (1.14%)
5	6 (7.14%)	30 (1.43%)
6	1 (1.19%)	6 (0.29%)
7	4 (4.76%)	28 (1.33%)
8	2 (2.38%)	16 (0.76%)
9	2 (2.38%)	18 (0.86%)
10	3 (3.57%)	30 (1.43%)
> 10	22 (26.19%)	1885 (89.55%)

第五阶段的报道中有实际意义且较为凸显的语义特征有：Farming & Horticulture，Change，Interested/excited/energetic 等， 如：Interested/excited/energetic 的分布见表 8.11。

表 8.11 *China Daily*"生态文明"报道第五阶段中的感兴趣／激动／有精力类词表

Word	Semtag	Frequency	Relative Frequency	
energy	X5.2+	353	1.03	Concordance
energy_shortages	X5.2+	8	0.02	Concordance
energy_departments	X5.2+	6	0.02	Concordance
actively	X5.2+	5	0.01	Concordance
incentives	X5.2+	5	0.01	Concordance
interest	X5.2+	3	0.01	Concordance
proactively	X5.2+	3	0.01	Concordance
energy_sector	X5.2+	3	0.01	Concordance
eager	X5.2+	3	0.01	Concordance
energies	X5.2+	2	0.01	Concordance
incentive	X5.2+	2	0.01	Concordance
spur	X5.2+	2	0.01	Concordance
highlights	X5.2+	2	0.01	Concordance
intrigued	X5.2+	2	0.01	Concordance
vigorously	X5.2+	2	0.01	Concordance
active	X5.2+	2	0.01	Concordance
enthusiasm	X5.2+	2	0.01	Concordance
interests	X5.2+	2	0.01	Concordance
enthusiastic	X5.2+	1	0.00	Concordance
energy_shortage	X5.2+	1	0.00	Concordance
stimulating	X5.2+	1	0.00	Concordance
energy_based	X5.2+	1	0.00	Concordance
vibrant	X5.2+	1	0.00	Concordance
vitality	X5.2+	1	0.00	Concordance
dedicated	X5.2+	1	0.00	Concordance
dynamic	X5.2+	1	0.00	Concordance

Summary information:

Number of types shown: 26
Total frequency of types shown: 415 (1.21%)
Total frequency overall: 34169

Number of items shown with a given frequency:

Frequency	Types	Tokens
1	8 (30.77%)	8 (1.93%)
2	9 (34.62%)	18 (4.34%)
3	4 (15.38%)	12 (2.89%)
4	(0.00%)	(0.00%)
5	2 (7.69%)	10 (2.41%)
6	1 (3.85%)	6 (1.45%)
7	(0.00%)	(0.00%)
8	1 (3.85%)	8 (1.93%)
9	(0.00%)	(0.00%)
10	(0.00%)	(0.00%)
> 10	1 (3.85%)	353 (85.06%)

如表 8.11 所示,"actively""interest""vigorously""enthusiastic""dynamic"等词出现频率较高,表明中国致力于生态文明建设,在生态文明建设的进程中有活力与凝聚力,生态文明建设体系与制度得到逐步完善。在这一阶段,生态文明思想越来越深入人心,不断激发出崭新的生态文明因子。同时,国外对中国生态成果的评价较为积极正面,如:"比利时弗拉芒语版《今日中国》杂志社总编辑丽娜·登格鲁丹伊森指出,中国绿色发展已走在世界前列。"①

---

① 《国外高度评价新时代中国生态文明建设成就》,http://www.qstheory.cn/zoology /2020-12/24/ c_1126903163.htm。

二、表层架构分析

（一）隐喻性架构

生态文明建设话语有其特殊的隐喻表达，基于对语料的量化统计，发现话语中较为凸显的源域有稀有金属、生物体、金融（经济）、旅程等。这些隐喻性架构通过其角色、角色间的关系以及角色参与的事实场景，讲述了中国在生态文明建设中所付出的努力。

1. 稀有金属

"'金银'在我国民俗文化和认知方式中是两种非常珍贵的事物，'金山银山'有金银数量巨大、无穷无尽之意。将'绿水青山'隐喻为'金山银山'能够较为充分地显示出'绿水青山'的珍贵性和重要性。"①"绿水青山就是金山银山"这种表达深入浅出、生动简明。数据显示，"绿水青山就是金山银山"在生态环境保护五个阶段中的出现频率均较高，如下例。

例 8.1：We have established the notion that lucid waters and lush mountains are *invaluable assets* and acted with resolve and intensity as never before to strengthen environmental protection.（*China Daily*, March 22, 2018）

在例 8.1 中，把绿水青山喻为"invaluable assets"即宝贵的资产，指明了经济发展和生态环境的关系，暗示了协同共生是实现发展的必由之路，只有通过绿色发展的道路才能使环境保护和经济发展双丰收，这能够使国外受众较为容易地理解绿水青山对于生态的重要意义。"绿水青山就是金山银山"隐含了"天人合一""道法自然"的古代哲学观。自然孕育了人类，人类因自然而生，二者是生命共同体，相互影响、共荣共生。良

---

① 《始终践行"绿水青山就是金山银山"理念，稳步推进我国经济社会科学发展和高质量发展》，https://article.xuexi.cn/articles/index.html?art_id=6102156976226907849&item_id=6102156976226907849&study_style_id=feeds_opaque&pid=&ptype=-1&source=share&share_to=wx_single。

好的自然环境是人类社会持续发展的基本前提和坚实保障，人类应尊重、顺应和保护自然。由此可见，"绿水青山就是金山银山"的内涵深刻，该理念的贯彻落实对建设美丽中国具有重要战略意义。

2. 生物体

与生命体相关的隐喻性表达较为丰富。

通过语料分析，我们发现，生态环境保护的相关事件报道中运用了羽翼的隐喻，如下例。

例 8.2：The document aims for coordinating the development of Beijing, Tianjin and Hebei, with Xiongan to be built as one of the "*two wings*" of Beijing, along with Tongzhou district, where the Beijing municipal government is now located.（*China Daily*, January 3, 2019）

在本句中，将雄安喻为北京的羽翼，相当于雄安新区是"军队作战阵势中的侧翼"，是北京的两翼之一，较好地表达了雄安新区的建设重要性，也体现了雄安新区对于疏散北京非首都功能的重大意义。

3. 金融（经济）

随着人类对生态环境认知的加深，人与自然环境的关系也逐渐社会化，生态领域常常引用经济学的概念阐述自然事物的存在形态。尤其是在当今日益严峻的环境问题下，人类对于环境的思考也逐渐加深。

首先，"水质量""空气质量"等对环境质量的讨论实际上是由产品这个源域映射到生态环境这个目标域所产生的金融隐喻。产品的质量影响产品的价值，生态环境的质量也与生态领域的话语权息息相关。我们不仅在经济领域要推动高质量发展，在生态文明领域也要推动高质量发展，后者为前者打基础、补短板。因此近几年对生态环境质量的讨论日益增多，如下例。

例 8.3：By the end of 2025, the overall water quality of the basin should remain sound, and the water quality of the main stream should stay at Grade II in the country's five-tier water *quality* system, according to the action plan jointly issued by 17 government authorities. (*China Daily*, September 20, 2022)

其次，负债类表述是另一种隐喻。国际会计准则将负债定义为"企业过去的交易或者事项形成的，预期会导致经济利益流出企业的现时义务"①。人类过去破坏环境的行为投射到负债这个表层架构上即过去的事项，导致人类的现时义务即为了改善生态环境而调整政策，重新审视人与自然的关系。马克思认为人与自然的关系分为三个阶段：第一阶段，古代人类完全依赖自然生存；第二阶段，人类中心论，人类的发展是建立在剥削自然环境基础之上，他们向自然宣战，完全忽视保护环境的重要性；直到第三阶段才辩证地看待人与自然的关系。② 当今社会虽然处于一个具有理性认知的阶段，却往往在追求经济发展时忽视对自然环境的保护，究其原因是看待自然的方式不同产生了不同的自然观。中国自古以来有从人文视角看待自然的传统，形成了生态文明的哲学观，战国时期庄子提出"天人合一"，讲求天道与人道的统一，是早期人与自然和谐共生的一种思想。《尚书·周书·泰誓上》称"惟天地，万物父母；惟人，万物之灵"，在呼吁保护生态文明时这类名言也常常被引用。因此，在批判人对自然造成伤害时往往会将自然拟人化，赋予其情感，使得人与自然成为借贷双方，生态环境的破坏会让人类付出代价（如例 8.4），环境破坏不应成为经济发展的成本（如例 8.5）。

例 8.4：Back in the 1980s and 1990s, the village based its economy on the area's high-quality mineral resources and became the "richest" community in Anji - but it also *paid a high price* for pollution. (*China Daily*, December 3, 2021)

---

① 《企业会计准则——基本准则》，http://www.gov.cn/flfg/2006-04/11/content_250845.htm。
② 谢慧：《新时代中国绿色发展的哲学基础、核心要义与实践路径》，《理论探讨》2023年第 6 期。

例 8.5：The economy should not be developed *at the cost of* destroying the environment because the environment itself means the economy. If you protect the environment, the productivity growth will come along.（*China Daily*, December 28, 2021）

4. 旅程

在报道中，旅程隐喻将一段时间内的大事件以及政策方针的变动进行概念化，如"taken numerous steps""blueprint""a new starting point""on the right path"等。旅程隐喻反映了新中国成立 70 周年，我国对生态文明建设的重视是一个发展的过程，每一个规划中无不体现我国对生态文明建设的理解和规划在逐渐加深，如下例。

例 8.6：To build on these achievements, the country has a clearly defined *timetable*, *road map* and *blueprint* to realize its carbon peak and carbon neutrality goals.（*China Daily*, November 2, 2021）

在例 8.6 中，无论实现何种目标，提前规划，乃至制订详细而具体的行动计划是必不可少的环节。未雨绸缪从古至今都是成功的一个重要因素，因此类似"timetable""schedule"等表达容易被国际受众所理解。

旅程中存在着旅行者、交通方式、路线、沿线中的风景和障碍物。同样，目标域包含生态文明建设的伙伴或搭档、生态文明建设的方式、实现的进展、遇到的困难等。我们在与周边世界的互动中，已经对这些概念隐喻有过较为充足的体验，如下例。

例 8.7：We are living in an era both fraught with challenges and full of hopes. As long as we press ahead with perseverance, a bright future will beckon. For the sake of our common future, we need to join hands and start a *new journey* of high-quality development for humanity.（*China Daily*, October 12, 2021）

在例 8.7 中，用"new journey"唤起人们心中对未来旅程的希望，表现了我国对合作共赢的方案充满信心，这有助于我国在国际上树立一个将自身发展与世界共同发展相融合的正面的、积极的大国形象。

（二）非隐喻性架构

1.绿色发展

2012 年哥本哈根世界气候大会后，人们逐渐重视起低碳发展。节能减排是实现低碳的重要途径之一，发展中国家若想做到低碳发展，则需要耗费大量财政资金整顿国内企业。作为最大的发展中国家，中国不仅加快了对经济发展的改革，还致力于改善生态环境，以达到双赢的局面。在此背景下，新闻报道中"低碳""绿色发展"成为高频热词（如例 8.8），绿色发展高频是因为在人们固化的思维模式中，绿色通常带有积极的暗示。"高频率的词汇通常会被固化在说话者的心理之中。固化的知识不仅可以在话语理解中立刻被激活，而且会产生群体共享的概念和形式结构。"① 通常植物在人的印象中都是绿色的，而后关于环境无论是标语还是图像大都以绿色这一色彩显示出其特征，长期以往，绿色就成了积极的表达。自然提供人类赖以生存的物质基础，就如同养育孩子的母亲，因此在形容人类与自然环境的关系时常常将自然固化为母亲。除此之外，常见的固化类词还有"可持续""循环""低碳"（如例 8.9、例 8.10），激活了绿色发展架构如"碳中和"类表达不仅仅是生态文明建设中出现的新表达，还在长期的交流使用中形成固化印象。

例 8.8：In recent years, the district has taken ecology and *green development* as its priority and accelerated construction of an ecological civilization, officials said.（*China Daily*, November 15, 2022）

例 8.9：Actively respond to climate change, accelerate transition to *green and low-carbon* development, enhance climate adaptation...（*China Daily*, June 28, 2022）

例 8.10：Fourth, pursue inclusive and sustainable development. We need

---

① 纪燕：《习近平生态话语的和谐架构分析》，南京师范大学博士学位论文，2021 年。

to seek the harmonious coexistence between man and nature, actively respond to climate change, promote *green and low-carbon* transition, and foster a community of all life on Earth. （*China Daily*, November 15, 2021）

2. 合作

报道中表示合作的短语出现频率较高，如"cooperation with""work together""construction and sharing""partnerships""join hands""unity""partnerships"等，激活了合作架构如下例。

例 8.11 ：We need to each take stronger actions, *strengthen partnerships and cooperation*, learn from each other and make common progress in the new journey toward global carbon neutrality. In this process, we must *join hands*, not point fingers at each other; we must maintain continuity, not reverse course easily; and we must honor commitments, not go back on promises.（*China Daily*, April 23, 2021）

例 8.12 ：China has stood with African countries. Together, we have *worked in unity* and forged ahead.（*China Daily*, September 4, 2018）

例 8.13 ：Additionally, China launched a Green Development Coalition along with the other stakeholders under the Belt and Road Initiative in April this year, which is in line with the United Nation's sustainable development goals of 2030 and based on the principle of "*construction and sharing*".（*China Daily*, December 11, 2019）

例 8.14 ：India is suffering severe air pollution, and China's experience in creating countermeasures could *help*.（*China Daily*, May 10, 2018）

上述例子说明中国在环境保护方面积极推进与世界各国和组织进行合作，从而加强生态文明建设，促进绿色发展，凸显了国家之间的合作伙伴关系，也强调了在保护环境方面，唯有世界各国团结协作，才能促进生态文明建设的良好发展，这展现了中华民族伟大的团结合作精神。在例 8.13 中，"construction and sharing"需要多人来完成，表达了合作共赢之意，表明中国将绿色发展贯穿于"一带一路"共享发展之中，符合绿色发展理念和可持续发展的目标。在例 8.14 中，"help"等词激活了帮助架构，强调了在空气污染防治的过程中，中国十分乐意为世界分享中国方案和中国智慧，这展现了大国风范。

3. 平等

报道中"equal"等表达出现频率较高，激活的是平等架构。

例 8.15：The repeated use of the term "*equal* dialogue" suggests that the absolute authority of any single civilization needs to be replaced by ongoing dialogue.（*China Daily*, December 3, 2021）

例 8.16：China has a profound understanding of biodiversity, as manifest in traditional Chinese culture and these aphorisms: "Man is an integral part of nature"；"Dao follows the laws of nature"；and "All beings are *equal*".（*China Daily*, October 9, 2021）

例 8.17：To these ends, Xi stressed the nation should maintain a long-term perspective, remain mindful of potential risks, and maintain its strategic focus and determination, paying attention to issues both great and small, and he offered the timely reminder that "*If we do not fail Nature, Nature shall never fail us*", effectively a rallying cry as the nation pursues the challenging goal of carbon neutrality.（*China Daily*, January 1, 2022）

上述例句均激活了平等架构，尤其是例 8.17 中的"If we do not fail Nature, Nature shall never fail us"体现了人与自然的辩证关系。马克思说："整个所谓世界历史不外是人通过人的劳动而诞生的过程，是自然界对人来说的生成过程。"[①]这体现了自然与人存在的互主体性，将自然环境隐喻为青山，意在唤起读者对人与自然之间关系的重视。

---

① 马克思：《1844 年经济学哲学手稿》，人民出版社 2000 年版。

4.以人为本

在报道中,"people-centered approach""people first"高频出现,激活了"以人为本"的非隐喻性表层架构,如例8.18、例8.19。

例8.18：We must be committed to a *people-centered approach*. The environment concerns the well-being of people in all countries. We need to take into full account people's longing for a better life and a good environment as well as our responsibility for future generations.（*China Daily*, April 23, 2021）

例8.19：We have pursued the path of coordinated development by putting *people first*. For us, the fundamental interests of the two billion people of China and ASEAN countries are always the top-order priority.（*China Daily*, November 13, 2020）

社会历史发展的主体是人民,在生态文明建设中,我国重视人民群众的主体地位,注重以人为本,保持生态环境的良性循环,促进人与自然的和谐发展。这不仅增强了可持续发展的能力,而且提高了人民群众的生活质量。民本思想在我国历史上源远流长,我国古代有许多重视百姓的论述金句。以人为本的理念关乎国家福祉,关乎下一代的生存环境。近年来,在"一带一路"中,我国也与多国合作为民,共享生态文明建设方案,大大改善了人民的生活,体现出生态文明建设中对民生的高度重视。

三、深层架构分析

话语须蕴含价值观、道德观等深层架构,才能够有效引导受众的思想和行为。在生态话语中,有效传递出中国独特的生态文明观念和价值追求有助于讲好中国生态文明故事。上述表层架构激活的深层架构是天人合一的自然观、协和万邦的国际观,以及"五位一体"理念等。

（一）天人合一的自然观

稀有金属、生物体等隐喻性表层架构和平等、合作等非隐喻性表层架构所激活的深层架构是天人合一的自然观。

我国古代很早就产生并崇尚"天人"关系理论的生态文明思想，儒家主张"天人合一"，同时，道家提出"道法自然"，在道家看来，宇宙万物都来源于道，又归复于道，所谓"道生一，一生二，二生三，三生万物"，① 最终都强调"人要以尊重自然规律为最高准则，以崇尚自然效法天地作为人生行为的基本皈依"②。在新时代生态文明建设中融入这样的传统生态文明思想，将中国智慧实施到实际情况中，走出了独特又创新的绿色发展道路。只有尊重自然生命生生不息的权利，以整体观看待生态环境保护，坚持人与自然和谐共生，才能保证人类持续生存和发展，才能帮助中国以及世界各国在发展道路上越走越远。

（二）协和万邦的国际观

旅程等隐喻性表层架构和合作等非隐喻性表层架构激活了人类命运共同理念。"人类正处在大发展大变革大调整时期。世界多极化、经济全球化深入发展。"③ 生态文明建设迫切需要世界各国在命运与共中携手同行。在环境污染恶化的当下，人类应遵循人类命运共同体的价值观，担起维护生态发展之责，实现共赢共享，为世界创造绿色创新的发展方案。

命运共同凸显出中国在推动绿色发展的同时，助力解决其他国家面临的困难，体现了协和万邦的国际观。在利益/责任共同体架构中，中国秉持共同发展的义利观和富而不骄、强而行德、相互扶持、守望互助的国

---

① 引自老子的《道德经》第四十二章。
② 《生态审计研究初探》，http://sjj.yueyang.gov.cn/8719/content_323359.html。
③ 习近平：《共同构建人类命运共同体——在联合国日内瓦总部的演讲》，《人民日报》2017年1月20日。

际交往至善伦理观。贯彻人类命运共同体理念彰显了中国从全球化的视角深刻认识环境问题的重要性，这一理念以维护人类共同利益为终极目标，体现了中国以天下为己任的担当和深谋远虑的举措，重塑了世界对环境保护的认知。中国主张世界各国在气候问题上团结一致、协作共赢的和谐观念反映出生态问题正是这样一个超越单个民族、种族和国家，关乎全人类利益的世界性问题。协和万邦的生态世界观充分体现了中国环境保护与建设的目标，这不是利己主义式的畸形发展，而是世界所有成员的共享共赢。

（三）"五位一体"理念

绿色发展等非隐喻性表层架构激活了"两山"理论和"双碳"承诺等价值观，这实际上隐含的是"五位一体"理念，即全面协调推进经济建设、政治建设、文化建设、社会建设和生态文明建设"五位一体"。绿水青山指生态环境，金山银山指经济发展。二者的关系并不冲突，通过人类的努力可以实现和谐共生，通过改善生态环境促进生产力的发展。生态环境是人类社会发展的根本，只有保护好生态环境留住绿水青山，人类社会才能高效发展。绿水青山于中国人民而言耳熟能详，此观点深入人心，惠及民生。中国秉持着人与自然和谐共生的理念，对绿水青山格外珍惜重视，因此蕴含"两山"理论和"双碳"承诺的话语能够进一步推进绿色发展的理念深入人心。

"绿水青山就是金山银山"蕴含了天人合一、人与自然和谐共生的价值观。经济建设和生态文明建设全面协调发展才能行稳致远，建设美丽中国。

第二节　生态文明故事的话语翻译分析

一、概念对等

（一）概念对等的翻译策略

1. 归化

例 8.20：原文：一年半来，中巴关系强劲起步，各领域合作如雨后春笋般破土而出、茁壮成长，给两国人民带来了实实在在的利益。

译文：Over the past one and half years, China-Panama relations have gotten off to a good start: cooperation programs have *mushroomed and thrived across the board*, delivering tangible benefits to the people of the two countries. (President Xi Jinping's Signed Article on Panamanian Newspaper, November 30, 2018)

该译文遵循了归化的翻译策略。原句的"如雨后春笋般破土而出"译为动词"mushroom"，其本意是"蘑菇"，在此作动词，意为快速增长。"雨后春笋"指新生事物大量涌现和蓬勃发展。成语出自宋代文学家张耒的诗作《食笋》的首句，"荒林春雨足，新笋进龙雏"。在译入语读者的饮食文化中，竹笋较少用以烹饪，蘑菇则是更为常见的食材，因此原文中的"春笋"因文化差异被归化为"mushroom"。译者尝试表达中巴在各领域的合作具有量多质优、蓬勃发展的特点，充分考虑读者的文化背景与接受习惯，采用归化策略帮助受众理解中文的语言习惯和故事文化，实现了概念对等。

例 8.21：原文：应该尊重各国特别是发展中国家在国内政策、能力建设、经济结构方面的差异，不搞一刀切。应对气候变化不应该妨碍发展中国家消除贫困、提高人民生活水平的合理需求。要照顾发展中国家的特殊困难。

译文：It is imperative to respect differences among countries, especially developing countries, in domestic policies, capacity building and economic structure. A *one-size-fits-all* approach must be avoided. Addressing climate change should not deny the legitimate needs of developing countries to reduce poverty and improve their people's living Standards. Special needs of the developing countries must be well attended to.（*China Daily*, December 1, 2015）

本句采用了归化的翻译策略。“一刀切”是中国俗语表达，比喻不顾实际情况，用单一的办法处理情况或性质不同的事物。“刀”在中西餐文化饮食习惯中具有不同的地位，西方注重刀具的使用，因此不仅“刀”有不同的译法，“切”的译法同样存在差异。为了避免误解，将原本的“刀”译为“尺码”，更容易表达出“一刀切”的内在含义；另外将“切”替换为“fit”，规避了因文化差异带来的误解，深入阐释“一刀切”只维护了一方的利益，损害了全局利益和整体发展。“one-size-fits-all”更符合目标语受众的认知逻辑方式，能够帮助译入语受众理解译文，减少认知障碍，实现概念对等。

例8.22：原文：工业化时期，中国面临“环境污染、生态底线和资源上限”。最终迈入了新时代追求人与自然和谐的生态文明第三阶段。

译文：During the industrialization period, China confronted "environmental pollution, ecological *bottom line* and the *upper limit* of resources". It has eventually *stepped into* the third stage of ecological civilization in the new era that pursues harmony between human beings and nature.（*China Daily*, January 12, 2019）

此段译文遵循了归化的翻译策略，以“ecological bottom line and the upper limit of resources”来表达“生态底线和资源上限”。“生态底线”指生态环境及资源能承受的最大值；“资源上限”指资源储蓄的最大值。

"bottom line"延伸为"最起码的条件"，用此类经济学上的术语能够清晰地表达生态环境及资源的承受能力已达最大值。译文中"stepped into"是典型的隐喻性词汇，属旅程隐喻，将中国的生态文明发展进程比作旅程道路，能够更加生动形象地表现出新时代中国生态文明建设已经步入第三阶段。

2. 异化

例 8.23：原文：2022 年 3 月 6 日，习近平在看望参加政协会议的农业界社会福利和社会保障界委员时强调中国将坚定不移推进生态文明建设。我经常说，发展经济不能对资源和生态环境竭泽而渔，生态环境保护也不是舍弃经济发展而缘木求鱼。

译 文：China will stay committed to promoting ecological conservation. As I have said many times, we should never grow the economy at the cost of resource depletion and environmental degradation, which is like *draining a pond to get fish*; nor should we sacrifice growth to protect the environment, which is like *climbing a tree to catch fish*.（*China Daily*, January 18, 2022）

该译文遵循了异化的翻译策略。"缘木求鱼"的原义是爬上树去找鱼，隐喻行事的方向、方法不对，必将劳而无功；"竭泽而渔"指把池塘里的水抽干了捉鱼，隐喻做事只顾眼前的利益，丝毫不为以后打算。原文中二者意思相近，都指经济和生态可以共同发展，不能舍弃任何一方。因此译文为了让目标语读者能够清晰了解原文表述的概念，采用异化的翻译策略，用"drain"和"catch"等生动而简洁的动词再现原文含义。

（二）概念对等的翻译方法

1. 直译

例 8.24：原文：坚持以人为本。生态环境关系各国人民的福祉，我们必须充分考虑各国人民对美好生活的向往、对优良环境的期待、对子孙后代的责任。

译文：We must be committed to a *people-centered* approach. The environment concerns the well-being of people in all countries. We need to take into full account people's longing for a better life and a good environment as well as our responsibility for future generations.（*China Daily*, April 23, 2021）

此句采取了直译的翻译方法，注重句子通畅，忠于原意。虽然"以人为本"是我国常见的时政类词汇，但译文应准确表达出核心概念，使读者理解原文概念，明晰新闻内容。"people"与"centered"结合组成的意思就是以人民为中心，重现了"重视人民"这一概念。原文的"以人为本"指发展为了人民，在发展的同时要在人民的角度保护生态环境，从而增加各国人民的幸福感和安全感。这里采用直译的方式实现了概念对等。

例 8.25：原文：在制定"十四五"规划目标时，可通过对标"高速度、高强度、高质量"达峰，并与到 2050 年把我国建成富强民主文明和谐美丽的伟大社会主义现代化国家—到 2060 年实现碳中和的要求相结合，确定最优能源跃迁路径。

译 文：When setting the goals of the 14th Five-Year Plan, the optimal energy transition path can be determined by *benchmarking "high-speed, high-intensity, and high-quality"* peaking and combining it with the requirements to build China into a great modern socialist country that is prosperous, strong, democratic, culturally advanced, harmonious and beautiful by 2050-and to realize carbon neutrality by 2060.（*China Daily*, November 23, 2020）

本句采用直译。"benchmarking"指"标杆管理"，是管理学的一个概念，该方法地道、传神地体现了追求竞争优势的本质特征。标杆管理即采用量化的方法评定一项工作的完成情况，把某个指标或者几个指标作为基准来检验工作。能源转型是当今促进生态文明建设的一个重要指标，要把"高速度、高强度、高质量"作为检验基准。将形容词与名词前后结合直译，

"high-speed""high-intensity""high-quality"，可再现其概念本质，实现认知等效中的概念对等。

例 8.26：原文：时间表、路线图和蓝图。

译文：To build on these achievements, the country has a clearly defined *timetable, road map and blueprint* to realize its carbon peak and carbon neutrality goals.（*China Daily*, November 3, 2021）

在例 8.26 中，"时间表、路线图和蓝图"均采用了直译的翻译方法。"蓝图"引申为详细而具体的行动计划。无论实现何种目标，提前规划是必不可少的环节。"时间表"、"路线图"和"蓝图"在时政经济类新闻报道中比较常见，如"'十三五'规划"、"总路线"，以及"宏大蓝图"等。这三个词语均为典型的隐喻性词汇，通过旅程隐喻反映了我国的生态文明建设过程。目标语文化中"timetable, road map and blueprint"具有对应的概念内涵，因此译者采用直译方法，保留原有的喻体形象来进行翻译，完整、到位地再现了原文词语的概念。

2. 意译

例 8.27：原文：当未来历史学家回看中国的漫长发展时，他们也许会给我们所处的时代标注：一个开创新纪元的大变革时期。

译文：When future historians reconstruct the long history of China, they will likely circle our years as *an epochal period of transition and transformation*.（*China Daily*, January 24, 2018）

该段采取意译方法。译文用的是"an epochal period of transition and transformation"，即"过渡和转变的新纪元"，并非对应原文的"开创新纪元的大变革时期"。大变革强调新的时代，因此译文省略了"大"字，从概念本质着手。译文采取意译的手法，流畅、到位地传递了原文的概念内涵，实现了概念对等。

（三）概念对等的翻译技巧

1.减译

例 8.28：原文：此外，今年 4 月，中国与其他利益攸关方在共建"一带一路"下成立了绿色发展联盟，这符合联合国 2030 年可持续发展目标，并以"共建共享"为原则。

译文：Additionally, China launched a Green Development Coalition along with the other stakeholders under the Belt and Road Initiative in April this year, which is in line with the United Nation's sustainable development goals of 2030 and based on the principle of "*construction and sharing*". （*China Daily*, December 11, 2019）

该短语运用了减译的翻译技巧，实现了概念对等。"construction and sharing"意为建设和分享，此处翻译没有直译原文的"共"字，属于减译，将"共商共建共享"原则简化翻译，因为英文表达"construction and sharing"这两个动作需要多方完成，本身就具有共同之意，符合译入语的语言特色和内在逻辑，表明中国在建设"一带一路"过程中始终倡导多方合作，坚持绿色发展理念和可持续发展目标。

例 8.29：原文：打赢蓝天保卫战。

译文：China has followed up its 2013 Air Pollution Action Plan with a new, even more ambitious, 2018-20 Action Plan for winning the *"blue sky war"*, which is much wider in scope and has stricter targets. （ *China Daily*, October 29, 2019）

该段译文采用了减译的翻译技巧，实现概念对等。"blue sky war"这一表述属战役隐喻，虽然减译了"保卫"的内容，但其概念内涵是"为保卫蓝色天空而战的战役"，已经体现了保卫蓝色天空之意。此处减译得当，使译文内容更加精准明确，能够表达中国想要打赢蓝天保卫战的决心和建设生态文明发展道路的决心。"war"并非是真枪实弹的战役，而是将中国防治大气污染、保护蓝天洁净的行动比作战役。译文采用具体且易于理解的战役来表述防治大气污染、保护大气环境这一抽象行动，有助于读者更好地理解。

例 8.30：原文：过去 70 年来，中国开展了节能、植树造林、水土保持、防灾减灾、改善公众健康等一系列绿色公益活动。

译文：In the past 70 years, China has launched a series of green public campaigns including those on *saving energy, afforestation, conserving water and soil, preventing natural disasters and improving public health*. (*China Daily*, August 26, 2019)

此段采用了减译的技巧，指明了近 70 年中国在生态保护上的努力，并列举了一系列相关的绿色公益活动。"improving public health" 采用了直译，"preventing natural disasters" 则选用了减译技巧，减少翻译了"减灾"这一部分的内容，使语言表达更加简洁明了，译文清晰对整，达到了概念对等。

例 8.31：原文：行业专家表示，中国钢铁行业正进入一个产量增长放缓但质量提高的新发展阶段。

译文：China's steel industry is entering a new development phase of slower output growth but *higher* quality, industry experts said. (*China Daily*, December 27, 2019)

本句采用了减译的翻译技巧。译文用"slower output growth"和"higher quality"两个偏正短语表达了"产量增长放缓"和"质量提高"两个动词短语之意，使得译文简洁明了，同时表达了原本的概念内涵。译文看似省略了原文表述中呈现出的过程，实则采用形容词比较级简洁地体现了"放缓"和"提高"的现象，达到了体现中国的高质量发展符合绿色发展理念这一目的。

2. 增译

例 8.32：原文：上海世博会是上海举办的最昂贵、规模最大的世界博览会之一，展示了中国日益增长的全球影响力，同时展示了中国的软实力。

译文：The Shanghai Expo was one of the most expensive and largest world fairs held in the city, showcasing China's growing global influence as the country flexed its *soft-power muscles* during the event.（*China Daily*, November 18, 2019）

在例 8.32 中，"soft-power"意为"软实力"，此处采用增译的翻译技巧译为"muscles"。"muscle"原指肌肉，引申义为体力、影响力，译文用"muscles"补充说明"soft-power"，具象化处理了原文的"软实力"概念。原本无形的"影响力"概念借助具体、有形的"muscles"概念得以凸显，进一步强调了中国日益增长的发展潜力和感召力，让译文更易为受众所理解和接受。

二、隐喻寓意对等

（一）隐喻寓意对等的翻译策略

1.归化

例 8.33：原文："人心齐，泰山移"。

译文：*People with one mind and heart have the power to move a mountain.* (President Xi Jinping's Signed Article on Mainstream Rwandan Newspaper, July 21, 2018)

本句遵循了归化的翻译策略，以达到认知等效。原文意为只要人们齐心协力，就可以克服任何困难，甚至连泰山都能移动，表达出中国愿与他国携手共进的理念。原文中的"泰山"并没有在译文中直接呈现，由于目标语读者对于这一意象存在文化认知差异，因此译者采用了"一座山"这样的泛化表达，以此缩小文化差异带来的隔阂，传递了"人们齐心协力就能移动大山"的信念，精确地再现了原文的隐喻寓意。

2. 异化

例 8.34：原文：一位驻澳大利亚的专家表示，中国正走在实现国内环境可持续发展的正确道路上，可以与世界其他国家分享经验。

译文：China is *on the right path toward* domestic environmental sustainability and can share its experiences with the rest of the world, an expert based in Australia said. (*China Daily*, March 15, 2019)

该短语英译遵循了异化策略，实现了隐喻寓意对等。"on the right path" 运用隐喻的手法，属旅程隐喻。译文中的翻译表达了中国走的可持续发展道路是正确的，正向构建了我国的生态文明大国形象，包含了"国家是人""发展是旅程"的概念隐喻，更加生动地表明中国坚决贯彻绿色发展理念，并且乐于将其经验、方法分享给世界更多的国家，有助于译入语受众感悟中国道路、中国方案、中国智慧。

（二）隐喻寓意对等的翻译方法

1. 直译

例 8.35：原文：该文件旨在协调北京、天津和河北的发展，将雄安与北京市政府所在地通州区一起建设为北京的"两翼"之一。

译文：The document aims for coordinating the development of Beijing, Tianjin and Hebei, with Xiongan to be built as *one of the "two wings"* of Beijing, along with Tongzhou district, where the Beijing municipal government is now located. (*China Daily*, January 3, 2019)

本句中，"翼"是典型的隐喻性词汇，原文将雄安比作北京的羽翼。Lakoff 指出旅程隐喻是"有目的的行为，即沿着道路向目的地前进的旅行"，[①]

---

① Lakoff, G. (1993). The contemporary theory of metaphor. In Ortony, A. (ed.) *Metaphor and thought* (pp. 202-251). Cambridge: Cambridge University Press.

飞翔行为有特定的目的地和行进路线，因此，"翅膀""双翼"等隐喻性词语可激活旅程隐喻，体现了雄安新区作为北京的两翼之一，对于疏散北京非首都功能的重大意义，能够被译入语受众所理解和认同。译文采用直译方法实现了隐喻寓意对等。

例8.36：原文：天人合一，不能涸泽而渔等理念，是中国优秀传统文化的一部分，并传承至今。

译文：Concepts of harmony between man and nature and not to *drain the pond to catch the fish* have always been part of the fine traditional Chinese culture and today they are as appealing as ever.（Wang Yi's Remarks at the Leaders Dialogue of the United Nations High-level Political Forum on Sustainable Development, September 24, 2013）

该句采用了直译的方法。"涸泽而渔"本意为放干湖里或池塘里的水来捉鱼，英文表达"catch the fish"与原文中"渔"的隐喻寓意相近，体现出不同语言使用者的认知趋同，符合英文母语者的语言逻辑，让译文的读者能获得与原文读者相近的认知效果，准确理解该句的隐喻寓意。

2. 意译

例8.37：原文："和羹之美，在于合异。"人类文明多样性是世界的基本特征，也是人类进步的源泉。

译文：*Diversity of human civilizations not only defines our world, but also drives progress of mankind.*（*China Daily*, January 19, 2017）

此句采用了意译的翻译方法。原文大意是"羹汤的美味在于味道之间的调和"。译文采用意译方法下的释义手法，阐明原典深意：团结力量，文化差异应该成为人类文明进步的动力而不是阻力。原文句式精简，意蕴深远，意译的方式消解了认知障碍，同时使得译文更加通顺流畅，实现了隐喻寓意对等。

例8.38：原文：气候学家们已经开始发出警告：人类在地球上的活动

已经到了"不可逆转的地步"，即将迎来第六次生命大灭绝。

译文：Already, climate scientists have started *raising the red flag* of *"the point of no return"* and the approaching sixth mass extinction of life as a result of the human activities on the planet. (China org.cn, December 11, 2019)

本句采用意译方法，"raising the red flag""red flag"并非实指红颜色的旗帜，而是指红色警告，体现了气候变化中的严重性。"the point of no return"用来表示达到了"无法挽留的地步"，"point"正好表达那个达到极限的点，也就是无法挽留的地步，地道地反映了气候变化已经严重危害到人类的生存环境，使译文受众获得与原文受众相似的认知效果。

（三）隐喻寓意对等的翻译技巧

1. 合译

例8.39：原文：万物各得其和以生，各得其养以成。

译文："*All beings flourish when they live in harmony and receive nourishment from Nature*."（Xinhua, October 12, 2021）

本句采用了合译的翻译技巧。原文中"各得其和以生，各得其养以成"难以采用英文对应再现，译者需在"形意"方面做出取舍，用并列句达到隐喻寓意对等的效果。因此"万物各得其和以生，各得其养以成"中的"生"和"成"都直接译为"flourish"，简化了译文，让译文通俗易懂，寓意表达更加流畅通顺，同时实现了认知等效。

2. 增译

例8.40：原文：等闲识得东风面，万紫千红总是春。

译文："*When I glance at the visage of vernal breeze, I know that a thousand flowers of purple and red set spring aglow*."（*China Daily*, April 18, 2018）

本句采取了增译的翻译技巧。中国诗词富有独特的意象表达，蕴含深刻的隐喻寓意，直译易造成意象流失和寓意曲解，因此这里采用增译的翻译技巧,最大限度地保留诗词的韵味,详细地解释了诗句所阐述的道理。此处译文将"东风"翻译成"春风","万"和"千"的虚指数量词也发生了改变,"万紫千红"则用"千朵紫色和红色的花"代替,便于目标语读者理解。模糊化处理虚指数字,提升了译文的亲近感,有助于跨文化语境下传播者和受众进行对话。

例 8.41:原文:根之茂者其实遂,膏之沃者其光晔。

译文:*Only with deep roots can a tree yield rich fruit; only filled with oil can a lamp burn brightly.*(President Xi Jinping's Keynote Speech at the Opening Ceremony of the 2018 Beijing Summit of the Forum on China-Africa Cooperation, September 3, 2018)

此句采用了增译的翻译技巧。原文喻指凡事从根基上下功夫,自然会有显著成效。译文增加了"only"和"can"来凸显表述的逻辑关系,强调了根源的重要性。译文对仗工整,再现了典面喻体和原典喻义,最终实现了隐喻寓意对等。

三、深层架构对等

(一)深层架构对等的翻译策略

例 8.42:原文:人不负青山,青山定不负人。

译文:To these ends, Xi stressed the nation should maintain a long-term perspective, remain mindful of potential risks, and maintain its strategic focus and determination, paying attention to issues both great and small, and he offered the timely reminder that "*If we do not fail Nature, Nature shall never fail us*", effectively a rallying cry as the nation pursues the challenging goal of carbon neutrality. (*China Daily*, December 31, 2021)

此句采取了归化的翻译策略。"人不负青山,青山定不负人。"按原句

315

直译就是如果我们不辜负自然，自然永远不会让我们失望。结合之前关于"绿水青山就是金山银山"的理念，将具有中国传统文化意蕴的"青山"归化处理为"大自然"，更符合目标语受众的阅读习惯和认知特征。此外，该句式对仗工整，在翻译中运用恰当，能使内容增色匪浅。从党的十八大开始，生态文明建设就被纳入中国特色社会主义的总体布局，我国对生态文明建设做出的一系列努力就是"不负青山"的表现。这种归化的策略不仅在于传词达意，也再现了原文的人与自然和谐共处的生态伦理和价值取向，实现了深层架构的对等。

（二）深层架构对等的翻译方法

1. 意译

例 8.43：原文：面对全球环境风险挑战，各国是同舟共济的命运共同体，单边主义不得人心，携手合作方为正道。

译文：Faced with the risks and challenges to the environment worldwide, countries *share a common stake as passengers in the same boat* and form a community with a shared future.（*China Daily*, October 1, 2020）

此段译文采取了意译的方法。原文中"同舟共济"大意是坐一条船共同渡河，译文译为"share a common stake as passengers in the same boat"，"同舟"直译为"as passengers in the same boat"，"共济"，即"共同渡河"，意译为"share a common stake"享有共同利益，从"共同渡河"变成"享有共同利益"；同时，强调各国应当加强合作，"share a common stake as passengers in the same boat"意为一条船上的乘客，不仅生动易懂，而且再现了原文强调的团结协作的道德价值观和人类命运共同体的理念，达到了深层架构上的认知等效。

例 8.44：原文：树立绿水青山就是金山银山理念，以前所未有的决心和力度加强生态环境保护。

译文：We have established the notion that *lucid waters and lush mountains are invaluable assets* and acted with resolve and intensity as never before to strengthen environmental protection.（*China Daily*, March 22, 2018）

该段译文遵循了意译的翻译方法，"绿水青山就是金山银山"的译法较多，此句中"lucid waters and lush mountains are invaluable assets"比另一种译法"clear waters and green mountains are invaluable assets"更能展现一个生动立体且郁郁葱葱的绿水青山形象。同时，没有直译"金山银山"，而是把金山银山喻为"invaluable assets"即宝贵的资产，让国外受众更容易理解绿水青山的重要意义，表明只有通过绿色发展的道路才能实现绿色效益、经济效益双丰收，深刻阐述了经济发展和生态环境的关系，指明了协同共生是实现发展的必由之路。通过再现原文的生态伦理，实现了译文和原文在深层架构上的对等。

2. 直译

例 8.45：原文：中国的传统文化积淀了丰富的生物多样性智慧，"天人合一""道法自然""万物平等"等思想和理念体现了朴素的生物多样性保护意识。

译　文：China has a profound understanding of biodiversity, as manifest in traditional Chinese culture and these aphorisms: *"Man is an integral part of nature"; "Dao follows the laws of nature"*; and "All beings are equal". （*China Daily*, October 9, 2021）

此段译文采用了直译的翻译方法。"天人合一"强调人是自然的一部分，译文"Man is an integral part of nature"采用直译的方式体现了其内涵；"道法自然"是中国传统文化中的古语，全句是"人法地，地法天，天法道，道法自然"，其大意是要遵循事物自身的发展规律，"法"意为遵循，所以就直译为 follow。译文呈现出与原文相同的生态观念，直观地展现出中国的生态文明理念和尊重自然、崇尚和谐的价值追求，实现了深层架构方面的对等。

例 8.46：原文：在 4 月 28 日举行的世园会开幕式上，中国国家主席习近平倡导共同建设美丽地球家园、构建人类命运共同体。

译文：At the opening ceremony on 28 April, President Xi Jinping called for a joint endeavor in building a better homeland and *a community with a shared future for mankind.* (*China Daily*, October 11, 2019)

此段译文采取了直译的方法，表达了人类命运共同体的深层价值观。"在英语语境中 destiny 偏重指涉悲观消极、神秘莫测的天命，future 注重表达积极乐观、可掌握和确定的未来"①。所以命运不能直译为 destiny。"destiny"更多强调个人无法控制的遭遇和天定的命数，其含义不能表示人类命运共同体所表达的真正内涵，而"future"一词含有鲜明的正能量，有向前发展的意味。"shared future"几乎全部表示积极、正面的含义。"英语母语国家的官方文件亦经常使用这一表述，例如，2005 年，北爱尔兰提出了一项题为 'A Shared Future' 的战略，旨在消除社会分歧、种族隔离、宗派主义等现象，维护社会和谐和文化多元。"② 可见，"a community of shared future"能够在深层架构上实现译文与原文的对等。

（三）深层架构对等的翻译技巧

1. 增译技巧

例 8.47：原文：中方秉持"授人以渔"理念，通过多种形式的南南务实合作，尽己所能帮助发展中国家提高应对气候变化能力。

译文：As we in China often say, *"It is more important to show people how to fish than just giving them fish."* China has done its best to help developing

---

① 邓海丽：《中国时政话语的翻译策略——以"人类命运共同体"的英译及其传播为例》，《理论月刊》2020 年第 8 期。

② 《面向未来的"命运共同体"》，https://www.sohu.com/a/137787699_488902。

countries build capacity against climate change through various forms of results-oriented South-South cooperation.（*China Daily*, April 23, 2021）

此段通过增译的翻译技巧实现了深层架构对等，在此语境下，"It is more important to show people how to fish than just giving them fish."补充了形容词"important"，并且从本意上增补了句子的内容。这是由于双方存在思维差异，中国文化内敛含蓄，意藏在形中，而西方则是逻辑性思维，句子需要完整地体现主体和客体，因此此句从结构和意思上增补了主体也就是"people"。译文清晰明了地体现了中国千年以来乐于助人、古道热肠及为人着想的高尚道德品质，同时也承载了中国智慧，实现了深层架构在情感、道德等方面的对等。

例8.48：原文：这是一场走进自然的体验盛会，近千万中外访客走进世园会，用心感受环保与发展相互促进、人与自然和谐共处的美好。

译文：The expo has provided up-close experiences with *Mother Nature*. Here, nearly 10 million visitors from China and abroad have *seen with their own eyes* how environmental protection and development advance in parallel, and humans and nature coexist in harmony.（*China Daily*, October 11, 2019）

"Mother Nature"意为大自然，采用了意译的翻译方法和增译技巧，对"自然"进行增译，亲切地称其为"大自然母亲"，流露出中国对大自然的崇敬与珍爱。"seen with their own eyes"采取了意译的方法，表示用心感受。眼睛是心灵的窗户，环境得先用眼睛看到，才能用心灵更好地感受到，将用心感受翻译为"seen with their own eyes"更贴合实际，体现翻译的严谨性与准确性。

2.减译技巧

例8.49：原文：他呼吁要保持加强生态文明建设的战略定力，把祖国北疆这道万里绿色长城构筑得更加牢固。

译文：He called for maintaining the strategic resolve of building an ecological civilization, noting that *the green ecological barrier* in Inner Mongolia should be further fortified.（*China Daily*, May 22, 2020）

例 8.49 中，译文运用了意译的翻译方法和减译技巧，实现了概念上的对等。原文与译文对比，后半句差别很大，原文将内蒙古（祖国北疆）比喻成万里绿色长城的重要一环，而译文则是呼吁要注意筑牢内蒙古这一绿色生态屏障，将"万里……长城"减译为"the green...barrier"。因为万里长城是中国人耳熟能详的文化意象，若采用直译的方法，译入语受众并不能完全理解其"屏障、守卫"的作用。此处采取意译的方法，同时也采用了"barrier"这个建筑隐喻再现了原文的深层架构，为文化交流化解了认知障碍。

四、感情色彩对等

（一）感情色彩对等的翻译策略

例 8.50：原文："天行有常"，"应之以治则吉"。

译文：An ancient Chinese classic teaches that *heaven has its own law and those who embrace it will prosper.*（*China Daily*, April 12, 2018）

例 8.50 采用异化策略达到隐喻寓意对等。原文意为上天运行是有一定的规律的，用正确的治理措施就会带来吉祥的结果。"应之以治则吉"中的"吉"是褒义词，译文同样采用褒义词"prosper"来表述，"those who embrace it will prosper"即拥抱它的人将获得繁荣，使原文中的用典通俗易懂，再现了原文用词的感情色彩，实现感情色彩的对等。

（二）感情色彩对等的翻译方法

例 8.51：原文：引导应对气候变化国际合作，成为全球生态文明建设的重要参与者、贡献者、引领者。

译文：Taking a driving seat in international cooperation to respond to climate change, China has become an important participant, contributor, and *torchbearer* in the global endeavor for ecological civilization.（*China Daily*, November 6, 2017）

例 8.51 采用了意译的翻译方法。"引领者"本身是一个褒义词，该词语激活了人类架构，架构中的角色具备富有领导力、前瞻性、有决断力等特点，属于褒义词。原文强调在应对气候变化合作中，中国像一个引路人、领跑者，映射出中国在这场气候应对的旅程中行走速度领先，因此译文也采用了同样具有褒义色彩的词语"torchbearer"，实现了词语的感情色彩对等，有助于讲好中国生态文明故事，体现中国立场和全人类共同价值的协调共性。

（三）感情色彩对等的翻译技巧

例 8.52：原文：蓝绿交织，清新明亮，水城共融，人与自然和谐共生。

译文：Human and nature coexist harmoniously in the lake city featuring blue sky and verdant fields.（*China Daily*, April 3, 2020）

例 8.52 采用了减译、合译的技巧。在翻译实践中，中文与英文的叙事顺序存在差异，译文中将"人与自然和谐共生"置于句首，而蓝天与水城则做状语，原文"蓝绿交织"、"清新明亮"以及"水城共融"句式工整，意象幽美，选取的形容词"清新明亮"等均具有褒义，凸显了环境明净清新、水田青绿、天空蔚蓝的特点，但对于目标语受众来说，若在句首直译"蓝绿交织"，则难以理解"蓝绿"究竟对应什么。因此译文在句末呈现了"lake city"、"blue sky"以及"verdant fields"的具体意象，并使用"verdant"等褒义词来加以修饰，有效再现了原文用词的感情色彩，实现了词语感情色彩的对等。

第三节 生态文明故事的话语传播分析

生动故事不能仅靠文字传达，而是要充分用好融媒体传播手段实现立体传播。10 月 11 日，《生物多样性公约》缔约方大会第十五次会议（COP15）在昆明开幕，云南广播电视台制作的一部 6 分钟的纪录片《"象"往云南》讲述了一群大象历时 17 个月，总里程 3000 多公里的旷世旅程，直观、真实地呈现了人象和谐同处的生态美景象，展现了一幅人与自然和谐共生的生动画卷，是讲好生态文明故事的成功案例之一。该纪录片具有丰富的多模态特征，通过图片和文字向受众传递了大量积极的信息，由此推动了和谐人象关系的建立，吸引受众参与到其构建的世界中，促使他们支持生物多样性，共建万物和谐的美丽世界。因此，下文以《"象"往云南》为研究对象，以甘瑟·克莱斯和西奥·凡莱文（Gunther Kress & Theo van Leeuwen）提出的视觉语法和 Lakoff 提出的架构理论为依据，分析讨论在讲述中国生态文明故事的纪录片中，有关大象迁移回家的图像模态和文本模态之间的相互关系，分析不同模态之间如何相互依赖和促进，以延伸多模态话语的意义，增强故事的感染力、建构国际认同、塑造国家形象。

一、图文关系 ①

2021 年 5 月，16 头来自云南西双版纳的大象一路北迁，为了确保当地百姓与大象的安全，中国政府协调人力物力调集应急团队，成立指挥中心密切监测跟踪象群动向，温柔地消解了此次"人象冲突"，象群最终历时 17

---

① 由于版权所限，此处分析图文关系未附相关截图，可查看《"象"往云南》纪录片 https://www.163.com/v/video/VAL98HQ1M.html。

个月安全跨过元江顺利南归。"亚非的许多国家把大象视为力量、忠诚、智慧、权力的象征；美国人认为大象代表尊严、力量和智慧；丹麦视大象等级为最高的功绩等级等。"①因此，从跨文化的情感认同上来说，基于国际对大象隐喻义的认同，人象共生的价值观更容易在跨文化中达成共识、共情、共通。

Kress & van Leeuwen 认为，"多模态"指在特定的文本中，不同的符号资源被用于共同构建意义。② 多模态话语中的"多"具有以下三重含义："一是交流主体的人拥有多种感知渠道，如听觉、触觉、嗅觉等；二是交流所需的物质和技术媒体；三是通过这些渠道和媒介生产出来的语言、图像、声音等多种符号资源。"③ Kress & van Leeuwen（1996）提出了图像体现的三种意义：表征意义、互动意义和构图意义。④ 本节着重分析互动意义，即图像所体现的人际功能，如情态、社会距离、视角等。在图文关系中，"语言拓展了图像的意义或增加了信息（或相反）；语言细化了图像的意义，并对图像进行详细的说明或更准确的重述（或相反）。"⑤ 图文二者合力能够实现更有效的意义建构。Kress & van Leeuwen（1996，2006）提出图像中的三类视觉情态，即高情态、中情态、低情态。色彩饱和度高、风格自然的图像为高情态（high modality）；色彩饱和度一般、风格呈水粉状的图像为中情态（medium modality）；无色彩、黑白色调的图像为低情态（low modality）。情态程度指示真实度的程度。⑥

---

① 李金兰：《从云南大象北迁谈生态文明故事的跨文化传播》，《新闻世界》2022 年第 5 期。

② Kress, G. & van Leeuwen, T. (1996). *Reading images: The grammar of visual design*. London: Routledge.

③ 辛斌、唐丽娟：《对一则社会公益④谷莉：《谈电影色彩语言的艺术表现》，《当代电影》2015 年第 4 期。

④ Kress, G. van Leeuwen, T. *Reading Images: The Grammar of Visual Design*, London: Routledge, 1996.

⑤ 辛斌、唐丽娟：《对一则社会公益广告的多模态解读》，《外语教育研究》2014 年第 1 期。

⑥ Kress, G. van Leeuwen, T.（1996）. *Reading images: The grammar of visual design*. London: Routledge.

1.高情态特征

《"象"往云南》在梳理追"象"、护"象"历程的同时，多角度呈现了云南的好山好水、经济发展、历史人文等内容，建构美丽、丰饶的"彩云之南"形象。视频一开始就以青黝黝地延绵于天宇间的山脉作为引入，巍峨的群山环抱着树密雾浓、水气蓊郁、蒸腾多姿、幻化无定景象。远处快到天际线之处漂浮着亮得现出异彩、像美丽的贝壳一般的"彩云"。在中国地大物博的土地上，不同于古道西风瘦马的塞上，不同于小桥流水人家的江南，这里是介于荒寂和精致之间透着点儿苍凉和浩茫的"彩云之南"。

首先，该纪录片中的色彩体现了高情态。色彩既是传达信息的手段，又是感情的语言，不同色彩通过适当的搭配形成和谐统一而富于变化的有机结合。①《"象"往云南》几乎以一种色调贯穿始终，即苍翠欲滴的绿色。在配色上以不同明度的绿组合为主，给人以振奋、活力的感觉，写实地记录了西双版纳的热带森林、橡胶种植园、茶叶、丰硕的香蕉等，尽显云南的好山好水，建构了绿色生态的形象。按照上述分类标准，该纪录片中的绿色主色调属于高情态。此图中主要呈现纯绿、葱绿、森林绿、墨绿、翠绿等各种绿，建构了清新、希望、生命、环保、自然、生机等意象。就色彩饱和度而言，既非黑白，又非最大饱和度，因此属于高情态。就色彩协调度而言，深绿色山林与绚丽彩霞，葱绿色山林与棕色象群，墨绿色山林与白色烟雾搭配协调，彰显自然与生命，属高情态。就细节而言，山脉立体的线条，葱郁的枝叶、象群的布阵，袅袅雾气等细节，也是高情态，具有较强的视觉冲击和表现力。

其次，该纪录片中的细节体现了高情态。《"象"往云南》运用特写镜头②有效地呈现了细节。细节是图片表达手段之一，影响图像的真实度，

---

① 谷莉：《谈电影色彩语言的艺术表现》，《当代电影》2015 年第 4 期。

② 刘凤田、梁永慈：《纪录片特写镜头的运用——浅析大型纪录片〈茶，一片树叶的故事〉》，《当代电视》2014 年第 2 期。

以及人类感觉的愉悦①，后者体现出高情态。在再现云南风貌时，特写镜头将观众的注意力引向了当地种类繁多的个体生物，通过镜头带着观众们开启探寻云南连绵起伏的山间之旅，运用镜头语言细腻地表现出云南特有的湿润高原气候下孕育出的鲜活而富有生机的生命力。就所有生物而言，其繁茂多样特征在很大程度上也是由其所处的外部环境所影响的，正是从原生态丰富多彩的大自然里，它们得以获取生命和滋养。由于影片的景别集中到细节上，因此镜头画面包含的信息内容会被放大，观众对于纪录主体的情感也会瞬间随着镜头放大，②加之近镜头会给观众一种触手可及的感觉，使受众无意识地将自己融入图像当中，产生强烈的认同感。因此，众多特写镜头突出了当地真实生活中极具关注价值的物种多样性信息，观众在"观看"实践中就可以理解"生物多样性"这样一个描述自然界多样性程度的内容广泛的概念，即一个多样化的生命实体群特征在时间和空间的函数。③

2. 社会距离特征

从社会距离看，综观整部纪录片，在《"象"往云南》画面的拍摄中，拍摄者为了更好地完成叙事，通过改变摄像机的焦距以及改变摄像机与被摄对象的实际距离，使被摄对象在画面的呈现上发生了一定范围的变化。远镜头，景物与受众保持距离，会使受众体会到景象的宏伟壮观。该纪录片使用了远景景别来展示云南当地的环境。被摄丛林与航拍镜头之间的距离较远，因此呈现出的画面就显得较为开阔，观众可以享受眼前展现出一片宏伟的天高云远的美妙景致。这些远景画面由于视域辽阔，因此能够呈

---

① Kress, G. & van Leeuwen, T. (1996). *Reading images: The grammar of visual design*. London: Routledge.

② 刘凤田、梁永慈：《纪录片特写镜头的运用——浅析大型纪录片〈茶，一片树叶的故事〉》《当代电视》2014 年第 2 期。

③ 马克平：《试论生物多样性的概念》，《生物多样性》1993 年第 1 期。

现广袤的空间，并且不同景别可以显示出不同程度的情绪性和主观性，导演精心选择与安排远景就是为了强调环境与气势，景别越大，环境因素就越多，从而越能弱化人为的主观倾向，客观地建构美丽云南的生态景象。

3. 视角特征

"视角"是视觉语法的关键概念之一。"常见视角有水平视角、俯视视角和仰视视角。视觉凸显的视角体现符号的交际功能，可以展示图像中被表征参与者和受众之间的互动关系。"[1] 一般而言，"在水平视角上，正面角度能令观看者感同身受，在垂直视角上，俯视表示观看者的强势，平视表示与图中参与者关系平等，仰视则表示观看者处于弱势地位。"[2]《"象"往云南》中，大多数画面呈水平视角，在体现受众观看者与大象间关系平等的同时，更易于使受众感同身受。而且仰视的画面与俯视的画面穿插，前者表现出对象群的尊重，后者是描述象群的团体状态全貌。此外，"凝视"可表达"要求"（demand）和"提供"（offer）两种情态意义。[3] 在视频中，前者指大象的目光指向受众，后者指大象的目光不指向受众。该纪录片长镜头与特写镜头相结合，先"提供"，后"索取"，且多"提供"，少"索取"，在吸引观众积极参与的同时，实现亲近交流的互动意义。

二、多模态架构

正如第三章所述，Lakoff（2006）认为，架构存在于我们大脑的神经元的触处，概念隐喻实际上是两个架构之间映射的神经回路，词语会激活

---

[1] Kress, G. & van Leeuwen, T. (1996). *Reading images: The grammar of visual design*. London: Routledge.

[2] 辛斌、唐丽娟：《对一则社会公益广告的多模态解读》，《外语教育研究》2014 年第 1 期。

[3] Kress, G. & van Leeuwen, T. (1996). *Reading images: The grammar of visual design*. London: Routledge.

一定的表层架构，表层架构所隐含的价值观，即深层架构会影响公众是否能够自发理解、自然认同并自愿接受，是否能够实现良好的劝说效果。《"象"往云南》全片集合了此次亚洲象北迁过程中捕捉到的大量珍贵素材。它还原了一场在数万人的一路守护中，象群走出栖息地西双版纳，翻越大半个云南北渡南归的奇妙之旅，用经典瞬间定格了这次深刻而真诚的人象对话，用云南智慧回答了人与自然和谐共生的云南方案。

在这部由视觉模态、听觉模态构成的多模态纪录片中，多种模态协同建构了"保护架构""家庭架构""科普架构"等表层架构，其隐含的深层架构为"天人合一""物种和谐"等。通过动画、图像、色调、文本等模态协同构建这些架构，附以景深、景别、视角策略来表征，在"讲好中国生态文明故事"方面实现了多倍传播效果，促使公众自发理解、自然认同并自愿接受"将生物多样化保护融入生态文明建设""共建地球生命共同体"的理念。《"象"往云南》大象迁徙事件所建构的国际认同是我国对外传播良性发展的一个缩影，为如何讲好中国生态文明故事提供了新的经验。

1. 保护架构

在彩云之南的大地上，象群涌现的一股持续地自我再生的力量展示了无穷的生命张力，人类在关键时刻集体出动，化作一支保卫动物、支撑生命的安全力量小队，以包容和谐的态度面对突然闯入的大象，在人类的聚集地上仿佛建立起了一个共同的家园，微风吹拂的田野之上不单是身体的住所，也是心灵的寄托处……上述场景拥有共同的蕴含意义，即保护物种多样性，构建生命共同体。在人的生存环境中，危险的地方常常会有围栏保护我们，而在动物的生存环境中，它们只有靠着自然界的"生存法则"保护自己。在《"象"往云南》中，除"物竞天择适者生存"的自然法之外，政府协调人力物力调集应急团队，成立指挥中心密切跟踪监测象群动向。在这次"温柔化解人象冲突"的实践中，云南当地政府以及人民体现了我国集中力量办大事的显著优势，这种制度优势保证了云南能够在最短时间内集结人、财、物资源，在历时 17 个月的行动中能够确保 16 头大象安全跨过元江顺利南归。

2020 年 9 月 30 日，在联合国生物多样性峰会上，习近平主席首次提出"共建万物和谐的美丽世界"这一重大倡议 ①。"'万物并育而不相害，道并行而不相悖。'中国领导人在联合国讲坛上阐述'万物和谐'理念，体现的不仅仅是对生物多样性的观照，更传递出对人类社会未来走向的深邃思考。"② 生态优化同全人类的生存与发展休戚相关，万物和谐也愈来愈被重视。真正的和谐涵盖万物和谐，这就要求人类对自然万物心存敬畏、顺应和默契。面对象群，这些农民朴实无华的言行举止透露出一股真实而强烈的情感，讲述着一部充满包容的动人故事。农民爱象大于爱庄稼，对大象留下的一地狼藉给予无限包容，人民用行动做到了"共建万物和谐的美丽世界"。

上述保护架构激活了天人合一、万物和谐的价值观。广袤的自然以它博大的无涯证实着自己的永恒。人因自然而生，人与自然是一种共生关系，对自然的伤害最终会伤及人类自身。③ 善待自然，自然会馈赠人类。"只有每一个人都切实认识到生态文明建设的必要性与紧迫性，在心中牢固树立对人与自然关系的正确认识，形成尊重、顺应、保护自然的全社会合力，才能从根本上停止人类对自然的透支与破坏，转变与改善人与自然的关系，重建绿水青山和碧海蓝天。"④

---

① 习近平：《在联合国生物多样性峰会上的讲话》，《人民日报》2020 年 10 月 1 日。

② 《第一观察 | 习近平倡议"万物和谐"意涵深远》，https://news.cyol.com/content/ 2020-10/01/ content_18799399.htm。

③ 中共中央文献研究室：《习近平关于社会主义生态文明建设论述摘编》，中央文献出版社 2017 年版。

④ 魏华、卢黎歌：《习近平生态文明思想的内涵、特征与时代价值》，《西安交通大学学报（社会科学版）》2019 年第 3 期。

2.家庭架构

野生象群栖息于独特之地，人类难窥其日常习性。如今，象群北上的追踪拍摄实时上线，让众网友共享了一场别样的"围观"盛宴。这不仅展现出真实美感，更让受众得以了解亚洲象的真实生活与趣事。一方面满足了人对动物世界的好奇之心，另一方面也真切地让人们体会到了多物种和谐共生。动物与人类有一个共同的家：大自然。这激活了家庭架构，家庭成员的平等是和谐的基础。

首先，在大家庭中，人象平等、互敬、和谐。《"象"往云南》中，用"客人""朋友""宝宝"称呼亚洲象的较多。这些称谓拉近了人象之间的距离，展现了人和动物和谐相处的景象。人对自然万物，有一种敬畏、顺应和默契，这种默契使得受众即使相隔很远，也能产生情感共鸣。

在描绘象群日常生活时，纪录片一开始提到了"勇敢任性""无拘无束"，而后提到了"彬彬有礼""信任感"等，建构了人象间的爱与包容和生命共同体关系。勇敢非单纯体力之鲁莽展现，而是胆识和头脑有效结合。无拘无束给人一种任凭风雕雨蚀，却从容淡泊的潇洒大度之感，彬彬有礼则刻画了受人以礼貌相待的象群的喜悦。这些文字表达和图像二者相互作用，共同参与人象关系的意义构建，传播效果多倍。

其次，在小家庭中，象群互扶互助，相濡以沫，温润了世人的心。片中用"背井离乡""北漂""东游西逛"代替"迁移"描述象群迁徙现象，"游子"在中国传统文化中是一个蕴含丰富情感的意象，一方面，他们情感细腻，游子离开一座城市总是难免会有些惆怅；而另一方面，心怀勇气，他们不忍离别却又渴望着新的征程，这些形象带入大象的身上，加之"舐犊情深"的场景，使观众们内心对投入旷野的象群的感情油然而生。

上述表层架构背后隐含的是万物和谐、生命共同体的价值观。《论语》要求人持有一种爱人的态度。孔子说："有朋自远方来，不亦乐乎？"孟子提出了"四端"说———恻隐之心、羞恶之心、辞让之心、是非之心。这些传统经典中，蕴含的共情思想促进了人和动物家庭成员间的和谐互敬。

《"象"往云南》主动设置议题，将话题导向象群北迁背后的中国生态文明建设现状，例如 1 分 02 秒处概述了中国亚洲象的分布情况、种群规模、行为特征等。而后对中国境内亚洲象的分布与变迁进行总结。主动设置议题，科普象群知识，旨在引导大众超越猎奇心理，深入理解大象北迁事件的意义。北迁是象群的华丽冒险，而科学是人类心灵的壮丽探险。生态兴则文明兴，一次偶然的自然事件引起了国内外广泛关注，大象一举一动都牵动人心，《"象"往云南》展现了"让世界看到了中国良好的生态环境，看到了善良可亲的中国人民，看到了负责任的中国政府，也见证了人与自然、人与其他物种和谐相处的共同愿景"。①"象群"如同"熊猫"一样，被赋予友好、和平的象征，中国政府对象群的善待和爱护，从上至下积极而温情的应对措施中所展现的中国人民善待野生动物的国民素质，以及生物多样性保护的实践成果，契合当前全球环境治理中的生物多样性保护议题，能够吸引国际受众。

---

① 任飞帆：《"象"往云南，向往中国》，《国家电网报》2021 年 12 月 7 日。

参考文献

1.Baker, M. (2006). *Translation and conflict: A narrative account*. London: Routledge.

2.Brecht, R.D., & Walton, A.R. (1993). *National strategic planning in the less commonly taught languages*. Washington, D.C.: National Foreign Language Center Occasional Paper.

3.Burke, K. (2016). The rhetorical situation, In Lee Thayer (ed.), *Communication: Ethical and moral issues* (pp. 263-275). London and New York: Routledge.

4.Cameron, L. (1999). *Researching and applying metaphor*. Cambridge: Cambridge University Press.

5.Chan, S.I., & Song, W. (2020). Telling the China story well: A discursive approach to the analysis of Chinese foreign policy in the "Belt and Road" Initiative. *Chinese Political Science Review*, 5(1), 417-437.

6.Charteris-Black, J., & Ennis, T. (2001). A comparative study of metaphor in Spanish and English financial reporting. *English for Specific Purposes*, 20(3), 249-266.

7.Charteris-Black, J. (2004). *Corpus approaches to critical metaphor analysis*. New York: Palgrave MacMillan.

8.Charteris-Black, J. (2006). Britain as a container: Immigration metaphors in the 2005 election campaign. *Discourse & Society*, *17*(5), 563-581.

9.Coulson, S., & Oakley, T. (2001). Blending basics. *Cognitive Linguistics*, *11*(3-4), 175-196.

10.Damasio, A. (2006). *Descartes' error: Emotion, reason and the human brain*. London: Vintage.

11.Edelman, M. (1971). *Politics as symbolic action: Mass arousal and quiescence*. New York: Academic Press.

12.Evans, V. (2006). *Cognitive linguistics*. Edinburgh: Edinburgh University Press.

13.Fairclough, N. (1995). *Critical discourse analysis: The critical study of language*. London and New York: Routledge.

14.Fauconnier, G. (1994). *Mental spaces: Aspects of meaning construction in natural language*. Cambridge: Cambridge University Press.

15.Fauconnier, G. (1997). *Mappings in thought and language*. Cambridge: Cambridge University Press.

16.Fauconnier, G., & Turner, M. (1998). Conceptual integration networks. *Cognitive Science*, *22*(2), 133-187.

17.Fauconnier, G., & Turner, M. (2002). *The way we think: Conceptual blending and the mind's hidden complexities*. New York: Basic books.

18.Fillmore, C. J. (1975). An alternative to checklist theories of meaning. In Cogen, C., Thompson, H., & Thurgood, G. (eds.), *Proceedings of the first annual meeting of the Berkeley Linguistics Society* (pp. 123-131). Berkeley: Berkeley Linguistics Society.

19.Fillmore, C. J. (1982). Frame semantics. In Linguistic Society of Korea (ed.), *Linguistics in the morning calm* (pp. 111-137). Seoul: Hanshin.

20.Fillmore, C. J. (1985). Frames and the semantics of understanding.

Quaderni di Semantica, 6(2), 222-254.

21.Fillmore, C.J., & Atkins, B.T.S. (1992). Towards a frame-based organization of the lexicon: The semantics of RISK and its neighbors. In Lehrer, A., & Kittay, E. (eds.), *Frames, fields, and contrast: New essays in semantics and lexical organization* (pp. 75-102). Hillsdale: Lawrence Erlbaum Associations.

22.Goffman, E. (1974). *Frame analysis: An essay on the organization of experience*. Boston: Northeastern University Press.

23.Hall, E.T. (1976). *Beyond culture*. New York: Anchor Press.

24.Hofstede, G. (1991). *Culture and organisations: Software of the mind*. London: McGraw Hill.

25.Huang, Z.A., & Wang, R. (2019). Building a network to "Tell China Stories Well": Chinese diplomatic communication strategies on Twitter. *International Journal of Communication*, (13), 2984-3007.

26.Jacob, J. T. (2020). "To Tell China's Story Well": China's International Messaging during the COVID-19 Pandemic. *China Report*, 56(3), 374-392.

27.Johnson, M. (1987). *The body in the mind: The bodily basis of meaning, imagination, and reason*. Chicago: University of Chicago Press.

28.Koller, V. (2005). Critical discourse analysis and social cognition: Evidence from business media discourse. *Discourse & Society*, 16(2), 199-224.

29.Kövecses, Z. (2002). Cognitive-linguistic comments on metaphor identification. *Language & Literature*, 11(1), 74-78.

30.Kövecses, Z. (2020). *Extended conceptual metaphor theory*. Cambridge: Cambridge University Press.

31.Kress, G., & van Leeuwen, T. (1996). *Reading images: The grammar of visual design*. London: Routledge.

32.Krzeszowski, T. P. (1997). *Angels and devils in hell: Elements of axiology in semantics*. Warszawa: Energeia.

33.Labov, W., & Waletzky, J. (1997). Narrative analysis: Oral versions of personal experience. *Journal of Narrative and Life History*, 7(1), 3-38.

34.Lakoff, G., & Johnson, M. (1980). *Metaphors we live by*. Chicago: University of Chicago Press.

35.Lakoff, G. (1987). *Women, fire, and dangerous things: What categories reveal about the mind*. Chicago: University of Chicago Press.

36.Lakoff, G., & Turner, M. (1989). *More than cool reason: A field guide to poetic metaphor*. Chicago: University of Chicago Press.

37.Lakoff, G. (1993). The contemporary theory of metaphor. In Ortony, A. (ed.) *Metaphor and thought* (pp.202-251). Cambridge: Cambridge University Press.

38.Lakoff, G. (2004). *Don't think of an elephant! Know your values and frame the debate*. Hartford: Chelsea Green Publishing.

39.Lakoff, G. (2006). *Whose freedom: The battle over American's most important idea*. New York: Farrar, Straus and Giroux.

40.Lakoff, G. (2008). *The political mind: Why you can't understand 21st century politics with an 18th century brain*. New York: Viking.

41.Lakoff, G. (2010). *Disaster messaging*. Retrieved from https://escholarship.org/uc/item/8pp2 652d.

42.Minsky, M. (1974). *A framework for representing knowledge*. New York: McGraw-Hill.

43.Nida, E.A., & Taber, C.R. (1969). Science of Translation. *Language*, 45(3), 483-498.

44.Ottati, V. C., Renstrom, R. A., & Price, E. (2014). The metaphorical framing model: Political communication and public opinion. In Landau, M., & Michael, D. (eds.) T*he power of metaphor: Examining its influence on social life (pp.179-202)*. Washington, D.C.: American Psychological Association.

45.Porter, M. E. (1990). *The competitive advantage of nations*. New York: The Free Press.

46.Semino, E. (2008). *Metaphor in Discourse*. Cambridge: Cambridge University Press.

47.Somers, M.R. (1992). Narrativity, Narrative identity, and social action: Rethinking English working-class formation. *Social Science History*, *16*(4), 591-630.

48.Somers, M.R., & Gibson, G.D. (1994). Reclaiming the epistemological "other": Narrative and the social constitution of identify. In Craig Calhoun (ed.), *Social theory and the politics of identify (pp. 37-99)*. Oxford: Blackwell.

49.Steen, G.J. et al. (2010). *A method for linguistic metaphor identification: From MIP to MIPVU*. Amsterdam: John Benjamins Publishing.

50.Turner, M. (2007). Conceptual integration, In Geeraerts D., & Cuyckens, H. (eds.) *The oxford handbook of cognitive linguistics (pp. 377-393)*. New York: Oxford University Press.

51.Turner, M. (2014). *The origin of ideas: Blending, creativity, and the human spark*. New York: Oxford University Press.

52.Wallack, L. (2011). *Framing: More than a message*. Retrieved from http://www.longviewinsti tute.org/research/wallack/lev.

53.Yu, H. (2017). China's belt and road initiative and its implications for Southeast Asia. *Asia Policy*, *24*: 117-122.

54. 巴赫金:《巴赫金全集》,钱中文译,河北教育出版社 1998 年版。

55. 曹劲松:《"信息瘟疫"的危害与防控策略》,《传媒观察》

2020 年第 3 期。

56.柴尚金：《讲好中国制度故事》，《理论导报》2019 年第 12 期。

57.常海潮：《大学英语课讲好中国故事：现状、路径和方法》，《外语电化教学》2021 年第 5 期。

58.陈曙光：《中西叙事的差异》，《中国社会科学报》2020 年 7 月 14 日。

59.陈先红：《中华文化的格局与气度——讲好中国故事的元话语体系建构》，《人民论坛》2021 年第 31 期。

60.陈新仁：《言语交际者关系管理模式新拟》，《外语教学理论与实践》2018 年第 3 期。

61.陈亚仿、刘淑梅：《概念隐喻在"一带一路"财经报道中的认知分析》，《长春师范大学学报》2016 年第 11 期。

62.陈燕：《社交媒体语境下舆论纠偏的多重维度》，《青年记者》2020 年第 17 期。

63.陈映锜：《牢牢把握讲好中国故事的话语权和主导权》，《当代传播》2022 第 1 期。

64.崔玉娟、刘昶荣：《传染病医学史上的中国抗疫奇迹》，《中国青年报》2021 年 6 月 23 日。

65.崔玉英：《增强议题设置能力，向世界讲好中国故事》，《对外传播》2015 年第 1 期。

66.邓海丽：《中国时政话语的翻译策略——以"人类命运共同体"的英译及其传播为例》，《理论月刊》2020 年第 8 期。

67.丁丁、李凯：《新中国成立——改天换地兴伟业》，《人民日报》2021 年 2 月 8 日。

68.董琳：《讲好中国故事的影像叙事策略——以广东广播电视台系列报道〈海丝·粤桥〉为例》，《中国电视》2018 年第 10 期。

69.方寅：《关注国家语言安全，推进国家语言应急体系与能力建设》，

《语言战略研究》2020 年第 2 期。

70. 方勇译注：《墨子》，中华书局 2018 年版。

71. 谷莉：《谈电影色彩语言的艺术表现》，《当代电影》2015 年第 4 期。

72. 顾明远：《教育大辞典》，上海教育出版社 1998 年版。

73. 韩墨、韩梁：《指引人类进步与变革的力量——记习近平主席在瑞士发表人类命运共同体演讲一周年》，《人民日报》2018 年 1 月 26 日。

74. 韩庆祥：《话语体系建构的核心要义与内在逻辑》，《学习时报》2016 年 10 月 31 日。

75. 韩自贤、侯鑫辉：《追求全球视野 讲好"中国故事"——浅谈大众传媒经济新闻报道的立场和价值取向》，《新闻战线》2009 年第 10 期。

76. 何亚非：《"一带一路"助推中外文化交流》，《公关世界》2017 年第 19 期。

77. 胡白云：《高校思想政治理论课教师讲好中国故事的基本要求》，《思想理论教育导刊》2021 年第 4 期。

78. 胡兴文：《叙事学视域下的外宣翻译研究》，上海外国语大学博士学位论文，2014 年。

79. 胡正荣：《共建人类命运共同体：从"一带一路"海外舆情看国际关系的中国方案》，《国际传播》2017 年第 2 期。

80. 黄娟娟：《数据新闻短视频：对外讲好中国故事的新路径——以"中国为什么能"系列数据新闻短视频为例》，《传媒》2021 年第 18 期。

81. 纪燕：《习近平生态话语的和谐架构分析》，南京师范大学博士学位论文，2021 年。

82. 蒋国东：《"一带一路"倡议下中国对外新闻话语研究》，《中国出版》2016 年第 19 期。

83. 寇立研、周冠宇：《"一带一路"对外传播需要把握的十对关系》，《对外传播》2015 年第 3 期。

84. 李旦：《学术出版"走出去"与对外话语体系建设》，《出版广角》2017 年第 18 期。

85. 李建军、苗昕、张玉亮：《以学术话语讲好中国故事》，《河南师范大学学报（哲学社会科学版）》2022 年第 1 期。

86. 李金兰：《从云南大象北迁谈生态文明故事的跨文化传播》，《新闻世界》2022 年第 5 期。

87. 李巍：《中国古典文学中的"桃李"意象流变考》，《江西教育学院学报》2014 年第 1 期。

88. 李宇明：《提升国家语言能力的若干思考》，《南开语言学刊》2011 年第 1 期。

89. 李宇明：《语言在全球治理中的重要作用》，《外语界》2018 年第 5 期。

90. 李子祥：《新形势下讲好中国故事的路径探索》，《前沿》2014 年第 Z8 期。

91. 连俊：《"一带一路"是各方共奏的"交响乐"》，《经济日报》2017 年 5 月 8 日。

92. 刘凤田、梁永慈：《纪录片特写镜头的运用——浅析大型纪录片〈茶，一片树叶的故事〉》《当代电视》2014 年第 2 期。

93. 刘涛：《元框架：话语实践中的修辞发明与争议宣认》，《新闻大学》2017 年第 2 期。

94. 龙新元、李秋霞：《"政治等效 + 认知趋同"：认知翻译观视阈下的政治文本翻译研究》，《天津外国语大学学报》2020 年第 5 期。

95. 罗自文：《讲好中国故事的四大支柱：对象、内容、主体和策略——基于对美文化交流的分析》，《青年记者》2021 年第 24 期。

96. 吕宁：《新闻编译中的"选择"——以〈参考消息〉的一篇报道为例》，《新闻记者》2006 年第 10 期。

97. 马克平：《试论生物多样性的概念》，《生物多样性》1993 年第 1 期。

98. 马克思：《1844 年经济学哲学手稿》，人民出版社 2000 年版。

99. 欧文·戈夫曼：《日常生活中的自我呈现》，冯钢译，北京大学出版社 2022 年版。

100. 浦安迪：《中国叙事学·序》，北京大学出版社 1996 年版。

101. 钱智勇、刘思远：《疫情下中国特色社会主义基本经济制度的优越性透析》，《当代经济管理》2020 年第 6 期。

102. 任飞帆：《"象"往云南，向往中国》，《国家电网报》2021 年 12 月 7 日。

103. 尚必武：《论后经典叙事学的排他性与互补性》，《当代外国文学》2008 年第 2 期。

104. 申丹、王丽亚：《西方叙事学：经典与后经典》，北京大学出版社 2010 年版。

105. 沈斌、张睿、陆为：《推进中国发展优势向传播优势转化——新时代国际传播能力建设再思考》，《对外传播》2020 年第 12 期。

106. 沈骑：《语言规划视域下的国家话语能力建设》，《云南师范大学学报（哲学社会科学版）》2021 年第 4 期。

107. 束定芳：《论隐喻的本质及语义特征》，《外国语》1998 年第 6 期。

108. 司马迁：《史记》，韩兆琦译，中华书局 2008 年版。

109. 苏金智、张强、杨亦鸣：《国家语言能力：性质、构成和任务》，《语言科学》2019 年第 5 期。

110. 苏仁先：《讲好中国故事的路径选择》，《中国广播电视学刊》2016 年第 2 期。

111. 孙发友、陈旭光：《"一带一路"话语的媒介生产与国家形象建构》，《西南民族大学学报（人文社会科学版）》2016 年第 11 期。

112. 孙吉胜：《当前全球治理与中国全球治理话语权提升》，《外交评论》2020 年第 3 期。

113. 孙吉胜：《中国国际话语权的塑造与提升路径——以党的十八大以来的中国外交实践为例》，《世界经济与政治》2019 年第 3 期。

114. 孙有中、江璐：《澳大利亚主流媒体中的"一带一路"》，《现代传播：中国传媒大学学报》2017 年第 4 期。

115. 谭业升：《认知翻译学对翻译研究的重新定位》，《中国外语》2021 年第 3 期。

116. 汪东萍、庞观丽、单新荣：《体验性文化外译教学模式的构建与实验研究》，《上海翻译》2022 年第 2 期。

117. 王海军：《〈在延安文艺座谈会上的讲话〉文本的国际传播探析（1946—1956）》，《马克思主义理论学科研究》2022 年第 4 期。

118. 王辉：《国家治理视野下的应急语言能力建设》，《语言战略研究》2020 年第 5 期。

119. 王梦晓、支永碧：《基于语料库的美国智库涉华话语的隐喻建构研究》，《吉林省教育学院学报》2017 年第 10 期。

120. 王沛楠等：《十九大国际舆情与新闻发布效果分析》，《对外传播》2017 年第 12 期。

121. 汪少华、张薇：《论中国政治话语体系的认知建构——以习近平2017 年瑞士两场演讲为例》，《南京师大学报（社会科学版）》2017 年第 5 期。

122. 汪少华：《合成空间理论对隐喻的阐释力》，《外国语》2001 年第 3 期。

123. 汪少华：《伦理概念的隐喻学分析》，《外语与外语教学》2007 年第 1 期。

124. 汪少华：《美国政治语篇的隐喻学分析——以布什和奥巴马的演讲为例》，《外语与外语教学》2011 年第 4 期。

125. 汪少华：《美国政府赖以生存的架构与隐喻》，《山东外语教学》

2014 年第 4 期。

126.汪少华：《Lakoff 架构理论的本土化与中国话语架构体系的创建》，《中国外语》2022 年第 1 期。

127.汪少华、张薇：《"后真相"时代话语研究的新路径：批评架构分析》，《外语教学》2018 年第 4 期。

128.王文斌：《论英汉表象性差异背后的时空特性——从 Humboldt 的"内蕴语言形式"观谈起》，《中国外语》2013 年第 3 期。

129.王雪梅：《电视节目"讲好中国故事"的探索与创新——以纪实类节目〈功夫学徒〉为例》，《传媒》2021 年第 24 期。

130.王义桅：《"一带一路"：重塑经济全球化话语权》，《红旗文稿》2016 年第 21 期。

131.王义桅：《"一带一路"能否开创"中式全球化"》，《新疆师范大学学报（哲学社会科学版）》2017 年第 5 期。

132.魏华、卢黎歌：《习近平生态文明思想的内涵、特征与时代价值》，《西安交通大学学报（社会科学版）》2019 年第 3 期。

133.魏晖：《国家语言能力有关问题探讨》，《语言文字应用》2015 年第 4 期。

134.魏向清、杨平：《中国特色话语对外传播与术语翻译标准化》，《中国翻译》2019 年第 1 期。

135.魏欣欣、林大津：《"翻译的本质是再叙事"——Mona Baker 讲座题解及其他》，《福建教育学院学报》2009 年第 6 期。

136.文秋芳：《国家语言能力的内涵及其评价指标》，《云南师范大学学报（哲学社会科学版)》2016 年第 2 期。

137.文秋芳：《国家话语研究——服务国家战略的新领域》，《中国外语》2016 年第 6 期。

138.文秋芳：《国家话语能力的内涵——对国家语言能力的新认识》，

《新疆师范大学学报（哲学社会科学版）》2017 年第 3 期。

139. 文秋芳：《国际传播能力、国家话语能力和国家语言能力——兼述国际传播人才培养"双轮驱动"策略》，《河北大学学报（哲学社会科学版）》2022 年第 3 期。

140. 文秋芳、苏静、监艳红：《国家外语能力的理论构建与应用尝试》，《中国外语》2011 年第 3 期。

141. 吴家荣等：《中西叙事精神之比较》，安徽大学出版社 2011 年版。

142. 吴瑾宜、汪少华：《中国特色话语英译的认知等效探讨》，《贵州社会科学》2022 年第 5 期。

143. 吴琼：《创新主流意识形态传播的话语表达方式》，《红旗文稿》2017 年第 10 期。

144. 习近平：《共同构建人类命运共同体——在联合国日内瓦总部的演讲》，《人民日报》2017 年 1 月 20 日。

145. 习近平：《在联合国生物多样性峰会上的讲话》，《人民日报》2020 年 10 月 1 日。

146. 习近平：《在庆祝中国共产党成立 100 周年大会上的讲话》，《人民日报》2021 年 7 月 2 日。

147. 习近平：《高举中国特色社会主义伟大旗帜 为全面建设社会主义现代化国家而团结奋斗——在中国共产党第二十次全国代表大会上的报告》，人民出版社 2022 年版。

148. 谢慧：《新时代中国绿色发展的哲学基础、核心要义与实践路径》，《理论探讨》2023 年第 6 期。

149. 谢戎彬：《维护"一带一路"媒体要敢于亮剑》，《新闻战线》2016 年第 19 期。

150. 辛斌、唐丽娟：《对一则社会公益广告的多模态解读》，《外语教育研究》2014 年第 1 期。

151. 熊兵：《翻译研究中的概念混淆——以"翻译策略"、"翻译方法"和"翻译技巧"为例》，《中国翻译》2014 年第 3 期。

152. 薛庆国：《"一带一路"倡议在阿拉伯世界的传播：舆情、实践与建议》，《西亚非洲》2015 年第 6 期。

153. 杨寄荣：《中国特色社会主义文化发展话语演进研究》，《思想教育研究》2018 年第 12 期。

154. 亚历山大·温特：《国际政治的社会理论》，秦亚青译，上海世纪出版集团 2008 年版。

155. 杨明星、潘柳叶：《"讲好中国故事"的外交叙事学原理与话语权生成研究》，《新疆社会科学》2021 年第 5 期。

156. 尹佳、张珈瑜：《新媒体视域下"一带一路"在外媒报道中呈现的传播力》，《新媒体研究》2016 年第 7 期。

157. 曾宪义、马小红主编：《礼与法：中国传统法律文化总论》，中国人民大学出版社 2012 年版。

158. 曾祥敏、汤璇、白晓晴：《从战略高度加强中国对外话语体系建设》，《光明日报》2021 年 11 月 19 日。

159. 曾向红：《"一带一路"的地缘政治想象与地区合作》，《世界经济与政治》2016 年第 1 期。

160. 翟石磊：《发展正义视角下的中美碳排放话语对比研究》，《中国石油大学学报（社会科学版）》2022 年第 2 期。

161. 詹德斌：《试析中国对外关系的差序格局——基于中国"好关系"外交话语的分析》，《外交评论（外交学院学报）》2017 年第 2 期。

162. 詹恂、严星：《微信使用对人际传播的影响研究》，《现代传播（中国传媒大学学报）》2013 年第 12 期。

163. 张法连：《提高国际传播能力离不开翻译质量提升》，《光明日报》2021 年 9 月 13 日。

164. 张丰乾：《〈管子〉中"家国天下"：兼与〈大学〉的比较研究》，《大众日报》2016 年 9 月 19 日。

165. 张辉：《熟语及其理解的认知语义学研究》，军事谊文出版社 2003 年版。

166. 张骥、刘艳房：《论全球化时代国家形象战略与国家利益的实现》，《国际观察》2009 年第 1 期。

167. 张建丽："刻意隐喻理论"——隐喻研究的最新进展，《中国社会科学报》2017 年 8 月 29 日。

168. 张龙林、刘美佳：《当前西方逆全球化思潮：动向、根源及纠治》，《思想教育研究》2022 年第 5 期。

169. 张天伟：《国家语言能力指数体系完善与研究实践》，《语言战略研究》2021 年第 5 期。

170. 张薇：《基于语料库的中外"一带一路"话语批评架构分析》，南京师范大学博士学位论文，2018 年。

171. 张薇：《突发公共卫生事件与政务新媒体舆情应对话语研究——以新冠肺炎疫情事件为例》，《江海学刊》2020 年第 2 期。

172. 张薇：《专业与公共：审计话语研究的基本维度与方法建构》，《南京社会科学》2022 年第 2 期。

173. 张薇：《基于 CiteSpace 知识图谱的"讲好中国故事"理论研究概述与探索》，《对外传播》2022 年第 6 期。

174. 张薇：《重大突发事件应时发声：对外媒体话语国际公信力的建构》，《江苏社会科学》2023 年第 4 期。

175. 张薇、汪少华：《"一带一路"话语建构策略的架构理论透视》，《外语研究》2019 年第 4 期。

176. 张薇、汪少华：《新冠肺炎疫情报道中刻意隐喻的认知力》，《天津外国语大学学报》2020 年第 2 期。

177. 张薇、张肖梦：《政务新媒体应对突发公共事件的话语策略分析——以"台风利奇马"事件为例》，《南京晓庄学院学报》2020 年第 3 期。

178. 张云莲：《冷战后国际社会的意识形态冲突》，《马克思主义理论学科研究》2015 年第 1 期。

179. 赵婧、李伟建：《相互尊重与新型国际关系——基于中国中东外交的话语与实践分析》，《国际关系研究》2022 年第 1 期。

180. 赵世举：《全球竞争中的国家语言能力》，《中国社会科学》2015 年第 3 期。

181. 赵祥云：《新形势下的中央文献翻译策略研究——以〈习近平谈治国理政〉英译为例》，《西安外国语大学学报》2017 年第 3 期。

182. 赵晓娜：《经济体制改革进入落地攻坚期》，《南方日报》2014 年 12 月 10 日。

183. 赵宇敏：《从文化的影响看中美关系》，外交学院博士学位论文，2011 年。

184. 钟飞腾：《"一带一路"、新型全球化与大国关系》，《外交评论（外交学院学报）》2017 年第 3 期。

185. 钟新、尹倩芸：《可信、可爱、可敬：北京冬奥会中国体育形象的多维建构》，《对外传播》2021 年第 11 期。

186. 周茂荣：《特朗普逆全球化对"一带一路"实施的影响》，《边界与海洋研究》2017 年第 3 期。

187. 周武英：《进博会加速"一带一路"经贸合作》，《经济参考报》2018 年 11 月 8 日。

188. 周元春：《大力发展国际文化交流促进"一带一路"国家民心相通》，《深圳特区报》2022 年 3 月 9 日。

189. 朱刚：《政治词语 词语政治——一个赛义德后殖民主义个案研究》，《外国文学》2002 年第 4 期。

后　记

　　本书的主体内容是我的博士后研究报告，其体量和质量均得到了答辩专家的一致认可，给予了我出站考核"优秀"的评价；本书也是我参与北京外国语大学张威教授主持的 2019 年国家社科基金重大项目"中国特色对外话语体系在英语世界的译介与传播研究（1949—2019）"（19ZDA338）的结项成果之一。

　　回首过往，感慨万千！四年博士后工作生涯中有三年是在抗击新冠疫情中度过的，在努力完成繁忙的教学科研工作的同时，我能够完成博士后研究工作，除了自身的不懈努力，更多的是得益于诸多前辈、学者和同事的帮助，可以说，本书也凝聚了大家的心血，在这里表示深深的谢意！

　　首先，我要感谢我的博士后合作导师束定芳教授。从进站前研究计划的拟定，到在站期间的课题申报，束教授都给予了我很大的鼓励、指导和帮助，尤其是在国家社科基金项目申报中，束教授的鼓励让我"屡败屡战"，终于在第五次申报时顺利获批立项。四年间，在束教授的引导下日常点点滴滴的思考、感悟和汗水，如今都在这本书中得以体现和升华。作为上海市英语教育教学研究基地的首席专家，束教授治学严谨，学识渊博，常年从事基础教育和高等教育阶段英语教学的理论研究及实践工作，笔耕不辍，贡献杰出。束教授的笃学敏行在潜移默化中深深地影响了我，让我更加懂得，所有的付出，都不会被辜负！

　　其次，我要感谢我的博士生导师汪少华教授。在论文撰写与修改、课题申报等过程中，我深刻体会到之前与汪老师在合作撰写论文过程中的积累是多么重要。可以说，没有系列论文的反复讨论、撰写和修改，就没有现在这本专著的顺利出版。我始终铭记汪老师所说的：思考、积累和沉淀，并践行坚持坐冷板凳，争取"十年磨一剑"。

然后，我要感谢张辉教授。从考博三年期间到读博三年期间，从进入博士后流动站再到出站的多年历程中，在文献阅读、论文开题、国家课题申报等方面，张辉老师均给了我很大的鼓励和帮助。

我要感谢 Mark Turner 教授。虽然我在凯斯西储大学认知科学系的访学生涯已结束多年，但热情开朗、平易近人的 Mark Turner 教授仍经常关注我的研究动态，并通过邮件不断鼓励我。

我要感谢人民出版社杨瑞勇副编审。他鼓励我在党的二十大前夕做这个选题，并在结构和内容上予以耐心细致的指导和把关，在有限的时间内促进产出和推介成果。

我要感谢话语研究领域的专家和同行们，很多专家在百忙之余对我论文和课题给予了细心指导。感谢答辩专家们的宝贵意见和建议，感谢学界其他老师，是他们分享的讲座、文献资源给了我诸多启发。

我要感谢上海外国语大学的领导、老师和行政人员，感谢他们在我从事博士后研究工作期间对我的支持、帮助、关心和包容。

我要感谢工作单位南京审计大学的领导和同事们，他们在我从事博士后研究工作期间，给予我很大的支持和帮助，很多的理解和包容。

我要感谢自告奋勇加入课题组的同学们。他们勤奋好学，在助研过程中学习并较为熟练地掌握了语料收集和分析方法，且成功申请到了相关的3 个大学生创新创业训练计划项目（其中 1 个为国家级，1 个为省级）。他们在为本书贡献智慧的同时，也收获了显著的成就、获得了全面的成长，我为之欣慰。

我要感谢我的师妹吴瑾宜博士。吴博士对本书的语言表述和参考文献格式进行了细致、专业的校对和完善，能够让我努力兼顾好繁忙的行政工作和科研任务。感谢同门兄弟姐妹们，是他们的鼓励与合作使得我在研究的道路上奋力前行。

最后，我要感谢我的父母和儿子。是他们多年以来对我的无私奉献和关爱，才使得我能够克服种种阻碍，坚持走到今天。在繁忙的教学科研和行政工作中，在从讲师到副教授，到努力积累力求晋升教授的道路上，父母一直是我最坚强的后盾。感谢父母总是做我论文和课题申报书的第一个读者，感谢在读小学的儿子总是自告奋勇地要帮助我检查错别字和标点符号。他们在我收获每个大大小小的喜悦时，总是比我更感到兴奋和幸福。很多个节假日，我似乎都在忙碌中度过，不能休闲从容地陪伴他们，而父母总是给予我无限的包容，儿子也逐渐从失望转为理解，让我在前行路上减轻了愧疚和顾虑。是他们给了我无限的勇气和力量！

无论如何，我都要感谢这个伟大时代，感谢我身处的这个世界。每代人有每代人的时代，甚至每个人有每个人的世界。但正是时代、正是世界，让我有体会、有感悟，让我体察到自己的存在，不是么？

当将来国家话语体系的大厦巍峨耸立时，我多么希望自己曾经作为这上面的一块砖贡献过绵薄的力量。对，哪怕就是地基中的一小块石头！

囿于学识和视野，本书的体系还不够完备，逻辑也不够严谨；也许随着时间的流逝，本书在理论上、内容上、结构上或许还会显现出漏洞。"大学之道……在止于至善"，我会一直在追求完美的道路上奋斗不已！

未来，有梦、有远方，继续奔跑、奋斗，并在奔跑中、奋斗中不断调整姿态、不断提高……最后，借用南京审计大学得一图书馆得名于《道德经》中的"昔之得一者：天得一以清"这句话，希望我每日精进，必有一得，今后收获一个比现在更好的自己……

责任编辑：杨瑞勇
封面设计：石笑梦

图书在版编目（CIP）数据

讲好中国故事：选择、译介与传播 / 张薇 著 . — 北京：
　人民出版社，2024.3
ISBN 978 - 7 - 01 - 026480 - 6

I.①讲…　II.①张…　III.①文化传播 - 中外关系 - 研究　IV.① G125

中国国家版本馆 CIP 数据核字（2024）第 072437 号

讲好中国故事
JIANGHAO ZHONGGUO GUSHI
——选择、译介与传播

张　薇　著

人民出版社 出版发行
（100706　北京市东城区隆福寺街 99 号）

中煤（北京）印务有限公司印刷　新华书店经销

2024 年 3 月第 1 版　2024 年 3 月北京第 1 次印刷
开本：710 毫米 ×1000 毫米 1/16　印张：22.75
字数：300 千字

ISBN 978 - 7 - 01 - 026480 - 6　定价：136.00 元

邮购地址 100706　北京市东城区隆福寺街 99 号
人民东方图书销售中心　电话（010）65250042　65289539